高校学生工作思考与探索

（2020）

主编　刘　超

图书在版编目(CIP)数据

高校学生工作思考与探索. 2020 / 刘超主编. — 郑州 : 郑州大学出版社, 2021. 1

ISBN 978-7-5645-7478-9

Ⅰ. ①高… Ⅱ. ①刘… Ⅲ. ①高等学校 - 学生工作 - 研究 - 2020 Ⅳ. ①G645.5

中国版本图书馆 CIP 数据核字(2020)第 220218 号

高校学生工作思考与探索(2020)

GAOXIAO XUESHENG GONGZUO SIKAO YU TANSUO(2020)

策划编辑	王卫疆	封面设计	苏永生
责任编辑	胡佩佩	版式设计	凌 青
责任校对	孙 泓	责任监制	凌 青 李瑞卿
出版发行	郑州大学出版社有限公司	地 址	郑州市大学路 40 号(450052)
出 版 人	孙保营	网 址	http://www.zzup.cn
经 销	全国新华书店	发行电话	0371-66966070
印 刷	河南文华印务有限公司		
开 本	710 mm×1 010 mm 1 / 16		
印 张	20.25	字 数	385 千字
版 次	2021 年 1 月第 1 版	印 次	2021 年 1 月第 1 次印刷
书 号	ISBN 978-7-5645-7478-9	定 价	68.00 元

前 言

党的十八大以来，习近平总书记亲自定向把舵，先后在全国高校思想政治工作会议、全国教育大会和学校思想政治理论课教师座谈会上发表重要讲话，为新时代高校思想政治工作指明了方向、提供了遵循。辅导员是高校思想政治工作的骨干力量，在青年学生"拔节孕穗"阶段发挥关键作用。建设一支政治素质过硬、业务能力精湛、育人水平高超的辅导员队伍是落实习近平总书记关于高校思想政治工作重要论述的着眼点、关键点和支撑点，对于努力培养担当民族复兴大任的时代新人，培养德、智、体、美、劳全面发展的社会主义建设者和接班人具有重要意义。

郑州大学深入学习贯彻习近平新时代中国特色社会主义思想，贯彻党的教育方针，落实立德树人根本任务，不断强化思想政治工作，实施"135 工程"，强力推进辅导员队伍建设。建设"一个中心"，成立郑州大学辅导员职业发展中心，助力辅导员走职业化、专业化发展之路；打造"三大平台"，围绕辅导员成长、提高，搭建理论提升平台、构建工作创新平台、创建培训研修平台，为辅导员提供广阔的舞台；推行"五项计划"，分层次、有重点实施理想信念铸造计划、队伍结构优化计划、固本强基计划、职业能力提升计划、国内外研修交流计划，建设一支"专、精、优"的辅导员队伍。学校辅导员信念坚定、师德高尚、潜心育人，在立德树人实践中奉献青春和力量，为学校一流大学人才培养做出突出贡献。

辅导员身处育人一线，与学生接触最为密切，影响最为直接，需要勇担初心使命，锤炼过硬本领，努力肩负好塑造灵魂、塑造生命、塑造新人的时代重任，做塑造学生品格、品行、品味的"大先生"。

一要坚持勤学勤思，在理论武装中坚定信念。要做好理论的修基打底，补足精神之"钙"、把稳思想之舵。用马克思主义立场、观点、方法观察问题、理解问题；用习近平新时代中国特色社会主义思想武装头脑、指导实践；用党的伟大历史实践和时代探索砥砺初心、汲取力量。

二要坚持善作善成，在工作实践中锤炼本领。要不负时代重托，围绕立德树人根本任务创新求索、俯身实干，在思想政治工作一线锻炼成长、淬炼成钢，练就担当作为的硬脊梁、铁肩膀、真本事，夯实发展之基，全力守护青年学生成长之路，奋力谱写新时代立德树人奋进之笔。

三要坚持立德立身，在铸魂育人中涵养情怀。要铸就人生导师的鲜亮底色，做到以德立身、以德立学、以德施教，以深厚的学识修养赢得尊重，以高尚的人格魅力引领学生，切实履行好培养德、智、体、美、劳全面发展的社会主义建设者和接班人的神圣职责。

郑州大学党委副书记　谷振清

目录

思想引领

人才培养

心理健康

思想引领

习近平话语表达的深刻意蕴及其对高校思想政治教育工作者话语权的现实指向

机械与动力工程学院　任怡　杜社娟

【摘　要】 习近平的话语具有通俗的大众性、朴素的人民性、鲜活的故事性和厚重的传承性四个特点。其深厚的话语风格和力量源于自身坚定的马克思主义信仰,人民群众的实践和锲而不舍的学习精神。通过对习近平话语特色有效建构及动力来源的深入探析,将会为高校思想政治教育工作者的话语权建构提供有益的工作改进思路和更多路径选择。

【关键词】 习近平话语;思想政治工作;话语权建构

一、习近平话语的核心特征

话语,是用陈述思想观点的方法来表达个人立场和情感。党的十八大以来,习近平总书记以独具特色的话语风格,通过演讲、访谈、书籍、信件等多种形式在公开场合发表讲话一千多次。通过深入研读习近平总书记系列重要讲话和著述,可以发现习近平话语的典型特征,就是来源于人民群众的生产生活中,同时将生动有趣的故事和中华文化精髓融入其中,以内涵深厚的哲理大义和独一无二的“习”式表达方式,彰显了强大的文字功底和话语魅力。

(一)通俗的大众性:鲜活生动、有趣活泼,话语的亲和力十足

习近平系列重要讲话和著述中有很多俗文俚语、网络用语和惯用大白话,经常用讲道理、举事例比喻等大实话来释疑解惑。这样的表达风格生动活泼,让人倍感亲和,容易产生情感共鸣。

(二)朴素的人民性:贴近老百姓、贴近生活、贴近实际,突出了话语的人民性

习近平在讲话和谈话中注意角色互换,把自己扎根在中国老百姓中间,始终坚持一切从实际出发、求真务实的态度,这些话传递出的温暖和感情,增强了老百姓对未来美好生活的憧憬。

(三)鲜活的故事性:故事穿插在讲话中,增强了话语的亲和力、吸引力和感染力

习近平是一个善于“讲故事”的人,他的故事人物多、时间范围跨度大,同时具有丰富饱满的内容。这些富有感染力和穿透力、生动有趣的故事深深地吸引了观众和听众,这些蕴含着深刻中国道理、“中国风”的中国传统故事,传递着真切的感情和深刻的思想内涵,实现了话语的同频共振和内容的解疑释惑。

(四)厚重的传承性:善于将中国传统文化精髓揉进讲话中,弘扬优秀传统文化,彰显文化自信

习近平不仅熟读,而且善读中国传统国学经典著作,将之内化于心后,再使用起来挥洒自如、游刃有余,展示了一个大国领导人的大视野、大气魄、大胸怀,用中国风格弘扬了我国的优秀传统文化,用实际行动彰显了文化自信。

二、习近平话语建构的动力之源

习近平的话语风格体现出强大的感召力和个人魅力,这样的文风特色不是一蹴而就、凭空而来的,其本质上来源于习近平个人坚定的马克思主义理想信念动力、丰富的实践工作历练动力,以及执着、锲而不舍的学习动力。正是这三者的结合,加之理论与实践的长期历练,才形成了习近平独具个人特色的话语体系和风格。

(一)理想动力:坚定的共产主义价值追求和理想信念

习近平的讲话中无不体现出他是一个坚定的马克思主义者,和他对中国特色社会主义制度、道路必胜的坚定信念。激励大家树立社会主义核心价值观,不忘初心、牢记使命,在每个平凡的岗位上建功立业,为实现中华民族的伟大复兴而奋斗。坚定的理想信念,使他的语言更有力量、有底气、目标明确、坚定有力。

(二)实践动力:从丰富的基层经验中汲取人民群众的实践养分

在梁家河做知青的七年,习近平与当地村民一起睡土炕,吃窝窝头,这七年,他感受到了生活的艰辛,但也与人民群众结下了深厚的情谊,积累了为人民服务的实践经验。“从群众中来,到群众中去”是我党的优秀工作方法,习近平始终秉承和牢记这个工作方法,把人民群众对未来幸福生活的向往、对问题和困惑的回应作为自己话语和行动的指引。

(三)学习动力:知识的深厚积累和锲而不舍的学习精神

近年来,习近平在国内外不同场合,不止一次讲述他的读书故事,也每

每在演讲中引经据典、信手拈来,让听者叹服。习近平还号召大家尤其是领导干部要“爱读书、读好书、善读书”,始终保持锲而不舍的学习精神,使思想不僵化,跟得上时代和形势的变化,话语更有生命力、思想力、影响力。

三、习近平话语的建构对高校思想政治教育工作者话语权的现实指向

思想政治工作是党的生命线,发挥着沟通、解释、说服、引导的作用。话语权是开展思想政治工作的核心软实力,深刻体现着传播的感召力和影响力。因此,高校思想政治教育工作者很有必要学习习近平的话语风格,尤其是把握其文风的本质,不断创新话语体系,深入研究信息化条件下思想政治教育的特点和规律,实现立德树人的根本目标。

(一)坚定话语自信:讲好中国故事,增强话语的自信心和感染力

当前,网络和新媒体的出现,在带来海量爆炸式信息的同时,我们应该清醒地看到,这些信息鱼龙混杂,尤其对于大学生来说,他们很容易在复杂的信息环境中迷失。对于这个问题,2014 年 10 月,习近平在《当有工作中需要注意的几个问题》中指出:“我们有本事做好中国的事情,还没有本事讲好中国的故事?我们应该有这个信心!”习近平总书记在 2016 年的七一讲话中指出,让中国人“自信”的“文化”,至少包括三个层面:中华优秀传统文化、革命文化、社会主义先进文化①。高校思想政治工作者在工作中也要以此为借鉴,重点给大学生讲好中国共产党带领全国人民夺取革命胜利的故事,讲好中国怎样坚持与他国合作共赢,共享全球发展成果的故事。

(二)站稳话语立场:坚持“以生为本”的话语立场,为大学生立德立言

“做好高校思想政治工作,必须围绕“人”这个中心,做到以人为本、立德树人。思想政治工作从根本上说是做人的工作,只有围绕学生、爱护学生、服务学生,在解疑释惑、凝聚共识中不断给学生以思想启迪和文化滋养,才能培育德才兼备、全面发展的人才”②。“以人为本”这一思想体现在思想政治教育中,意味着要把学生的需要放在中心位置,要做到深入学生、理解学生、尊重学生、服务学生,一切工作紧密围绕学生而展开。

(三)区分话语对象:区分不同话语对象的差异性,并满足他们的不同需求

毛泽东曾说,射箭要看靶子,弹琴要看听众。习近平也强调,胸有成竹

---

① 习近平谈文化自信[N]. 人民日报海外版,2016-7-13(12).

② 习近平在全国高校思想政治工作会议上强调:把思想政治工作贯穿教育教学全过程开创我国高等教育事业发展新局面[N]. 人民日报,2016-12-9(1).

才能出口成章,找准症结才能对症下药。非常有必要研究新时代大学生的这些群体特点和思想行为新变化,针对不同年级、年龄、生活状况、心理情况,采取差异性和多样性的表达方法,这样才不至于产生话语的紊乱和错位。话语只有抓住不同受众对象的特点,才能在重大和关键问题,在日常思想政治教育工作中敢于发声,敢于亮剑,才能运用马克思主义的方法与观点解答各种思想理论和社会问题。

(四)创新话语方式:采用多样化的话语方式,提升话语建构的吸引力

表达方式再丰富,展现形式再多样,也不能喧宾夺主,思想政治教育的基本内容才是核心和根基,这绝对是不能本末倒置的。外在形式再新颖、再独到,假如缺乏内在血肉的支撑,显然是不具备生命力的,而这里的“内在血肉”即为马克思主义的基本理论和原理。在这个根基牢固不变的基础上,思想政治工作者应该把思想政治教育工作变成“盐”,将这个“盐”溶解到各种丰富多样的食物中让学生自然而然地吸收。让思想政治教育的内容既“接天线”又“接地气”,使高校思想政治教育工作者的话语既有品质、内涵和思想,又体现出温度、温情和人文关怀,更加有亲和力和吸引力。

参考文献

[1]中共中央党史和文献研究院. 十八大以来重要文献选编(上、中、下)[M]. 北京:中央文献出版社,2018.

[2]习近平. 习近平谈治国理政(第1卷)[M]. 北京:外文出版社,2018.

[3]习近平. 习近平谈治国理政(第2卷)[M]. 北京:外文出版社,2017.

[4]中共中央宣传部. 习近平总书记系列重要讲话读本(2016年版)[M]. 北京:学习出版社,人民出版社,2016.

[5]教育部思想政治工作司. 加强和改进大学生思想政治教育重要文献选编(1978-2014)[M]. 北京:知识产权出版社,2015.

[6]把思想政治工作贯穿教育教学全过程开创我国高等教育事业发展新局面,人民日报[N]. 2016-12-9(1).

[7]王莉. 互联网领域思想政治教育话语权研究[J]. 学校党建与思想教育,2017(10):28-30.

[8]李大健. 新媒体语境下高校开展习近平新思想教育的审思[J]. 社会科学战线,2018(4):217-224.

[9]段洪涛,赵欣. 高校网络圈群的特征及其舆情治理研究[J]. 思想理论教育,2015(3):78-81+93.

[10]肖行. “微时代”社会思潮对青年思想政治教育的挑战与应对[J]. 思想政治课研究,2016(2):55-58.

新媒体环境下高校网络舆情与意识形态安全的现状与应对研究

教育部高校思想政治工作队伍培训研修中心(郑州大学)　聂娜

【摘　要】 随着信息技术的高速发展,网络舆情的安全问题及其与意识形态的关系,成为越来越多学者关注的焦点。本文以新时代、新媒体环境下高校的网络舆情和其意识形态的情况为切入点,从两个方面阐述了高校网络舆情与意识形态的现状,然后根据当前高校网络舆情特征,分析其与意识形态领域的相关性。最后得出相关策略建议,要创新教育方法对学生进行意识形态形成的正向引导,建立健全完备的与当前媒体环境相适应的舆情处理机制,充分利用合力资源,联合多方共同确立大学生意识形态教育的主体地位,合理地参考高校网络舆情处置五原则,安全稳定地参与网络舆情治理。

【关键词】 新媒体;校园网络舆情;意识形态;处理机制

一、引言

由于当前各类新兴媒体的飞速发展,人们参与社会事务的方式和途径更多地依赖于互联网,互联网由此成为表达态度意见的主要阵地。人们针对新近发生的各类与自身相关或者感兴趣的事件给出自己的意见、观点,网络平台成为舆论流通的场所。与此同时,在互联网为大学生提供了更为便捷的社会事务参与平台的基础之上,高校学生参与社会事务、表达个人观点的热情空前高涨,但也因其知识能力的局限性而存在一定的舆论危机。党的十九届四中全会公报指出:“深入实施马克思主义理论研究和建设工程,把坚持以马克思主义为指导全面落实到思想理论建设、哲学社会科学研究、教育教学各方面。加强和改进学校思想政治教育,建立全员、全程、全方位育人体制机制。”强调了坚持马克思主义在意识形态领域指导地位的根本制度,并做出了一系列重大部署。对于高校网络舆情的应对与意识形态安全的维护显得更为迫切和重要。

二、新媒体时代高校网络舆情与意识形态安全现状

(一)网络舆情的辐射面与互联网发展紧密联系

近年来,信息技术以惊人的速度发展着,2019 年 8 月 30 日,中国互联网络信息中心(China internet network information Center,CNNIC)在京发布第 44 次《中国互联网络发展状况统计报告》,报告显示,截至 2019 年 6 月,我国网民规模达 8.54 亿,较 2018 年全年共计新增网民 2 598 万人,普及率达到 61.2%,我国网民规模继续保持平稳增长。伴随着媒体技术的不断更新,人们获取信息的速度越来越快,感知外界事物的触角更加灵敏。张志丹指出,在新媒体时代,互联网以其强大的虚拟性、交互性、无中心性、开放性、超容量等特征,增强了意识形态的辐射面,是一种全新、立体的传播方式。沈志军则指出,校园新媒体已成为校园舆论宣传的独特工具,其强大的人性化、商业化和网络化等特征深刻影响了校园的文化建设以及思想政治教育。根据相关调查结果显示,大学生群体关注各种社会信息、政治事件,也喜欢在网络新媒介中去表达并传递自己的政治观点和诉求,他们是主要的手机客户端网民群体,更是意见、观点的主要发出群体,他们熟练运用各类社交媒体表达观点,发泄情绪,使自身成为舆论的发散点。

(二)大学生政治参与意识的逐步养成与网络舆情密切相关

积极地表达意见与观点有助于大学生更加深入、全面地去了解社会动态、时政要事,也对大学生分析能力与思考意识的不断增强、社会主人翁意识与政治参与意识的逐步养成有正向影响。但与此同时,由于大学生还未建立健全思想体系,大学生对观点的表达常带有片面、肤浅、不理智的因素,一旦以非理性的状态发出负面情绪较重的观点,就容易引起情绪的快速传播,从而将其放大,形成非正面的舆论影响,以致影响对大学生意识形态的积极塑造,乃至引发高校网络舆情危机,对校园安全与和谐也将产生威胁。

三、当前高校网络舆情特征及其与意识形态领域的相关性

(一)同质化成为舆情内容的趋势

大学生作为高校网络舆情的主体,自身个性化鲜明,但同时面对“信息爆炸”的媒体环境,大学生对信息的分辨力与消化能力有限,不可避免地会受到不良信息的误导。大学生表达的舆论观点受限于自身年龄、阅历、知识水平、所处环境、心理特征等多方因素,容易被现有舆论引起共鸣,缺乏自我理性思考而人云亦云,对某一时间的观点发表相似看法,或者仅是一些情绪的宣泄,其舆论内容存在同质化现象。网络舆情自身及其孕育发展的环境

都较为复杂，正面舆情与负面舆情共存，真实信息与虚假信息相伴。负面舆情对大学生的意识形态的消极影响更为突出。负面舆情多是与网络热点、社会矛盾有关的负面信息，本身具备吸引力，加上一些媒体对负面程度的刻意渲染，甚至为吸引眼球不惜无中生有、捏造事实，而将社会矛盾放大，激化矛盾，极大地影响了大学生的自我判断，情绪大过理性，正常的价值取向受到干扰。

（二）复杂性成为舆情内容的特征

大学生处于开放的社会环境中，新兴媒体更是为其提供了超越感官生理限制的感知能力，能够迅速获取外部信息，把握瞬息万变。开放的环境使得校内外各种事务彼此交织网罗，大学生不仅关注校园内的突发事件以及涉及个人利益的校园事件，同时，校外的社会热点事件以及与之相关联的事件或自己关心的事件也是大学生关注的对象。其关注范围之广、类型之丰富带来了舆论内容的复杂性。大学生不再以看客身份看待事物，而是以社会事务参与者的身份，以自我价值取向、利益诉求为出发点发表意见，无疑增加了高校网络舆情的复杂性。

（三）舆情载体的多元化

互联网传播技术的发展使得大学生能以更为丰富的形式发表舆论，高校舆情的载体不再局限于诸如论坛、贴吧等传统社交平台，弹幕、直播、知乎问答等新兴的媒体互动形式也成为大学生根据相关事件发表舆情内容的方式。根据有关数据显示，2018 年所有直播中弹幕数量高达 452 亿条，互动人数达 3.3 亿，知乎问题数超过 3 000 万，回答数超过 1.3 亿[①]。

通过新媒体，大学生对时事的阅读、评论和转发变得十分容易。而在这个过程中引导舆论走向的话语权往往掌握在少数的媒体大亨中，网民对某些舆情的了解可能只是媒体新闻工作者想让了解的部分，所以高校对网络舆情的应对也因这些传播平台的增多、传播方式的多元化而更为不易。

（四）传播方式的私密性

与传统社交媒体相比，各类新兴社交媒体不仅强调社交性，还越来越注重社交过程的私密性，加之当下分众化的媒体现状，大学生分享各类信息常是通过各种小圈子进行传递，有些只通过两个人的聊天、私密评论，外人并不能看到。对于发布的内容，有些则甚至只能“好友可见”，以致圈子以外的人难以获取信息，导致舆情主体的隐蔽性增强，其弥散性难以把控，高校对网络舆情监测的难度也因此而加大，难以掌握舆论主导权，将舆情危机消灭

---

① 数据来源：CNNIC、知乎财报。

在萌芽中。

(五)传播速度的瞬时性

当今时代互联网技术发达、普及广泛,人人都可以成为发声者。一条评论的发出,通过不断的传播碰撞出新的意见,这些意见通过互联网不断传播、复制,迅速演变成群体性意见,从而形成“一石激起千层浪”的效果。高校应对网络舆情危机的时间由于传播速度的不断加快而变得越来越紧迫,很多信息的传播往往就在几分钟之内,不确定性和瞬时性大大增强,处理难度不断加大。

高校网络舆情与意识形态安全有着密切的联系,对高校网络舆情与意识形态安全的维护工作繁重复杂,难度不断增加。然而,当前各高校基于现实原因并未完全形成完备的管理维护机制,面对纷繁复杂的高校网络舆情,难以发觉问题,往往应接不暇。同时,当下的媒体环境由于一些媒体利用了公众的从众情绪博取眼球,致使群体情绪导向严重,高校对网络舆情的引导变得十分不易。

四、高校网络舆情治理与意识形态安全维护的路径分析

就高校自身而言,为更好地维护高校形象与荣誉,对高校网络舆情进行密切关注、维护意识形态安全是必要工作。首先,大学生作为高校的代表,他们的行为体现着高校形象,与高校的荣辱息息相关;其次,高校以立德树人为目标,担负着培养国家、社会未来建设者的重任,是意识形态工作的重地,加强网络舆情与意识形态安全也是教育工作的必要工作;最后,高校意识形态的形成受到社会各方面因素的干扰和自身发展的限制,学校作为教育方,必然要对这些限制因素加以去除,对这些干扰因素加以筛选,积极引导学生的意识形态。

(一)创新教育方式方法,发挥网络舆情的正向作用

用教育形成对意识形态的积极导向。开展意识形态教育,充分利用新兴的媒体形式,发挥网络舆情的正向作用,创新教育方法,对学生进行意识形态方面的正向引导。学校是意识形态教育的重要场所,通过学校的持续教育,大学生能够有效排除更多干扰因素形成正确的政治认知和价值观念。虽然当前大学生的意识形态受到负面舆情的影响,从而也变得负面、消极,但也不能忽视舆情的正面作用。高校应认真研究网络舆情与意识形态教育之间的内在联系,充分发挥舆情的积极作用,同时借用当下新兴的各类媒体技术手段,对学生的学习认知特征进行充分把握,寻求教育方法的适用性与创新性。通过对大学生展开有效的意识形态教育,达到维护意识形态安全的目的。

（二）健全舆情处理机制，建立高校网络舆情安全的“防火墙”

建立健全完备的与当前媒体环境相适应的舆情处理机制，提高预测、发现舆情的能力，丰富处理经验，提高处理效率。高校应积极运用现有舆情监测工具和检测手段，加强科学检测，重视高校舆情研究，实现对网络舆情的实时、动态的监测分析，建立舆情预警机制，针对舆情的出现迅速反应。同时还应建立堵截机制，不断提高意识形态安全教育工作的技术含量，建立高校网络舆情安全的“防火墙”，对于不健康的、非理性的内容进行清理与删除，为大学生营造健康文明的网络空间。

（三）加强学生自律意识，推动网络舆情与意识形态安全工作的深度开展

树立正确的工作理念，确立大学生意识形态教育的主体地位。高校应转变工作观念，坚持将大学生作为维护网络舆情安全和意识形态安全教育的主体地位，对学生进行合理的引导，加强学生自律意识，同时充分利用学生对大学生群体更为了解的特征，借助学生力量实现对高校网络舆情与意识形态的充分了解与深刻把握，从而推动高校网络舆情与意识形态安全工作的深度开展。

（四）提升青年学生政治认同感，共同维护网络舆情与意识形态安全

高校应积极争取当地宣传、网信、公安部门以及新闻媒体单位的支持，协同合作，构建实时高效、统一联动的合作机制。校方加强对作为网络舆情主体的学生的网络伦理道德教育，加强其网络自律意识，规范上网行为，注意网络形象，同时提高大学生对政府的政治认同感，引导学生对主流媒体传递的正向价值取向内容、主旋律内容的更多关注。联合多方，达到共同维护网络舆情与意识形态安全的效果。

（五）明晰网络舆情处置原则，树立舆情处理标准化流程

大数据时代，高校在健全机制的基础之上，还应把握处理舆情的五大原则，并在处理过程中积极参考。一是信息公开，提高自身公信力；二是快速处理，面对舆情应及时反映，迅速处理，提供客观真相以把握舆论风向；三是开诚布公，以诚恳的态度面对相关舆情，抚慰公众情绪后再做理智处理；四是巧妙化解，要直面负面舆情，巧妙回应质疑，维护自身形象；五是精准回应，在面对质疑时有针对性地做出回应，避免模糊言论引起次生风波。

网络舆情发展现状为对大学生进行网络安全教育与意识形态教育带来了机遇，有利于教育形式与教育渠道的更新与创新，更有利于充分利用各部门共同应对网络舆情、维护意识形态安全形成的工作合力。高校应重视网络舆情，对大学生进行有效的意识形态教育，善于综合各类渠道资源及部门优势，实现共同教育。

参考文献

[1]沈志军. 网络化趋势中的高校校园媒体建设[J]. 漳州职业技术学院学报,2007(4):118-120.

[2]蒋笃君. 高校网络舆情对大学生思想政治教育的影响及对策[J]. 学校党建与思想教育,2015(17):67-69.

[3]徐江虹. 基于大数据的高校网络舆情应对研究[J]. 新媒体思政,2017(23):44-46.

[4]周福战,牟霖. 新时期高校网络意识形态工作的形势和对策[J]. 大连理工大学学报(社会科学版),2017,38(4):146-151.

[5]张志丹. 新媒体时代我国网络意识形态工作:危局、误读与突围[J]. 河海大学学报(哲学社会科学版),2017,19(1):1-7.

[6]刘金鸽. 网络舆情对青年学生政治认同的影响及其应对[J]. 学校党建与思想教育,2018(19):94-96.

[7]李春欣. 新媒体时代高校网络意识形态工作研究[D]. 金华:浙江师范大学,2018.

习近平讲话艺术对辅导员思想政治教育语言的启示

物理学院　闫嘉慧　王永刚

【摘　要】 辅导员是大学生思想政治教育的骨干力量，语言是进行教育与管理的媒介和工具，所以辅导员的思政教育语言能力至关重要。当前辅导员思政教育语言存在欠缺，而习近平总书记的讲话艺术独具魅力，可以提供解决之道。故本文搜集习近平总书记在十所高校面向学生的讲话，形成近5万字的语料库，借助BlueMC词云和人工智能(AI)自然语言情感倾向性分析工具，采取定量和定性的分析方法，探究“习近平讲话艺术”对辅导员思想政治教育语言的启示。

【关键词】 讲话艺术；思想政治教育；高校辅导员

根据教育部2017年修订的《普通高等学校辅导员队伍建设规定》，辅导员是开展大学生思想政治教育的骨干力量，是高等学校学生日常思想政治教育和管理工作的组织者、实施者和指导者。目前高校辅导员的思想政治教育工作，如党建团建、谈心谈话等，均通过语言沟通的形式进行，对辅导员的语言魅力与沟通能力有着较高要求，其中之一就是需要使用思想政治话语(指在一定社会主导意识形态的支配下，遵循一定的语言规范、规则和规律，并在特定的话语语境里，教育者和受教育者用来交往、宣传、灌输，以及描述、解释、评价，构建思想政治教育内容和主体间思想观念、价值取向和行为表征的言语符号系统[1])。然而很多辅导员与同学的沟通往往基于个人阅历和自身风格，语言具有很大的随意性，也由此引发了一些问题。

十八大以来，习近平总书记多次考察国内高校，与师生亲切交流，并发表了一系列重要讲话。这些讲话，平实中蕴含着大智慧，更有一种透彻、直指人心的力量，对辅导员思想政治教育语言的构建具有重要的指导作用。所以本文将选取习近平总书记在北京大学、南开大学、北京师范大学等十所高校面向同学们的讲话，形成近5万字的语料库，借助BlueMC词云和AI自然语言情感倾向性分析工具，运用定量和定性的方法，探究习近平讲话艺术

对辅导员思想政治教育语言的启示。

一、思想政治教育与语言的紧密关系

(一)语言是辅导员进行思政工作的载体

古希腊哲学家德谟克利特曾说:“要使人信服,一句语言常常比黄金更有效。”可见语言的强大力量。高校辅导员所储备的丰富的思政理论知识,需要通过语言向学生传递,所以语言在思政教育过程中起着重要作用。只有通过细致入微的谈话,辅导员才能充分了解同学们的所思所想,把握他们的心理动态;只有经过深入顺畅的沟通,辅导员才能获取同学们的信任,进而行之有效地进行思政教育。由此可见,在思想政治教育过程中,辅导员的语言能力至关重要。

(二)语言是连接辅导员与同学关系的纽带

在辅导员与同学进行沟通时,得当妥帖的语言会像冬日里的阳光温暖学生心扉,使他们将辅导员视作良师益友,愿意对辅导员敞开心扉;而不适宜的语言则如同夏天的疾风暴雨冻彻同学心灵,让他们对辅导员失去信任,甚至产生抵触心理,在这样的情况下思政教育自然难以进行。

二、辅导员思想政治教育语言的欠缺性

(一)语言高高在上,师生地位不平等

中国所推崇的儒家思想自古就有尊师重道的传统,这一思想在文化的传承过程中已深深植入了每一个教育传授者的心中。受到这一思想的影响,辅导员在进行思政教育时对其自身的话语地位形成了固有认知:辅导员是思想政治教育的掌控者,学生只是信息的接受者,由此形成了师生之间地位的不平等。在这种情况下,部分辅导员的语言难免会有高高在上之感,学生自然不愿吐露心声、真心接受。思想政治教育缺乏良性的互动,其效果也必然大打折扣。

(二)语言缺乏幽默,沟通氛围不乐观

在思政教育过程中使用幽默生动的语言可以避免授课式的乏味枯燥,起到锦上添花的效果,所以适时运用幽默性语言是提高辅导员思政教育水平的有效途径之一。当前辅导员语言缺乏幽默性主要体现在对学生进行日常管理和教育时忽视幽默性语言的使用,不能将批评性语言、鼓励性语言等与幽默性语言相结合,造成语言内容乏味无趣,沟通气氛低迷,学生对教育的认同感自然也不高。

(三)语言形式单一,转化能力不到位

辅导员的思想政治教育语言包括文件政策类语言、规章制度类语言和生活交往类语言[2]。其中文件政策类语言和规章制度类语言具有很强的严格性和制约性,而生活交往类语言则具有很强的随意性和亲和性。基于语言特点的差异性,辅导员应根据教育场景的变化选择不同类型的语言,实现语言形式的灵活多变。但是在实际教育过程中,部分辅导员会出现语言转化不当、失衡的情况:文件政策类语言和规章制度类语言未经转化,直接取代生活交往类语言,虽然提升了教育的权威性,但老师和学生之间的距离也会被拉远,而思想政治教育归根结底是心灵的教育,需要深入人心、产生碰撞;相反,如果一味使用生活交往类语言,而未有机融入另两种语言,虽能使老师的亲和力大大增加,但也会降低思想政治教育工作的严肃性,对学生的管理产生不利影响。

(四)话语表达不清,师生沟通不顺畅

思政教育语言的表达分为三个层次,第一个层次是将教育内容表达清楚,使学生理解准确,这也是思政教育的最低要求;第二个层次是将教育内容表达透彻,把道理说透,使学生信服;第三个层次是教育过程中带有感情,与学生形成共鸣,重塑其价值观。思政语言表达的这三个层次既有现实问题的针对性,又使理论解释有高度。但在实际工作中,一些辅导员话语表达能力存在不足,无法将内心的真实想法展示清楚,导致学生接收内容失真;一些辅导员虽然可以准确地传递内容,但对问题没有深入思考形成自己的见解,导致道理说不透,学生也不能真正信服;还有部分辅导员虽然能说清说透问题,但却无法以情动人,语言自然没有穿透力。以上问题都会给思政教育带来困难。

三、"习式妙语"对辅导员思想政治教育语言的启示

搜集习近平总书记十八大以来在北京大学、南开大学、北京师范大学等十所高校面向同学们的讲话,对近 5 万字的语料进行整理研究,发现"习式妙语"所蕴含的高超话语艺术对解决以上辅导员思政教育语言的问题具有重要启示。

(一)适时彰显平等,拉进彼此距离

通过 BlueMC 获得所选取的习近平总书记讲话词云图,如图 1 所示。讲话中的关键词用可视化的形式进行呈现,字体大小代表关键词的重要程度。

图1　习近平高校讲话词云图

从图1中可以看出,所选取的习近平总书记高校讲话中出现频率最高的5个词分别为“青年”“老师”“学生”“咱们”“教师”。进一步进行词频分析,这5个关键词的出现次数分别为278次、267次、172次、166次、155次。在讲话语境中的近义词“青年”和“学生”共出现450次,“老师”和“教师”共出现422次,两者数量相差不大,从一个侧面体现了习近平总书记对同学们和老师们关注度的一视同仁。同时,高频词“咱们”能够迅速拉近习近平总书记与同学们之间的距离,体现了习近平总书记语言的平易近人,作为一国领导人却丝毫没有“官架子”。

辅导员既是学生日常学习生活的管理者,又是陪伴同学们成长的贴心朋友,具有多重的身份。但是受到传统教育理念的制约,在实际工作中辅导员担任管理者的角色较多,作为学生亲密朋友的角色较少,地位的不平等性阻碍了双方的互动。“习式语言”平易近人的风格启示辅导员们要适时进行角色的转换,彰显平等性:在进行文件宣讲、制度解读、纪律约束等活动时,辅导员可以优先选择教育者、管理者这类“官方身份”,提高所用话语的权威性和严肃性;而在参与班级活动、日常谈心谈话、心理疏导等活动时,则应适时选择朋友、学长学姐这类“非官方身份”。辅导员应将学生们视为拥有宪法所规定的各项民主权利的独立个体,尊重其人格,化单向的说教性语言为双向互动的平等性话语。

(二)语言积极幽默,营造良好氛围

选取湖南5所高校的1 000名在校生作为样本进行调查研究,发现积极的话语能够转化为同学们向前的动力,激发同学们的潜能,优化师生间的关

系，对辅导员工作具有重要帮助[3]。研读习近平总书记面对高校学子的讲话，能明显感受到其积极向上的语言风格。为印证这一感受，利用百度 AI 开放平台中的自然语言处理技术，创建自然语言情感倾向分析模型，对语料库中习近平总书记讲话进行情感倾向分析，以下为部分评估详情。表 1 第一列为原始语料，第二列为运用通用语言情感倾向分析模型所得的评估结果，第三列为运用笔者自行创建的专门分析本次习近平讲话的语言情感分析模型所得的评估结果，其中 2 表示正向，1 为中性，0 为负向。

表 1　习近平讲话语言情感倾向性分析(部分)

Query	定制化前 label	定制化后 label
追梦需要激情和理想，圆梦需要奋斗和奉献	2	2
这是北大的骄傲，也是北大的光荣	2	2
当代青年是同新时代共同前进的一代	2	2
青年是国家的希望、民族的未来	2	2
幸福都奋斗出来的，奋斗本身就是一种幸福	2	2
社会主义是干出来的	2	2
新时代青年要乘新时代春风，在祖国万里长空放飞青春梦想	2	2
学生时代是人一生最美好的时光	2	2
爱是教育的灵魂，没有爱就没有教育	2	2
希望你们脚踏实地，在新的起点作出你们这一代人的历史贡献	2	2

从评估结果中可以看出，习近平总书记面对高校学生时的语言都为正向、积极性话语，符合大学生的情感偏向。

除了正向性话语，幽默性语言也可以营造良好的沟通氛围。习近平总书记的讲话语言风趣幽默，听后使人倍感亲切。如习近平总书记曾说："'一般'如果没有硬杠杠，最后都成了'二般'了。"辅导员在进行思政教育时可以学习习近平总书记幽默风趣的语言风格，使学生们化拘谨为轻松，在轻快愉悦的氛围中既听得懂，又乐于听。

(三)话语形式多样，有高度又接地气

一直以来，习近平总书记都关注着人民的健康问题，但是在不同的场合语境下发表过不同语言风格的讲话和指示：在全国群众体育先进单位和先

进个人表彰会上他说“人民身体健康是全面建成小康社会的重要内涵,是每一个人成长和实现幸福生活的重要基础”;在中央党校研修班上他则运用“大白话”,劝“年轻人不要熬夜”,“那个时候我年轻想办好事,差不多一个月大病一场。为什么呢? 老熬夜。经常是通宵达旦干。后来感觉到不行,这么干也长不了。先把自己的心态摆顺了,内在有激情,外在还要从容不迫。”根据不同场景选择不同类型的话语,使得“习式语言”既有高度又接地气。

同样,在教育过程中,辅导员也应根据不同的语境选择不同形式的语言,对文件政策类语言、规章制度类语言和生活交往类语言进行有机转化。在教育和管理学生时,不仅要注意文件政策类和规章制度类语言本身具有的内容,还要看到生活交往类语言之美,将三者紧密结合;在与学生谈心谈话使用生活交往类语言时,也应通过文件政策类语言与规章制度类语言进行适当的总结升华,使得“高大上”与“接地气”完美融合。

(四)修辞内涵并重,说得清、讲得透、有感情

习近平总书记在讲话时不仅注重运用修辞手法、语言艺术,同时话语富有内涵、饱含情感,所以才会取得说得清讲得透有感情的表达效果。

思政教育语言的第一个层次是将内容表达清楚。习近平总书记就善于运用打比方、举实例、讲故事等方式使语言生动形象好理解。如他用“世界上没有两片完全相同的树叶”强调学生们的性格、脾气、特长、成绩等各不相同,老师应该注重因材施教;在北师大座谈会上,总书记讲:“三寸粉笔,三寸讲台系国运;一颗丹心,一生秉烛铸民魂”[4],时值教师节,习近平总书记在此时描绘教师故事,刻画感人细节,不仅传达了尊师重道的人文关怀,也给未来的人民教师们树立了见德思齐的榜样。高校辅导员在进行思政教育时,也应学习习近平总书记的讲话方式,恰当选用修辞手法,运用生动的语言让学生知事明理。

思政教育语言的第二个层次是将道理表达透彻。语言体现的是思想,理解是表达的前提,所以辅导员能否将道理讲透、是否具有说服力首先取决于辅导员自身的专业理论素养。习近平总书记的语言之所以能一针见血,离不开其扎实的理论功底。他曾多次强调要提高自身的专业化、知识化水平,只有依靠学习才能走向未来[5]。因此,辅导员应在日常加强马列主义、思政教育等理论知识的学习,并在思想政治教育工作的实践中对这些理论知识进行检验。

思政教育语言的第三个层次是以情动人,重塑学生的价值观。语言不仅是连接人与人的桥梁,更是彼此心灵碰撞的窗口,教育者对被教育者怀有深厚真挚的情感也是思政教育进行感化的前提[6]。习近平总书记深受传统

民本思想的熏陶,从对高校学子的讲话中也能感受到他的亲民情感。在北师大座谈会上,习近平总书记也提出:“做好老师,要有仁爱之心。教育是一门‘仁而爱人’的事业,爱是教育的灵魂,没有爱就没有教育。”所以辅导员在进行思政教育时,应首先对学生怀有真挚的情感,理解并关爱学生。只有对他们动之以情,才可以晓之以理,直至导之以行。

四、结语

思想政治教育需要沟通,语言也就显得尤为重要。辅导员作为处在大学生思政教育一线的工作者,应当学习习近平总书记的讲话艺术,从语言的内涵、风格、形式、技巧、情感等方面多下功夫,以便更好地开展大学生思想政治教育,引导学生群体健康成长。

参考文献

[1]邱仁富. 思想政治教育话语论[M]. 上海:上海交通大学出版社,2013.

[2]宗炎. 高校辅导员工作中的语言策略研究[J]. 思想教育研究,2009(S1):78-81.

[3]肖汉仕,向伟. 大学生对辅导员语言的接受研究[J]. 高校辅导员学刊,2019,11(5):14-20.

[4]习近平. 做党和人民满意的好老师[N]. 人民日报,2014-9-10(2).

[5]习近平. 习近平谈治国理政[M]. 北京:外文出版社,2014.

[6]苏振芳. 思想政治教育学[M]. 北京:社会科学文献出版社,2006.

仪式教育在当代大学生思想政治教育中的构建与实施

——以郑州大学信息工程学院为例

信息工程学院　王　成

【摘　要】 仪式教育具有较强的认同塑造和教育功能。恰到好处、有意义的仪式,承载着丰富的情感传递和育人的价值,是实现立德树人根本任务的渠道之一。在仪式教育和思想政治教育实践的融合过程中,发现和提出存在的问题,通过优化设计仪式教育内容,提升仪式教育的学生参与度,加强宣传、优化设计仪式教育的场景、氛围,健全仪式教育机制、保障实施,促进仪式教育作用的发挥。

【关键词】 仪式教育;思想政治教育;构建;实施

仪式活动作为一种重要的文化资源,具有丰富的教育和认同塑造功能。2014 年 4 月,“习近平同志在主持中共中央政治局就培育和弘扬社会主义核心价值观、弘扬中华传统美德进行集体学习时指出:‘要建立和规范一些礼仪制度,组织开展形式多样的纪念庆典活动,传播主流价值,增强人们的认同感和归属感。’”近年来,党和国家每次举行以重大事件、重大节日、重要人物为主题的纪念庆典活动,总能在人民群众中引起强烈反响,极大地增强了人们对中华民族和中华文化的认同感、对我们党和国家的认同感。仪式教育能够有效地通过调动大学生的情感和亲身体验,让学生在潜移默化中受到教育,在思想政治教育实践中融入仪式教育,可以有效增强教育的效果,使学生树牢“四个意识”,坚定“四个自信”,坚决做到“两个维护”,明确新时代的使命担当。

一、仪式教育的内涵

“仪式”一词在现代汉语词典中的基本含义是指仪态或典礼的秩序形式。从“仪式”一词的基本含义来看,仪式首先是一种“典礼”,因而具有庄重性;仪式也是一种“程式”,仪式的举行是基于一定的组织秩序完成的,因此让人觉得从仪式过程中能够获得特别的感受和收益，即“仪式感”。

仪式感是仪式所产生的效果。仪式感的表现方式有很多，无论是国家层面的隆重、严肃的纪念活动，还是家庭层面的生活小事，仪式感都可以使人们在某一个时刻下，深切地感受着某种氛围或者是传统使命，进而在精神上得到某种自我暗示，从而影响自己的潜意识。

仪式教育就是从仪式的角度去开展教育活动，但不等同于仪式，除具备仪式的基本特点外还体现了教育的性质和要求。大学生仪式教育就是学校为了达到一定的教育目的，通过规范仪式的操作，将一些学习内容通过精心设计的程序和营造的教育氛围表现出来。

二、仪式教育对大学生思想政治教育的作用

仪式教育具有较强的认同塑造和教育功能。恰到好处、有意义的仪式，承载着丰富的情感传递和育人的价值，是实现立德树人根本任务的渠道之一。

（一）推动思想政治教育方式形象化、具体化，培养认同感

《心理学辞典》中认为：情感是人对客观事物是否满足自己的需要产生的态度体验。人对事物的好恶、认知程度不同，因此产生的情感体验也各不一样。情感具有一定的倾向性和指向性，一个人的情感与其人生观、价值观和人生态度有着密切的联系。

在大学生思想政治教育实践中，如何使受教育对象产生情感认同，首要的是要推动思想政治教育方式的形象化、具体化。正如习近平总书记在全国高校思想政治工作会议上强调，要“提升思想政治教育亲和力和针对性，满足学生成长发展需求和期待”。

从传统的思想政治教育的特点来看，一方面，传统思想政治教育方式侧重理论说教，呈现出枯燥乏味、抽象晦涩的特点，与现实生活贴合不紧，忽略了教育对象的思想实际和认知水平，缺乏亲和力和针对性，难以调动教育对象的兴趣和学习积极性；另一方面，传统的思想政治教育以对主流意识形态的高度认同为轴心，强调教育者的主导性和受教育者的自觉服从，更多展现的是思想政治教育的社会价值，忽视了受教育对象的个体价值。

大学生仪式教育弥补了传统思想政治教育的不足，为思想政治教育实践提供了重要载体和渠道，通过将仪式教育融入思想政治教育中，推动了思想政治教育方式由理论向实践的转变，实现了思想政治教育情境由抽象化到生活化、整体化到个性化的转变。大学生在各种仪式活动的参与过程中，不但认知获得了提升，而且增强了自身的情感体验，培养了认同感，也有利于达成高校思想政治教育的目标。

(二)推动思想政治教育过程生活化、情境化,升华价值情感

“德智体美劳全面发展的社会主义建设者和接班人”是新时代的人才培养目标。在与大学生的谈心谈话中发现,一些大学生对于这种身份认同并不强,对个人的发展规划比较迷茫,缺乏对当代大学生使命和追求、责任和担当的认识。反思这种现象,其背后隐藏的是文化仪式教育的走样与缺失。因此,在思想政治教育过程中融入仪式教育,开展形式多样、蕴含丰富文化的仪式教育活动很有必要。

结合当代大学生的思想特点,思想政治教育需要与时俱进,其过程应体现出生活化、情境化的特点。仪式教育为思想政治教育情感的产生创设了情境,将仪式中的布景、音乐、装饰、人员等情境元素按照不同主题的要求相组合,赋予一定的价值内涵,一个充满思想政治教育情感的情境就产生了。例如,大学生入党宣誓仪式:入党宣誓是新成员入党的重要程序和关键的教育环节。在鲜红的党旗下,在激昂的《国际歌》歌声中,全体新党员面对党旗庄严宣誓……强烈的仪式感强化了新党员的身份意识,使其能够牢记党员责任和义务。同时,学生党员在仪式中情绪得到感染,进而产生情感共鸣,加深了对党员使命和责任的理解,进而升华为情感价值追求,促使他们不断增强党性修养,充分发挥党员的先锋模范作用,以更加积极的精神状态投入到学习和工作生活中。

(三)推动思想政治教育效果内在化、外在化,规范价值行为

仪式教育本身必然是具备规则的。仪式教育活动所蕴含的是一所学校的文化和精神,其内容和价值观,通过精心设计的程序和营造的教育氛围表现出来,在一定程度上引导着学生的思想。例如,仪式教育中的很多环节都需要集体成员参与,这就要求集体中的每个人都能严格遵守集体规范要求自己,不仅引导规范参与者的行为达到教育的目的和社会的认可,形成良好的互动仪式链,而且使集体意识和团队合作能力在仪式过程中得到锻炼和强化,成员个人的责任感、荣誉感和自豪感在此过程中形成。

三、信息工程学院开展仪式教育的探索与实践

从目前来看,各高校根据教育理念、教育目的和教育对象的不同来划分,形成了各有体系和特点的仪式教育,如庆典仪式、纪念仪式、礼仪性仪式和日常化仪式等,收到了良好的效果。以我校信息工程学院为例,近年来,学院围绕立德树人人才培养目标,结合我院特色,在思想政治教育领域不断守正创新,以教师和学生两大主体,设计并开展系列仪式教育,不断提升思想政治教育之于学生的亲切感、获得感和认同感,也使信息工程学院的文化精神在仪式教育中得到充分展现。

（一）健全教师荣誉仪式活动

教师荣誉不仅是教师职业的社会价值和个体社会贡献的集中体现，也是国家尊师重教的重要体现。

信息工程学院拥有一支高水平的师资队伍，在职教职工 220 余人，其中专任教师 150 人，在专任教师中教授 50 余人、博士生导师 20 余人，具有博士学位的教师 120 余人，加拿大皇家科学院和工程院两院院士 1 人、加拿大工程院院士 1 人、美国纽约科学院院士、长江学者和千人计划 1 人、中国工程院院士 1 人、国家优青 2 人、讲习教授 4 人、外籍客座教授 1 人。近年来，信息工程学院不断探索实践、健全教师荣誉制度，举办了包括“教师节庆祝活动”“退休教师荣休仪式”等仪式教育活动，将高校教师立德树人的要求融入仪式教育过程，将尊师仪式教育贯穿教师成长全过程。同时，在过程中加大教师表彰力度，如设立优秀博士科研启动基金，开展“教学名师奖”“学院之星”等评选活动，奖励一线优秀教师，通过系列荣誉仪式活动增强教师荣誉感和获得感。

（二）建立学生仪式教育活动体系

目前，信息工程学院在校各类学生 3 500 余人，其中，本科学生总计 3 266 余人，研究生近 500 人。我院历来坚持以学生为主体的教育理念，非常重视学生仪式教育，通过隆重的仪式来展示学生风采、培养学生“求是 担当”的精神，增强学生对学校的认同感，凝聚爱校情结。

1. 具有成长意义的过渡性仪式

从心理发展阶段特征来看，大学生处于从青年早、中期向青年晚期或成年期的过渡，这种过渡伴随着生理和心理上的发育与成熟，给人带来精神上比较大的影响。在这一过渡与变革的重要阶段和节点进行仪式教育，适时地将学校文化主题渗透其中，可以将过去、现在和未来自然地衔接起来，教育的有效性会得到加强。

郑州大学的校训是“求是 担当”，它既是我校治校精神和办学理念的反映，也是我校校园文化建设的重要内容，是我校校风、教风、学风的集中表现，体现了我校文化精神的核心内容。我院在重大仪式类的仪式教育中充分体现了这一主题。例如，在信息工程学院 2019 级新生开学典礼上，周清雷院长以“求是担当 追求卓越”为主题，向广大新生分享了自己的人生感悟，勉励同学们努力学习，成为一个有专业追求、勇于开拓创新的人，成为一个有远大理想抱负的人，成为一个具备家国情怀、品格健全的人。开学典礼在广大新生中引发了强烈的反响，大家纷纷表示要继续发扬军训时养成的良好作风，在今后的学习生活中长期坚持下去，把军训时锤炼的坚韧不拔、吃苦耐劳精神，不断内化为自身成长的动力，以昂扬向上的斗志和良好的精神

状态,努力创造无愧于时代,无愧于人民,无愧于自己的信工岁月,让青春在奋斗中更加美丽精彩。

2018 年 9 月 22 日,我院举行了“三十年后再相聚——郑大信工校友重返母校”仪式,原郑州大学电子工程系 1984 级校友来到了阔别已久的校园,前往校史馆进行参观,重温当年学习生活过的校园,感怀奋斗足迹,并一起分享了学院在学科建设、人才培养、科学研究、实验室建设和人才队伍建设上取得的丰硕成果。

2. 竞技性活动仪式

仪式活动的举行具有较强的发展性教育目标,信息工程学院一直非常重视通过竞争性的校园文化比赛活动,教育引导学生锤炼品格、规范行为、增强实践和创新能力,为学生的学习、生活、发展、进步提供良好的环境,为学生增强能力、创新创业、成长成才提供重要平台。

除了学院每年举行的院运会开闭幕仪式、军训会操、表彰仪式之外,还根据我院专业特点和学生特点,举办了一系列丰富多彩的竞技比赛活动,如郑州大学 ACM(Association for Computing Machinery)大学生程序设计大赛、“创青春”大学生创业大赛、网络文化节、大学生智能循迹挑战赛、“活力杯”信息工程学院共青团基层基础工作大赛、乒乓球新生杯比赛等等,通过这些具有仪式感的比赛活动,鼓励学生发挥专业特长、繁荣校园文化,激发了学生的创新思维,增强了学生的创新创业意识。

3. 日常生活仪式

日常生活仪式的形式比较简单,但能在高频次的重复中充分将学校文化渗透到教育细节中。近年来,信息工程学院不断创新思想政治教育方式,例如,组织学生集体观看《新闻联播》是信息工程学院一直以来的一个传统,一批批学生走出校门,依然难以忘记这个充满“仪式感”的课堂。它既是青春的记忆,也是人生的指明灯。在 2019 年全国硕士研究生统一招生考试临近之际,信息工程学院的老师为考研学生们准备了暖心小礼物、录制了暖心视频,并和考研学子亲切交谈,为考研学生加油,祝愿他们能“学有所获,考有所成”,使考研的同学们感受到了学院送来的温暖与支持,感受到了学院温馨祥和的学院氛围,广大考生备受鼓舞,增强了备考的信心。

在日常的思政教育中,通过引入日常仪式教育活动,学院的全体师生以共同体的身份感受到了学院精神的熏陶与感染,并在学院文化的感召之下形成了强烈的身份认同感,从而自觉主动参与到学院文化的构建与维护中。

(三)仪式教育的实践效果反馈

为了解信息工程学院开展仪式教育的实践效果,笔者随机抽取了我院电子信息工程、通信工程、计算机科学与技术、软件工程四个年级共 320 名学生参与了调查问卷(通过问卷星向学生发放调查问卷320份,回收有效问卷320份),结果见表1。

表1　仪式教育实践效果反馈

效果反馈		很好	好	一般	效果不大
学生人数	电子专业(40人)	35	2	1	2
	通信工程(40人)	36	2	1	1
	计科专业(40人)	37	3	0	0
	软件工程(40人)	32	5	2	1

调查结果显示,大部分同学接受校园仪式教育,并有43.8%的同学认为开展仪式教育的效果很好,认可仪式教育的原因主要有:有助于培养群体协作、互助等群体情感(占31%),有助于社会主义核心价值观的培育(占15%),提升了认知,增强了认同感(占39%),形成良好的竞争激励(占15%)。由此可见,我院近年来在将仪式教育融入大学生思想政治教育的实践中取得了一定的效果。

四、仪式感视角下的思想政治教育的现实困境

(一)价值的迷失而致仪式感陷入形式主义

马克思主义基本原理关于内容和形式的论述告诉我们,内容与形式是本质和表象的关系,内容是形式的基础和前提,没有内容就无所谓形式的存在;形式是内容的展示和触发,没有形式,就无法辨别内容。内容依靠形式来展示其差异,形式依靠内容来支撑其存在,两者互为依赖,不可分割。

仪式是一种程式,但它一定是要指向一种积极的意义和价值,这是组织举行仪式、发挥仪式感的目的所在。忽视仪式指向的价值和意义,势必会致使仪式感所依托的形式沦为形式主义,很难对当代大学生的认知能力和思维产生同频共振的效果,即思想政治教育的预期价值目标与大学生现存价值感之间形成难以融通的断裂,致使仪式感在思想政治教育方面的运用成为流于形式主义的表演。

(二)内容简单重复,形式单一枯燥,感染力缺失

思想政治教育的内涵是注重在“德”“心”“魂”等方面对学生的深层次影响。充满仪式感的思想政治教育需要在内容、形式和感染力方面做到有机统一。

每一个仪式的举行都会占用师生一定的时间和精力,一旦内容简单重

复、形式单一枯燥的仪式充斥着校园,会使师生的身心情感受到无形的绑架,整个校园处于浮躁和忙乱之中,严重影响和干扰正常的教学秩序,由此会滋生部分坏情绪,产生许多消极影响。

(三)教育场域性低,主体消极被动

从仪式到仪式感,并非一个自然过渡、无条件的过程,其中需要主体自觉的参与。笔者也曾经就当前国内高校的思想政治教育现状进行过专门的调研,调查结果显示,部分思想政治教育仪式呈现出工具化倾向,片面重视仪式的规模、覆盖面、形式等外部因素,而对于仪式举办所要达到的目的,即通过运用仪式感对大学生产生深层次影响和思想引领穿透力,则普遍重视和关注不够。

此外,从各个院校举行的仪式活动来看,体现出广泛参与、即兴性强、稳定性比较弱,重点突出、整齐划一的特点,师生的自主选择权较小。在参与主体消极被动的情况下举行的仪式活动,其情感失去了积极的作用,就不能成为经常持久的动力。因此,学校举办的各种仪式活动,要重在增强师生"情感的效果性",鼓励师生根据自己的爱好特长自由选择。

五、仪式教育在当代大学生思想政治教育中的构建与实施

(一)优化设计仪式教育内容

仪式教育的内容应契合当代大学生的心理、行为特点,切忌忽视仪式主体的认同和参与,片面追求形式多样、规模大小和场地大小。在当前大数据的广泛应用下,应拓展仪式教育的空间、丰富仪式教育的手段,使仪式教育更具有时代性。一方面,结合高校大学生学科背景、个人特长、爱好的不同,在仪式教育中可以采用多样化的方法,打破传统仪式教育一成不变的固定结构。例如,结合当前正在开展的"不忘初心、牢记使命"主题教育活动,可以将红色文化融入大学生思想政治教育中,策划具有特色的仪式活动,如参观主题教育档案文献、观看"伟大历程 辉煌成就——庆祝中华人民共和国成立 70 周年大型成就展"网上展馆,开展网络知识竞答、红色主题演讲等仪式活动,还可以利用我院学生在计算机操作、软件设计开发、音视频制作方面的专业优势,鼓励大学生制作红色动漫、红色故事微视频等开展红色主题教育活动,并颁发红色电子荣誉证书等,使学生树牢"四个意识",坚定"四个自信",坚决做到"两个维护"。

(二)提升仪式教育的学生参与度

仪式教育的主体是学生,为充分发挥仪式活动的教育意义,增强学生的仪式感,在仪式教育的主题设定、内容安排、过程参与和活动总结等方面,要

充分调动学生自觉参与的热情。例如，信息工程学院2019年国家宪法日主题教育活动，在活动的内容设计和安排方面采取了不同往年的做法，主题活动从同学们的“宪法晨读”开始，通过模拟法庭、主题辩论、精心制作宪法展板，将历史知识融入班级团日活动等一系列活动内容，以一种当下青年大学生易接受的方式，为同学们提供表现自己的舞台，丰富了校园文化生活，并且有效地将“学法、知法、守法、用法”的意识扎根在同学们心中，从而达到让同学们充分相信法律、自觉运用法律、忠于宪法、遵守宪法、维护宪法的目的。

（三）加强宣传，优化设计仪式教育的场景氛围

2014年2月，习近平总书记在中共中央政治局第十三次集体学习时指出：“要利用各种时机和场合，形成有利于培育和弘扬社会主义核心价值观的生活情景和社会氛围，使社会主义核心价值观的影响像空气一样无所不在，无时不有。”

仪式教育的开展需要利用情境的烘托，来提升仪式的场域性。一方面，在校园里营造良好的场景氛围，通过“两微一端”、宣传展板、学生社团等学生喜闻乐见地方式使他们更深切直观地感受到仪式教育所承载的价值观内涵，达到潜移默化的影响；另一方面，要加强宣传，宣传的目的就是提高认知，师生对校园仪式教育的价值意义了解程度越高，认可度就越高。反之，如果师生对开展某项仪式活动的认识不到位，就很难吸引他们参与其中，他们甚至会对此产生排斥和反感，认为是“形式主义”的表演。

（四）健全机制，保障实施

校园仪式制度的建立是大学生社会主义核心价值观培育的重要载体。因此，高校应充分重视仪式教育制度建立的必要性，将其纳入校园文化建设之中，构建系统完善的仪式教育制度体系。与此同时，为了提升仪式教育的效果，应当建立有效的评价机制即形成性评价和终结性评价机制。一方面，通过观察学生在仪式教育情境中的行为举止等方面的综合表现对教育的效果进行初步的判断；另一方面，通过座谈会、问卷调查、网络信箱等反馈形式，广泛收集学生对仪式教育实施效果的评价意见，进而改进仪式教育，不断提升教育的针对性和实效性，增强学生在仪式教育中的获得感。

参考文献

[1]银宝. 红色文化融入大学生仪式教育的问题分析[J]. 胜利油田党校学报，2019，32(2)：83-87.

[2]郭珍磊，闫鹏. 校园仪式：大学生社会主义核心价值观培育的有效载体

[J]. 成都中医药大学学报(教育科学版),2019,21(3):99-101,112.

[3]王爱侠. 基于学校文化的层级化仪式教育构建与实施[J]. 现代教育,2019(9):41-42.

[4]卜朝宇."互动仪式链"视域下高校思想政治教育中的仪式教育[J]. 智库时代,2019(49):88-89.

[5]习近平. 习近平谈治国理政[M]. 北京:外文出版社,2014.

[6]武晓峰. 运用红色文化加强大学生社会主义核心价值观教育[J]. 社会主义核心价值观研究,2018,4(2):64-71.

新媒体视域下高校思想政治教育话语权提升路径研究

马克思主义学院　胡树飞

【摘　要】 随着网络信息化的快速发展，新媒体已经成为意识形态传播的重要载体。网络话语的开放性、多元性、创新性和分散性，使得思想文化领域话语样态驳杂，给高校思想政治教育话语权带来冲击。坚持马克思主义的指导地位，落实立德树人的根本任务，在政治性意蕴、学理性支撑、通识性表达、有效性传播上拓宽高校思想政治教育话语权的提升路径，对开创思想政治教育新局面具有重要意义。

【关键词】 新媒体；高校思想政治教育；话语权；提升路径

新媒体是由英文“New Media”直译而来，1969 年，美国传播政策总统特别委员会主席 E. 罗斯托（E. Rostow）在给总统尼克松提交的报告书多次使用新媒体一词。新媒体与传统媒体的最大区别在于其使用数字技术、互联网特别是移动互联网络技术，使得信息传播速度更加高效、传播载体更加丰富、传播覆盖面更加广阔。

2017 年 2 月，中共中央国务院印发的《关于加强和改进新形势下高校思想政治工作的意见》中强调，要加强互联网思想政治工作载体建设，加强学生互动社区、主题教育网站、专业学术网站和“两微一端”建设，运用大学生喜欢的表达方式开展思想政治教育①。当前，处于新媒体快速发展的新时代的高校思想政治教育工作，既面临着新的发展机遇，又面临着网络话语的开放性、多元性、创新性和分散性对话语权带来的挑战。高校思想政治教育工作者，抓住机遇、正视挑战，分析新媒体发展的趋势、掌握新媒体发展的规律，提升高校思想政治教育话语权，探索出一条适合我国高校思想政治教育发展的新路径。

① 中共中央国务院印发《关于加强和改进新形势下高校思想政治工作的意见》，2017 年 2 月 28 日《人民日报》，第 1 版。

一、思想政治教育话语体系的内涵及其意义

(一)新媒体时代思想政治教育话语权的内涵

话语权从字面意思可以解释为“话语”和“权利”的组合。“话语”是指话语主体通过语言、文字、视频等媒介和话语客体沟通交流的行为过程;“权利”是指控制舆论导向的领导权;话语权是指说话的权利,即主体通过多种形式的有计划、有组织的话语,传播主体的意识形态,对客体产生导向的权利。

习近平总书记指出,高校思想政治工作关系高校培养什么样的人、如何培养人以及为谁培养人这个根本问题①。新媒体时代的思想政治教育的话语权,是指以马克思主义为指导,思想政治教育工作者通过新媒体和传统媒体等载体,对受教育者的意识形态进行引导的权利。高校思想政治教育话语权的主体是思想政治教育工作者和相关管理部门,客体是受教育者,即大学生群体。在新媒体时代下,话语权的主体对客体有着多种权利,主动的宣传、教育、引领便捷、平等、开放地表达观点,都是重要体现。

(二)提升新媒体时代思想政治教育话语权的重要意义

习近平总书记谈道:“面对世界范围内各种思想文化交流交融交锋的新形势,如何加快建设社会主义文化强国、增强文化软实力、提高我国在国际上的话语权,迫切需要哲学社会科学更好发挥作用”②。提升新媒体时代下高校思想政治教育话语权,有利于应对多元化社会思潮的渗透和侵蚀,有利于提升高校思想政治教育实效,有利于建设社会主义文化强国。

有利于应对多元化社会思潮的渗透和侵蚀。马克思主义作为与资产阶级思想相对立的思想体系,从它的诞生之日起,就成了资产阶级仇恨、围剿的对象。作为中国高校意识形态指导思想的马克思主义,始终面临着西方资产阶级意识形态的渗透和侵蚀。提升高校思想政治教育的话语权,最根本的就是掌握好马克思主义在高校的指导地位,这是做好高校意识形态工作的核心基础和最佳途径。在多种社会思潮的渗透和侵蚀下,唯有牢牢掌握高校思想政治教育工作的话语权,才能够从容应对。

有利于提升高校思想政治教育实效。在意识形态斗争日趋激烈的情况

---

① 习近平:《在全国高校思想政治工作会议上强调:把思想政治工作贯穿教育教学全过程 开创我国高等教育事业发展新局面》,2016 年 12 月 9 日《人民日报》,第2 版。

② 习近平:《习近平谈治国理政(第二卷)》,北京:外文出版社,2017,328-329.

下，思想政治教育更要通过构建强大的话语体系、牢牢掌握话语权来增强教育效果①。新媒体时代下高校思想政治教育工作应当不断推陈出新，适应新媒体的数字化、信息化、多元化的特点，牢牢掌握新媒体高校思想政治教育工作的主动权，因事而化、因时而进、因势而新，多种途径提升高校思想政治教育的实效。

有利于建设社会主义文化强国。文化自信是更基本、更深沉、更持久的力量。坚定新时代中国特色社会主义文化传播方向，是高校思想政治教育话语权的基本内容。同时，新时代中国特色社会主义文化为高校思想政治教育提供了宝贵的教育资源，为思想政治教育话语权提供了重要支撑，两者相得益彰。建设社会主义文化强国是一场接力赛，大学生是重要的参赛员，对参赛员进行思想政治教育，特别是新时代中国特色社会主义先进文化教育，是建设社会主义文化强国的必要选择。

二、新媒体时代思想政治教育话语权面临的挑战

（一）网络话语的开放性对话语权主导性的挑战

高校思想政治教育话语权的核心在于其主导性。网络话语的开放、多元、大众特征，对高校思想政治教育话语权的主导性造成了冲击，冲击主要体现在两个方面：个人空间与公共空间的界限模糊、课堂教学与网络学习的效果失衡。

个人空间与公共空间的界限模糊。新媒体行业快速发展以“双微一端”为代表的新媒体平台受到大众的喜爱，用户数呈现批量式增长，以个人为主体的网民也更多地参与到网络发声中来，模糊了个人空间与公共空间的界限。新媒体平台上的虚拟账号、虚假账号，难以监管，且成本低，频发的虚假消息给高校思想政治教育带来隐患。青年学生通过网络开展互动、学习知识、表达观点，但他们容易混淆个人空间与公共空间，个人行为可能会给公共利益造成负面影响，挑战了高校思想政治教育的主导性。

课堂教学与网络学习的效果失衡。移动互联网的发展带动了网络课程的兴起。网络课程学习具有资源利用最大化、学习方式灵活、教学形式多样化等特征和优势，且不受空间、时间的限制，但同传统的思想政治理论课堂教学相比，建立在新媒体平台上的网络课程，更多的是一个具有“虚拟性”的教学社区，教师和学生不再是面对面教育模式，教师“摸不着”学生，学生“看不见”老师，教师对思想政治教育课堂教学的主导性降低，学生必须提高自

---

① 丁凯、宋林泽：《试论自媒体时代高校思想政治教育话语权的建构》，载《思想理论教育导刊》，2018 年第 6 期，第 25 页。

我管理能力,否则学习的效果难以得到有效的保障。

(二)网络话语的多元性对话语权理论性的挑战

马克思主义是高校主流意识形态,承担着指导高校发展方向的功能。以马克思主义为指导,高校思想政治教育工作取得了巨大的成就。然而,伴随着新媒体的快速发展,网络上多种媒体平台鱼龙混杂,各式各样的话语内容五花八门,网络话语呈现出了多元性的特征,为各种非马克思主义、假马克思主义甚至反马克思主义思潮的传播提供了空间;部分新媒体平台缺乏足够的理论辨识力,或因利益考量,客观上加剧了错误思潮的传播力度。

一方面,部分新媒体平台因利益考量,热衷传播娱乐、休闲、拜金、仇富、享乐等思想,试图通过这类思想的传播,获取更多的点击量、收视率,以获取更多的利益,这些错误观念的传播,冲击着社会主义核心价值观,在青年学生群体中产生了极为负面的作用;另一方面,西方国家以新媒体平台为载体,采用多种方式和手段宣扬其价值观,进行意识形态渗透,否定中国共产党的领导、攻击中国特色社会主义制度、歪曲中国共产党历史和中华人民共和国国史的错误言论时常出现在网络上,部分新媒体平台缺乏足够的理论辨识力,客观上加剧了错误思潮的传播力度,给马克思主义在高校意识形态领域的指导地位带来较大的挑战。

(三)网络话语的流变性对话语权哲学性的挑战

思想政治教育内容的真理性是高校思想政治教育话语权最重要的哲学特征。但是随着新传播媒介的发展,网络话语体现出了快速变迁的态势,流变性增加、稳定性减少,思想政治教育内容真理性容易被淡化甚至忽略,导致部分大学生对思想政治教育话语权的权威性产生怀疑。这主要是受到以下因素的影响。

一方面,师生对马克思主义的科学性、真理性认识不够。以辩证唯物主义和历史唯物主义为哲学内容的马克思主义是科学的世界观和方法论,是我们认识世界和改造世界的有力思想武器。但是,部分高校师生对马克思主义学习和认识流于表面和形式,对马克思主义理论的精髓理解不透彻、掌握不到位,或无知或一知半解,用马克思主义理论指导实践的能力欠缺,在遇到问题时容易对马克思主义理论的科学性、真理性产生怀疑,降低了思想政治教育的话语权的有效性;另一方面,部分敌对势力对马克思主义的歪曲、抹黑。部分敌对势力借助新媒体等传播载体,恶意歪曲、抹黑马克思主义,攻击作为高校意识形态指导思想的马克思主义,攻击高校思想政治教育话语权。

(四)网络话语的创新性对话语权通识性的挑战

相对于发展迅速的网络话语,思想政治教育学科部分专业术语相对严

肃、晦涩，对受教育者的吸引力降低。同时，单一的思想政治教育灌输和说教会给受教育者带来一定的抵触情绪，致使思想政治教育话语权“认同失语”“模式失效”。

思想政治教育话语认同失语。新媒体时代下，受教育者的主体地位愈加明显，受教育者获得各类资讯更为容易。一方面，网络流行语呈现出创新程度高、活泼、吸引力强的特征，相比较而言，传统的思想政治教育专业术语严肃、晦涩的特征比较明显，受教育者对网络流行语的认可度提高，对传统的思想政治教育专业术语的话语认同度下降；另一方面，若传统的思想政治教育专业术语无法获得受教育者长期的关注和使用，将会使其失去话语权通识性的特点。

思想政治教育话语模式失效。近年来，随着移动互联网络的发展，教育者与受教育者的交流从传统的课堂教学演变为课堂和网络全时段的交流，话语模式得到了极大的丰富。但传统的思想政治教育形式中教育者与受教育者的互动不足，有时会使得受教育者产生抵触情绪，对教育内容的兴趣降低，使得思想政治教育话语模式失效。

（五）网络话语的分散性对话语权传播性的挑战

网络话语的主题和内容具有一定的分散性。新媒体平台的发展，为受教育者提供了更加多样化的话语表达载体，在高校思想政治教育过程中，作为教育者的教师话语权降低，作为受教育者的学生话语权增加，受教育者可以通过网络平台更加自主地决定所表达话语的主题和内容，其话语体系呈现出分散性、多样化的特征。这种分散性、多样化的话语，在话语引导力降低和话语边缘化两个层次上给高校思想政治教育话语权带来挑战。

一方面，新媒体冲击传统的思想政治教育话语，使其话语引导力降低。以新媒体平台为载体、广泛使用网络新语言的思想政治理论课更易受到青年学生的欢迎，以严肃、晦涩为特征的传统思想政治教育话语在青年学生中得不到应有的关注和使用，传统思想政治教育话语的引导力降低；另一方面，青年学生接收网络信息求新、求奇、求快，大量的非思想政治教育话语充斥在新媒体平台上，挤占了思想政治教育话语的表达空间，思想政治教育话语存在被边缘化的风险，成为高校思想政治教育话语权提升的阻碍。

三、新媒体时代提升高校思想政治教育话语权的路径

（一）坚持政治性意蕴

高校思想政治教育是一项政治性强的教育教学活动，坚持马克思主义在思想领域的指导地位是提升高校思想政治教育话语权的根本保证，也是高校思想政治教育的政治方向。高校思想政治教育话语权是高校马克思主

义意识形态的表达,体现着鲜明的马克思主义政治性意蕴。在社会信息化快速发展的时代大势下,面对网络话语的分散性、多样化、开放性特征,坚持把马克思主义作为指导思想,引导和管理好网络意识形态,严格区分网络个人空间和公共空间、抵制各种网络错误思潮、提升思想政治教育课程课堂教学水平,是提升新媒体时代高校思想政治教育话语权、坚守高校思想政治教育主阵地的必然选择。

(二)保证学理性支撑

理论保证是高校思想政治教育话语权的基础。习近平总书记谈到,“话语的背后是思想、是‘道’”①。这里“道”指的就是马克思主义基本原理、思想政治教育的理论体系。马克思主义指导思想是思想政治教育的理论基础和灵魂,思想政治基础理论、思想政治教育载体和方法是思想政治教育理论的重要组成部分。高校思想政治教育工作者以马克思主义为指导思想开展思想政治工作,首先是要精准掌握马克思主义基本原理,掌握思想政治基础理论并善于熟练使用思想政治教育载体和方法。对于新媒体平台及其传播中出现的各种非马克思主义、假马克思主义甚至反马克思主义思潮,从马克思主义、思想政治教育的理论逻辑、实践逻辑和历史逻辑出发,旗帜鲜明、有理有据地予以批驳,引导青年学生理清认识,牢牢掌握住高校思想政治教育的话语权。

(三)培养哲学性思维

习近平总书记指出:“两个世纪过去了,但马克思的学说依然闪烁着耀眼的真理光芒!”②思想政治教育话语权是以马克思主义理论为指导,真理性是思想政治教育话语权最重要的哲学特征。无论哪一种意识形态的话语权,都是以其符合真理性来获得大众的认同。只有充分捍卫思想政治教育话语权的真理性,才能获得青年学生的认同,才能成为经久不衰的知识体系和科学理念。思想政治教育者首先要自我学哲学、懂哲学,并以辩证唯物主义和历史唯物主义为主要内容,对青年学生开展唯物论教育、辩证法教育、认识论教育和唯物史观教育,培养他们的哲学思维,帮助他们增强认识能力,树立正确的世界观、人生观和价值观,捍卫马克思主义的真理性。

(四)规范通识性表述

话语讲究通识性表述,规范的通识性表述,就是讲大家都愿意听、听得

---

① 《从全局出发把握新闻舆论工作》,2016 年 12 月 9 日,《人民日报》,第 2 版。

② 习近平:《在纪念马克思诞辰 200 周年大会上的讲话》,2016 年 12 月 9 日,《人民日报》,第 2 版。

懂、能记住的话语。高校思想政治教育话语只有通过通识性表述，才能更广泛地得到受教育者的接受和认同。严肃、晦涩的专业术语固然有它的合理性，但是以新媒体平台为载体，如何将这些严肃、晦涩的思想政治教育专业术语通过通识性表述，变得更加通俗易懂、更易被受教育者接受，需要高校思想政治教育工作者从以下两个方面入手：一是熟练掌握各种话语。高校思想政治工作者要具备扎实的理论基础，熟练掌握马克思主义基本原理话语体系和思想政治教育理论话语体系，在熟练掌握的前提下，还应学会使用网络话语，达到理论基础话语掌握扎实，网络话语会表达，在两种话语风格之间转换自如的程度；二是分辨各种话语的使用场景。诸如在课堂上、学术会议交流上过多地使用网络话语会导致环境的严肃性不够，在新媒体环境中，过多地使用严肃、晦涩的话语会致使环境的活跃性不够，影响高校思想政治教育的效果。

（五）加强有效性传播

使用传播技术、搭建传播平台、制定传播方案，使得思想政治教育话语在新媒体环境中得到有效性的传播，是提升高校思想政治教育话语权的重要方式。首先，注重使用新媒体传播技术。思想政治教育工作者应全方位掌握新兴科学技术，推进思想政治教育传播技术与时俱进。其次，搭建新媒体传播平台。高校思想政治教育工作者应善于为话语权的有效传播搭建新媒体平台，掌握新媒体平台的使用方法，了解其传播特点，并有针对性地运用。最后，制定新媒体传播方案。现有的高校思想政治教育传播载体很多，但是大部分缺乏统一的运行方案，在思想政治教育中难以形成长期的示范效应。思想政治教育者应当统筹规划，制定符合新时代思想政治教育改革创新要求的新媒体发展方案，重点培育那些传播速度快、互动性强、传播效果好的新媒体平台，在青年学生中形成“品牌文化凝聚力”，有效地提升高校思想政治教育话语权。

参考文献

[1]中共中央国务院印发《关于加强和改进新形势下高校思想政治工作的意见》[N]. 人民日报，2017-2-28(1).

[2]把思想政治工作贯穿教育教学全过程[N]. 人民日报，2016-12-9(10).

[3]习近平. 习近平谈治国理政. 第二卷[M]. 北京：外文出版社，2017.

[4]丁凯，宋林泽. 试论自媒体时代高校思想政治教育话语权的建构[J]. 思想理论教育导刊，2018(6):134-138.

[5]从全局出发把握新闻舆论工作[N]. 人民日报，2016-2-01(1).

[6]在纪念马克思诞辰200周年大会上的讲话[N]. 人民日报，2018-5-5(2).

[7]陈先达.坚持马克思主义在意识形态领域指导地位研究[M].北京:经济科学出版社,2015.
[8]陈先达.马克思主义基础理论若干重大问题研究[M].北京:经济科学出版社,2009.

新时代高校爱国主义教育的机制创新

信息管理学院　郭喻楠

【摘　要】 新时代爱国主义蕴含丰富的内涵,其理论本质是爱国和爱党、爱社会主义的高度统一,在实践中体现为爱国情、报国志和强国行的统一。本文在分析爱国主义的时代内涵,探讨爱国主义教育的方法遵循的基础上,提出了构建主阵地与主渠道的协同机制、课程思政与思政课程的同向机制以及教学共同体的互动机制三大爱国主义教育创新机制。

【关键词】 新时代;爱国主义;爱国主义教育;机制创新

弘扬爱国主义精神,必须把爱国主义教育作为永恒的主题[1]。高校是开展爱国主义教育的主阵地,担负着厚植时代新人爱国情怀的重要使命。探索爱国主义教育机制的创新是高校开展爱国主义教育的重要命题和现实难题。本文从爱国主义的内涵溯源,探讨开展爱国主义教育的方法,在此基础上寻找构建爱国主义教育机制的现实路径,为高校更系统、更深入地开展爱国主义教育提供借鉴。

一、理解新时代爱国主义的丰富内涵

十八大以来,习近平总书记在多个场合对爱国主义进行了论述,为开展新时代爱国主义教育提供了指导依据。通过对这些论述的系统梳理,能够厘清其中蕴含的内在逻辑。从理论逻辑来看,爱国主义是爱国和爱党、爱社会主义的高度统一;从实践逻辑来看,爱国主义是爱国情、报国志和强国行的有机统一;从文明逻辑来看,爱国主义彰显了民族情怀和人类关怀的统一。

(一)理论本质:爱国和爱党、爱社会主义的高度统一

当代中国,爱国主义的本质就是坚持爱国和爱党、爱社会主义的高度统一[2]。爱国主义是历史的、具体的,回溯近代以来爱国主义的发生、嬗变和当代演进,能够清晰地看到爱国和爱党最终会归于建设社会主义事业的伟

大实践。

近代以来,中华民族面临救亡图存、实现复兴两大历史任务。中国共产党始终把实现中华民族伟大复兴作为历史使命,带领中国人民实现了从站起来、富起来到强起来的飞跃,开展的革命、建设和改革的伟大实践是爱国主义的光辉实践,在新时代形成了实现中华民族伟大复兴的中国梦的鲜明主题。从这一历史进程来看,爱国和爱党内在高度关联,中国共产党是爱国主义精神最坚定的弘扬者和实践者。在改革开放之初,邓小平同志说过:“有人说不爱社会主义不等于不爱国。难道祖国是抽象的吗?不爱共产党领导的社会主义的新中国,爱什么呢”[3]?透过这一反问,反思爱国和爱社会主义二者的关系。从理论上来看,爱国是具体的,不是抽象的;爱国主义是系统的,不是零散的。爱国不仅包括爱祖国的自然要素、社会要素,还包括国体、政体等政治要素。爱国和爱社会主义是内在关联的,历史和实践证明了只有社会主义才能救中国,才能发展中国。

(二)实践逻辑:爱国情、报国志、强国行的有机统一

爱国和爱国主义有所不同。爱国是自发的、朴素的情感。爱国主义超越了零散、偶然的局限,达到了更高的境界,具有了能称之为“主义”的系统性、整体性的品格[4]。爱国主义源于爱国情感,但不止于朴素的、浓厚的爱国情感。

爱国主义不仅是一个理论问题,需要从理论上进行学理分析和阐述,更是一个实践问题,在实践中不断丰富并接收实践的检验。一部爱国主义史就是一部英雄奋斗史。无数英雄群体在祖国建设中无私奉献,形成了“两弹一星”精神“大庆精神”“焦裕禄精神”“红旗渠精神”等,这些精神是爱国主义的生动注解,是爱国主义的时代体现,是中华民族生生不息、走向复兴的精神密码。新时代条件下,判断一个人是否爱国的重要依据是其在实现中华民族伟大复兴征程中的具体表现。高校开展爱国主义教育,不仅要培养学生的爱国之情,更要砥砺学生的报国之志,引导学生自觉将爱国之情、报国之志转化为强国之行,在决胜全面建成小康、实现社会主义现代化强国的征程中担当历史使命,用奋斗、奉献来诠释爱国情怀。

(三)文明逻辑:彰显民族情怀与人类关怀的统一

中国是一个文明国家,被称为“华夏”。中华民族不是靠血缘或者地域形成的单一的民族,而是在漫长的历史进程中,随着儒释道文明的激荡和传播,民族间不断融合,最终形成了中华民族。中华民族素有“天下为公”的观念,崇尚四海一家的价值理念,具有开放的文明特点,孕育的爱国主义彰显民族情怀和人类关怀的统一。

近代以来,社会主义升华了爱国主义的内涵。共产主义是社会主义的

最终目标,全世界无产者联合起来,实现人的全面自由的发展成为爱国主义的应有之义。可见爱国主义已不单单局限于一国之内,而是将整个世界纳入视野,为人类文明提供了另一种可能。随着中国特色社会主义进入新时代,共产主义焕发了强大的活力。中华民族实现伟大复兴必然意味着中华民族应该对人类社会作出更大贡献[5]。人类命运共同体是中国为完善世界社会秩序提供的中国方案,是国际视野中的爱国主义,彰显了民族情怀和人类关怀的统一。

二、掌握新时代爱国主义教育的理论方法

理解新时代爱国主义的内涵,掌握新时代爱国教育的理论方法,是推进爱国主义教育机制创新的基础前提。爱国主义本身蕴含丰富的整体性内涵,理应从整体性视域中探寻爱国主义教育的方法。从本体论来看,要把握受教育主体多元性的特点,实现爱国主义教育的价值旨归;从认识论来看,要增强五大认同教育,完成爱国主义从自发到自觉的螺旋上升;从方法论来看,要综合运用多种方法,做到爱国主义教育的贯穿融会。

(一)本体论:受教育主体的多元性与目标一致性

高校开展爱国主义教育有鲜明的目标导向,即厚植家国情怀,强化国家认同。实现这一价值旨归的前提是高校开展爱国主义教育中,要充分考虑受教育主体的多元性特征。

习近平总书记面向不同群体做过很多关于爱国主义教育的论述,虽然侧重不尽相同,但始终将祖国统一、民族团结作为落脚点,将为民族复兴奋斗作为凝聚点。这些论述是开展爱国主义教育的鲜活教材和典型示范,充分体现了爱国主义教育中主体的多元化与目标的一致性的特点。此外,《中华人民共和国宪法修正案》关于“广泛的爱国主义统一战线”的最新表述,在保留原有表述的基础上,新增了“致力于中华民族伟大复兴的爱国者”,从其构成之广,足以看出主体的多元化,从其使命之恒,足以看出目标的一致性。

高校开展爱国主义教育应面向全体学生。随着全球化进程和社会多元发展,高校学生的组成日益多元:不仅有内地学生,而且有港澳台学生,还有国际留学生;不仅有共青团员、共产党员,还有其他政治面貌的学生。高校开展爱国主义教育,要充分考虑受教育主体的多元性特征,针对不同群体,找到合适的切入口,有针对性地开展爱国主义教育,才能够实现厚植爱国主义情怀、强化国家认同的目标。如面向港澳台学生开展爱国主义教育,要从中华文化这一共同根脉、共同归属着手,循序渐进地增进港澳台学生对祖国的感情和认同;面向广大共青团员开展爱国主义教育,要强化共产主义信仰教育,以培养“青年马克思主义者”为目标。

(二)认识论:增强五大认同教育,完成从自发到自觉的飞跃

从认识论角度反思,爱国主义教育的根本任务是要实现爱国主义从自发的、感性的爱国情感到自觉的、理性的爱国主义情怀的飞跃。

个人爱国情感的产生往往是从爱家人、爱家乡开始,逐渐扩大至爱国民、爱国家。“祖国”是一个系统的概念,包括自然要素即国土,社会要素即国民,政治要素即国家。其中,自然要素较为直观,容易习得,个人很容易产生对大好河山、骨肉同胞的热爱;而社会层面、政治层面,较为抽象,则需要个人通过教育实现,形成对祖国理性的认识,进而产生理性的认同。

在现代社会以前,家庭是儿童社会化最重要的影响力量;而在现代社会中,学校教育成为个体社会化的关键环节,是塑造人们获得各种与社会有关的知识、态度、情感、行为方式与思想观念的关键场域[6]。大学生正处于世界观、价值观形成的关键时期,高校是系统地塑造个人爱国主义价值观念的关键场域。高校在开展爱国主义教育过程中,要将引导学生树立正确的历史观、民族观,将正确的国家观、文化观作为重要载体,在深刻透彻的理论基础上,进一步增强学生对伟大祖国、中华民族、中华文化、中国共产党、中国特色社会主义的认同,增强做中国人的骨气和底气[7]。深刻理解我国历史、民族的形成,树立对国家、文化的正确认知,是增强国家认同的前提;增强五大认同的教育,形成深厚的爱国情怀是实现爱国主义从自发到自觉飞跃的关键。

(三)方法论:综合运用多种方法,做到教育的贯穿融会

于个人而言,爱国是公民的首要美德[8];于国家而言,爱国主义是中华民族精神的核心。我国历来高度重视爱国主义教育,与时俱进地推出了《新时代爱国主义教育实施纲要》,突出了综合运用多种方法,包括对青少年进行爱国主义教育的四大举措,开展爱国主义教育的五大载体;突出了贯穿融会的要求,包括教育内容八个方面的整体性,贯彻落实机制的系统性以及强调发挥社会对爱国主义教育的积极作用。

高校开展爱国主义教育,既要从深厚的传统中华文化中汲取力量,与弘扬社会主义核心价值观相结合,用文化陶冶学生的高尚情操,塑造学生的理想人格,也要从改革开放以来伟大实践中汲取力量,阐释中国奇迹,让学生在比较中加深对中国制度的自信,在实践中深化爱国主义情怀。具体来说,在载体方面,既要创新已有的载体,又要培育新的载体。充分利用爱国主义基地,通过实地考察、VR虚拟技术体验等实践加深对爱国主义教育的理解;借助重要时间节点,开展有意义的、深刻的仪式教育,能够将爱国主义理论升华为崇高的爱国主义情感,做到以情感人。在形式方面,要运用艺术形式和新媒体技术。艺术是美育的重要途径,高雅的艺术作品能够涵养高尚情

操，优秀的爱国艺术作品能够让爱国之情油然而生，创设浓厚的教育氛围，达到良好的教育效果。新媒体是“指尖一族”的数字化生存空间，“两微一端”成为爱国主义教育重要的新阵地。国庆节时的“我与国旗同框”微博活动，公祭日时的“为烈士默哀”H5 页面，都引起了网友的广泛关注，不少网友积极参与其中。

三、推进爱国主义教育的机制创新

机制创新是爱国主义教育贯彻落实的根本保障。高校要深刻认识到百年未有之大变局的根本动力是科技革命、产业革命的突破性进展以及思想制度的伟大创新，从培育担当民族复兴大任的时代新人的高度谋篇布局，遵循思想政治教育规律和学生成长规律，探索爱国主义教育的机制创新。

（一）主阵地与主渠道的协同机制

目前高校开展思想政治工作，主要是通过“主阵地”和“主渠道”分别进行。思政课教师主要负责思想理论课的设计讲授，坚守“主渠道”；辅导员主要负责大学生日常思政的组织实施，管好“主阵地”。

大力弘扬爱国主义精神，将爱国主义精神贯穿高校教育全过程，是一个系统性的、整体性的、长期的工作，“主阵地”和“主渠道”协同运行是增强爱国主义教育实效性的必然要求。开展爱国主义教育，不仅需要从理论上认知认同，而且需要从实践中反思践行。相较而言，辅导员更贴近学生生活，更了解学生思想，明白学生的关注点和疑难点，能够帮助思政课教师在开展教育时找到突破点和着力点；思想政治课教师具有较高的理论素养，说理更为透彻，设计活动更为科学，能够帮助辅导员老师更好地开展实践。打通“主阵地”与“主渠道”的壁垒，不仅是必要的，而且是可行的，构建二者的协同机制，是爱国主义创新机制的重要组成部分。

（二）课程思政与思政课程的同向机制

爱国主义教育的目标是“厚植爱国主义情怀”。“厚植”一词既体现了教育目标的深度，也反映了教育方式的特点，绝非是强硬的、干巴的集中灌输，而是强调了循序渐进、自然而然的教育、生长、形成过程。

潘懋元曾指出德育方法“习惯于通过课堂教学与灌输政治与道德知识，因而不断增加政治课、德育课的门数，而不善于寓德育于人文、社会以及自然科学课程的教学之中”[9]。思政课程教学存在的困境，从根源上来讲，是分科教育所造成的结果，但从教育的发展进程来看，重归通识教育也并非无弊病。就目前来看，将课程思政与思政课程有机结合，形成大思政格局是可行之举。高校立德树人需要思政课教师主讲的思政课程与专业课教师的课程思政相互配合、有机结合。

爱国主义教育需要坚持爱国和爱党、爱社会主义的高度统一,需要实现爱国情、报国志和强国行的统一,需要彰显民族情怀与人类情怀的统一。这些目标的实现,需要多个学科的支撑,同时利用好中国特色社会主义的制度优势;需要多个环节的融合,精心设计课堂教学,系统设计实践过程,深度地进行解疑答惑。形成"课程思政"与"思政课程"的同向机制,是破解爱国主义教育困境的重要举措。

(三)教学共同体的互动机制

通过爱国主义教育,要完成爱国主义从自发到自觉的飞跃。在此过程中,要通过构建"教学共同体",打破教师与学生的"主体间性"。

对高校学生而言,不仅要培养浓厚的爱国情感,更重要的是增强对爱国主义的理性认识。在全球化、现代化进程中,既需要思想政治课老师在课堂上引导学生认清狭隘的民族主义、激进的民粹主义、历史虚无主义对主流价值的解构、自由主义的曲折表达、"爱国主义"污名化等错误的"爱国主义"观点;也需要辅导员老师在日常思政教育中,精心设计班会、年级会,进行国情时政的教育,系统设计党课、团课,利用模拟联合国等活动形式,充分调动学生参与的积极性,大力弘扬爱国主义主旋律,厚植家国情怀,形成以社会主义核心价值观为原点,以世界观为横轴,以历史观为纵轴的坐标轴,将当今中国发展中的问题放到坐标轴上去衡量比较,去阐释求解,进而切实增强"四个自信"。

参考文献

[1]习近平在政治局第二十九次集体学习时强调:大力弘扬爱国主义精神 为实现中国梦提供精神支柱[N].人民日报,2015-12-31(1).

[2]中共中央国务院.新时代爱国主义教育实施纲要[M].北京:人民出版社,2019.

[3]邓小平.邓小平文选:第2卷[M].北京:人民出版社,1994.

[4]吴潜涛,张峻岭.全面理解爱国主义的科学内涵[J].高校理论战线,2011(10):9-14.

[5]沿着总书记指明的方向开拓创新不懈奋斗[N].中国青年报,2019-5-1(3).

[6]滕星.教育人类学通论[M].北京:商务印书馆,2017.

[7]习近平论爱国主义:十八大以来重要论述摘编[J].党建,2016(2):4-6.

[8]万俊人.爱国主义是首要的公民美德[J].道德与文明,2009(5):4-5.

[9]潘懋元.改进高校德育工作的两个问题:《社会主义市场经济与高等学校德育建设》序[J].高等教育研究,1996(2):55-56.

高校意识形态工作中辅导员加强网络舆论引导问题研究

口腔医学院　来冲冲　何淑楠

【摘　要】 高校网络舆情产生的突发事件往往会引起社会和民众的广泛关注。高校意识形态工作的重要性和特殊性，要求高校必须高度重视网络舆论的引导，在高校学生中进行规范的管理和监督。辅导员作为学生管理最前沿，是加强网络引导的主要力量，本文通过分析辅导员管理网络舆论的现状、优势和问题，提出了加强辅导员网络舆论引导和管理的对策，具有重要的现实意义。

【关键词】 高校；辅导员；网络舆论；意识形态

高校大学生思想活跃，知识接收密集、迅速，网络已经成为影响大学生思维方式和行为习惯的主要因素之一。

习近平总书记在全国宣传思想工作会议上指出："我们必须把意识形态工作的领导权、管理权、话语权牢牢掌握在手中，任何时候都不能旁落，否则就要犯无可挽回的历史性错误。"因此，加强对大学生网络舆情的引导是新时代辅导员思想政治教育工作的重要岗位职责，也是促进大学生健康成才的必然要求。

一、高校网络舆情现状

（一）高传播速度

新时代大学生在整个成长过程中见证了我国信息文化产业的迅速发展和壮大。高校学生通过手机、电脑等方式，已经使互联网成为获取信息知识、交流生活、发表意见的重要阵地。同时，大学生们仅仅需要打开手机网页就能接收和传播信息，也在无形之中增加了网络舆论的传播速度。

（二）主体个性鲜明

高校网络舆情的主体是大学生。大学生正处于思想活跃但不够成熟的成长阶段，他们缺乏社会经验和正确判断能力，同时又渴望独立，追求个性张扬、特立独行。相当一部分大学生对社会历史与现实不够了解，自身观点与价值取向受网络舆论影响严重,极其容易被网络中激进、非主流的言论所左右。因此,在网络平台上容易出现情绪失控、言行过激等现象。

(三)舆情引导困难

网络舆情因其所谓“有图有真相”的特点容易被大学生接受,但真正的实际情况往往很难为人所知。时间差很容易使事态在网上发酵、广泛传播,造成恶劣影响。辅导员的年龄构成虽然呈现越来越年轻的趋势,但总体上还是与学生之间存在较大的年龄差,与学生之间存在“代沟”,对相同事物的反应不同。同时,辅导员发现问题后基本采取原始的说教方式引导学生,效果大打折扣。总的来说,高校辅导员对舆情及其对学生影响的引导无论从方式,还是从时间及内容的把控上,都存在较大困难。

二、高校辅导员引导网络舆情的优势

(一)辅导员具有过硬的政治素质,能够正确认识并引导网络舆情

辅导员作为高校思想政治教育的骨干力量,高校选拔辅导员首要要求是具备过硬的思想政治素质,坚决拥护党的领导,立场坚定,能够熟练运用马克思主义理论解决大学生各类问题。高校辅导员在思想政治上所具有的优势确保了网络舆情的引导方向不会出现偏差。

(二)辅导员具有熟练处理各类突发事件的能力

高校学生突发事件经常会造成社会舆论的关注,因此如何及时稳妥处理学生突发事件,是建设和谐稳定校园的内在要求和必然选择。辅导员是学生管理的最前沿,与学生接触最多,关系最近,也是突发事件处理和善后的主要负责人。辅导员凭借对学生具体情况的了解,比其他老师和工作人员在处理问题上具有更强的准确性和判断力,能够根据学生的实际情况调整工作方向,并能通过学生易于接受的方式解决问题。

(三)辅导员在学生中更有权威性和话语权

高校辅导员是学生接触最多的老师,最容易取得学生的信任,对学生而言他们既是老师,也是朋友。高校辅导员对管理的每位学生都更为了解,能够根据其个人情况不断调整引导方式方法,利用自己在学生中的威信及时扭转舆论方向,防止事件扩散升级。

三、辅导员在网络舆论引导中存在的问题

在网络时代,引导大学生正确认识网络,保持主流意识形态,是高校辅导员面临的一项重点工作,但如何应对依然存在很多问题。

（一）没有正确认识网络舆情的重要性

网络技术日渐发达，高校辅导员在日常管理中已经基本做到通过包括微信、公众号、QQ、微博等各种方式了解学生发布的信息，与其进行交流。但是，这种现代化信息交流往往是单向的，辅导员在各种媒介中只重视了学生“说什么”而往往忽视了他们“听什么”，对社会上、学校内、学生间发生的事件没有足够的敏感性，也很难意识到网络舆论对学生的重大影响，因此没有将对学生的网络舆情指导作为工作内容纳入日常管理。

（二）对如何进行网络舆情引导了解不足

网络舆情的引导不同于以往学习和行为的引导，需要辅导员有一定的信息技术能力和舆情分析知识。如何及时发现舆情，如何在舆情发酵时找准问题根源，去伪存真，以最有效的语言和手段引导学生正确看待网络舆论，辅导员对上述问题往往认识不足。

（三）网络舆情引导没有纳入辅导员实际工作

大学期间，辅导员既是学生学习思想上的导师，也是日常生活的管家，工作繁杂且琐碎。网络舆情的管理作为新兴事物，辅导员没有更多的精力进行学习和思考，加之对这项工作重视程度不够，或者在发现问题后一味地压制，使得网络舆情管理没有日常化、程序化，缺乏持久性，其效果很难尽如人意。

四、高校辅导员加强网络舆论引导的对策

（一）加强辅导员网络舆论引导学习，提升网络引导意识

高校有关部门应及时将网络管理和舆情控制能力培训纳入辅导员培训日程，并引入考核测评机制，可以采用邀请专家讲座、先进单位参观学习交流、外出培训、实践模拟等多种形式来增强辅导员能力，同时建立相应的激励制度，促使辅导员积极结合网络的特点对工作进行创新和深化。

（二）加强高校辅导员自身学习能力，增强网络舆情的引导能力

辅导员日常工作繁忙，接受新事物的能力大多不足，但是在新媒体时代，要成为一名合格的辅导员，除了具备原有知识技能外，还应该积极主动采用多种方式，学习和掌握网络规律，对国家安全和意识形态工作进行学习和思考，吸收新兴知识，积极融入学生交流圈，争取成为大学生舆情的引导者，从而不断增强网络舆论的引导能力。

（三）积极思考网络舆论引导方法，提升网络舆情引导效率

互联网技术的发展，使得大学生获取信息的方式产生巨大变化，新媒体

在学生中的影响越来越大。高校辅导员要及时了解网络舆情现状,准确把握网络舆情的形成、发展与变化趋势,掌握学生关心关注的问题,摸清学生在哪些事件上最容易被煽动和利用,对易于发酵的问题提高敏感度,及时进行干预和引导。而在这个过程中,也要多思考方式方法,掌握正确的引导方式。同时,高校辅导员还可以借助国家和高校各类网络平台、公众号、微信号,积极帮助大学生树立正确的价值观,助理大学生成长成才。

另外,网络舆论的引导也不是辅导员一个人的工作,更需要高校各有关部门、全体教职工、家长和社会等的参与和配合,建立思想政治工作“全员育人”机制,形成合力,实现“全员引导”机制,从而起到事半功倍的效果。

五、结语

新时代,互联网传播快、求证难、影响大的特点被部分反动势力利用,他们企图将高校大学生变为他们实现目的的力量。高校的意识形态工作也面临着重大机遇和挑战,网络舆情是其中最重要的一道关卡。大学生是祖国的栋梁,做好舆情引导工作,既是意识形态工作的需要,也是使大学生免受非法不良信息的侵害、健康成才的必然要求。辅导员作为高校思政工作的骨干力量,必须重视大学生网络舆论引导工作,提高自身舆论素养,把握舆论方向,增强引导意识,促使高校网络舆情引导工作落到实处,做好高校意识形态工作。

参考文献

[1]何国强,赵海涛,宋亚文.高校辅导员网络舆论引导工作思考[J].黑龙江教育(理论与实践),2017(21):24-25.

[2]中共中央宣传部.习近平总书记系列重要讲话读本[M].北京:学习出版社,人民出版社,2014.

[3]郭晓娜.新时期高校辅导员正确引导大学生主流意识形态的对策研究[J].科技资讯,2016,14(18):126-127.

[4]任凯利.新媒体时代高校辅导员舆论引导能力研究[J].教育教学坛,2018(39):229-230.

新媒体背景下高校话语传播方式的研究

——以“郑州大学青年集结号”微信公众号为例

文学院　陈　璟　郑瑞娟

【摘　要】 在高校学生工作中,思想政治教育一直是重中之重。共青团是党的助手和后备军,团的所有工作,归结到一点,就是要当好这个助手和后备军。共青团作为联系青年群众的桥梁和纽带,要紧紧围绕这个职责定位来谋划改革。近年来,新媒体平台发展迅猛,逐渐成为团员青年获取资讯的主要方式。在这一背景下,如何利用新媒体平台对团员青年进行更好的思想引领,同时增强与团员青年的互动,从而及时获取资讯和社会舆情,成为当前高校所面临的新的机遇和挑战。

【关键词】 郑州大学青年集结号;团员青年;思想引领;方式方法

新媒体是相对于传统媒体而言,利用数字技术、网络技术、移动技术,通过互联网、无线通信网、卫星等渠道以及电脑、手机、数字电视机等终端,向用户提供信息和娱乐服务的传播形态和媒体形态。新媒体的迅猛发展,代替了传统媒体,产生了深远的影响,逐渐成为当代人们获取新鲜资讯的主要途径。因此,新媒体平台也成为高校共青团引领广大团员青年的宣传主阵地。近年来,虽然有不少高校共青团抓住机遇,实现由传统媒体向新媒体的转型,但在不同程度上凸显出经验不足、宣传效果不明显、传播具有局限性等问题,这些成为当下高校共青团面临的共同挑战。本文选取运营较为出色的“郑州大学青年集结号”微信公众号作为案例,从发展路径、运营模式、内容选取、传播机制等方面进行分析,归纳出值得其他高校借鉴的经验与方法,同时对目前广泛存在的问题提出合理的建议,希望能对高校思想政治教育工作的开展有一定的指导意义。

一、校园新媒体“郑州大学青年集结号”微信公众号的发展路径

“郑州大学青年集结号”(ID:zzuyuth1)于 2013 年 11 月 7 日正式开通,

于2018年12月7日完成微信认证,是共青团郑州大学委员会的官方微信公众账号。该公众号以引领青年、服务学生、传递校园信息为主要目标,集团讯发布、互动交流、经验分享于一体,为郑大学子发声,以当代青年的角度看世界。同时,微信公众号以丰富多彩的校内外热点新闻、灵活多样的双向互动方式,以及高品质、高产出的图文推送受到广大师生的喜爱,现在已经发展成为一个拥有64 729名粉丝的活跃新媒体平台。另外,“郑州大学青年集结号——思政教育双微平台”被授予2018年度“河南省高等教育学校政治工作优秀品牌”荣誉称号,以及河南省青少年全媒体中心授予的“豫青新媒体工作室”荣誉称号,在同类型的微信公众号中脱颖而出。

近年来,“郑州大学青年集结号”微信公众号充分动员、整合新媒体院校资源,坚持以“青”字号新媒体宣传手段为平台,以多样的新媒体文化活动为抓手,开展了一系列卓有成效的新媒体工作,致力于打造倾听青年、服务青年、引导青年、动员青年的阵地,传递青春正能量。为了促进该公众号健康向上发展,成为拥有更多青年受众的优质新媒体平台,同时也为了更好地监测其运营情况,本文将从多个方面解析其话语传播方式以及运营机制,助力新媒体蓬勃发展。

(一)日常推送情况分析

经过长时间的探索与试验,“郑州大学青年集结号”微信公众号目前发文频率为一周七次,每次推送数量一般为一条,根据信息的热度,灵活调整推送数量,最多不超过两条。推送的时间比较固定,一般在每天18:00—21:00,这一时段多为学生的休息和户外活动时间,能够更为准确地向学生传递实时资讯。同时,“郑州大学青年集结号”页面的自定义菜单标签分类明确,便于快速浏览内容信息,“郑州大学青年集结号”微信公众号的页面设置了三个菜单栏目,分别是“郑青春”“青年之声”和“光影郑好”,紧扣郑州大学的名称,通过关键词进行分类查询,可以快速了解所需内容,便于师生查阅相关内容,提高信息传播效率,扩大信息覆盖面。

合理的发布时间、方便快捷的自定义菜单设置,为“郑州大学青年集结号”带来了固定的粉丝群体,稳定了平均浏览量。据统计,微信公众号的阅读量基本在1 000~5 000之间浮动,部分精美的图文推送能够到达5 000以上的阅读量。同时,丰富的选题内容扩大了信息传递的覆盖面,提高了郑州大学共青团话语体系的影响力,以2018年为例,微信公众号共发布文章368篇,累计字数达46.9万,总阅读量超过52万,粉丝量达到47 024,这些成就都令人惊喜,也鼓舞着“郑州大学青年集结号”再接再厉。

(二)内容取向及形式分析

“郑州大学青年集结号”微信公众号一直以“服务青年,陪伴青年成长成

才”为宗旨，以“立榜样、解疑惑、接地气”为发展目标，主要内容立足于郑州大学团员青年视角，现已开设涉及思想引领、榜样树立、校园风光、心灵鸡汤等多方面的栏目。在图文形式上，以普通图文、H5小程序、长图拼接为主，辅以音乐、视频、超链接等提升观感，力求更好地达到引领青年思想、贴近青年生活、反映青年动态的目的，充分发挥作为官方团委新媒体平台的重要作用。

1. 推送主题丰富多样

推送主题

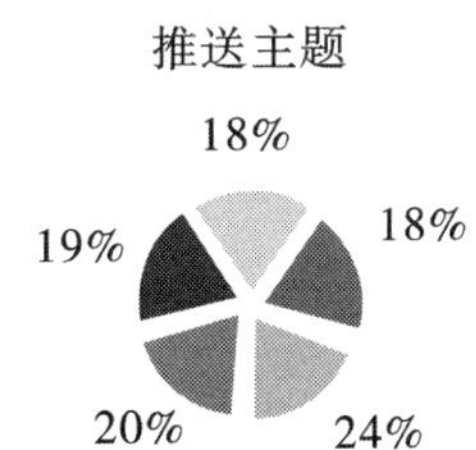

■ 团学动态 ■ 特色活动 ■ 校园生活 ■ 青春实践 ■ 其他

图1 2018年“郑州大学青年集结号”微信公众号推送内容类型

从图1数据可知，“郑州大学青年集结号”微信公众号在2018年的信息发布以校园特色活动、日常生活以及团学动态信息为主，推送内容涵盖面较广。校园活动方面，以特色校园活动的预告、直播、总结为重点，帮助团员青年了解活动动态，以促进其更加积极主动地参与到校园活动中来，提升自身综合素质，进而成长为有理想、有抱负的新时代新青年；校园生活方面，主要包含校园安全、学习资料、校园美食、校园光影等内容，贴近团员青年日常生活，了解青年心中所想、真正所需，更加有针对性地服务青年生活、维护青年权益，从而增加团属新媒体自身的活力与吸引力；团学动态方面，则是为团员青年转播团学工作动态，传播时事热点，引领广大青年学习马克思主义先进思想，目前已开设栏目“你好，马克思”“青年大学习”“郑青春”等。其中，“你好，马克思”建立了长期投稿机制，鼓励全校团员青年积极投稿，引领了解马克思主义思想，内容新颖不落俗套；“青年大学习”实时推出学习习近平最新讲话内容，同时开设共青团青年大学习郑州大学专属端口，以多种方式督促团员青年了解共青团最新动态；“郑青春”则为各院系团委的团学活动提供了展示窗口，方便院、校之间的学习和交流。

纵观“郑州大学青年集结号”2018年度的推送内容，其在推送选材上不断创新，内容丰富，切实关注到受众的实际需求，形成了良好的互动效果。“郑州大学青年集结号”作为共青团郑州大学委员会官方公众微信平台，传递共青团权威资讯,发布信息真实、权威、全面,充分发挥自身优势,实现了良好的传播效果。

2. 推送形式新颖有趣

在推送形式上,“郑州大学青年集结号”的版式设计紧跟热点、时刻创新,通过对编辑器的公众号后台功能的研究,在传统图文罗列的版式之外,开拓了 H5 动态图文、长图拼接、对话框、模拟朋友圈等形式提升读者阅读兴趣的版式,同时结合内容添加音乐、视频、超链接等,多方面扩充信息渠道。并结合不同的推送主题,设立了各具特色的编排模式,语言风格随主题而变,打破沉闷的格局。

基于对推送形式、内容和语言的精准把握,“郑州大学青年集结号”的发布内容在同学之中广泛传播,评价良好,读者可以通过推送文章获得直观且极具视觉享受的信息,获得丰富的阅读体验。

3. 注重封面及标题的设计

现阶段,读者对于新媒体信息的采纳大多是基于碎片化时间的快速阅读,因此新媒体平台发布信息的封面是否美观、标题是否吸引眼球、摘要是否简明扼要对阅读量的提高与否至关重要。“郑州大学青年集结号”的运营团队注意到了这一点,在封面、标题、摘要上十分用心。

表 1　2018 年“郑州大学青年集结号”微信公众号推送内容标题摘选

日期	板块	标题
2018-01-07	互动	郑大版跳一跳,等你来战!
2018-03-26	郑青春	践行核心价值观,学习两会郑当时
2018-06-01	节日	童心未泯,一切皆甜
2018-11-17	活动	duang~郑大青年搞了个事情!
2018-12-20	分享	天啊,这是什么神仙宿舍!
2018-12-26	缅怀	他记得我们,正如我们记得他

通过观察统计,“郑州大学青年集结号”微信公众号对文章标题的设置有以下特点:第一,风格多变。针对不同板块的信息推送,题目在清新文艺、活泼可爱、正经点题中灵活切换,吸引读者阅读;第二,关注时事热点。将阶段内引起广泛关注的热点与郑州大学相结合,别出心裁,引导读者关注;第三,结合网络用语,重点突出,吸引除粉丝群体以外的关注度。从以上题目摘要和 2018 年“郑州大学青年集结号”微信公众号的推送文章题目可以发现,其标题关键字突出,主题立场鲜明,便于读者接受此类信息,增强阅读

兴趣。

二、“郑州大学青年集结号”微信公众号话语传播方式分析

（一）建立留言选择机制

“郑州大学青年集结号”微信公众号在努力做到倾听青年心声、贴近青年生活的同时，积极加强与各基层团委微信公众号的联系互动，不断增强自身辐射带动作用。

首先，“郑州大学青年集结号”微信公众号注重与读者的互动，特别开启评论专区，鼓励读者参与互动留言，对留言评论进行筛选，积极提供读者寻求的信息，对读者求助的问题及时了解并解决。

其次，“郑州大学青年集结号”微信公众号还特别开创“你说我听”“召集令”等版块，向读者粉丝征集素材，拉近与广大团员青年的距离，引导团员青年分享体验，从而获得存在感与共鸣感，增强团员青年对共青团的归属感，此类版块均获得了较高的阅读量和点赞量。

最后，“郑州大学青年集结号”微信公众号紧跟时事热点，在充分了解自身的基础上，带领团员青年及时了解社会动态、学习先进思想，时刻保持微信公众号的热度与时效性。同时，积极创新形式，在转载共青团中央、河南共青团等官方微信公众号优秀文章的同时，结合本校实际，利用“青年大学习”“你好马克思”“郑青春”等专题带领团员青年共同学习中国特色社会主义新思想、当代马克思主义新发展等方面的内容，获得了良好的反响。

（二）建立长期投稿机制

“郑州大学青年集结号”微信公众号致力于加强与各基层团委的互动，建立长期有效的投稿机制，接受各基层团委投稿的院系精品主题内容，如院运动会、名人名家讲座、团日活动等，同时推出“郑州大学青年集结号”特色品牌栏目如“郑青春·人物”“你在听吗”“深夜说”“郑在说法”“院系探秘”等。其中，“郑青春·人物”“你在听吗”专栏鼓励院系推荐具有代表性的优秀团员青年，对其进行采访或音频录制，讲述他们在学习、生活、工作上的经历和经验，将榜样人物的先进事迹推广开来，树立广大青年学生的学习标兵；“深夜说”栏目鼓励院系推荐主播和原创文章，围绕青年生活，分享成长感悟，提供成长建议，对当下热点话题展开讨论，引领青年学生学习传统文化，传递正能量，增强对青年的心理引导，每日以“音频+图文”的形式在夜晚伴大家入眠，取得了较好的成效。

与此同时，为了扩大共青团话语传播力度，“郑州大学青年集结号”微信公众号的运营团队还向院系召集网络文明志愿者，对其进行相关培训，使之了解宣传工作的内容，从而更好地在院系范围内推广“郑州大学青年集结

号”的推送内容,扩展广大团员青年了解共青团最新动态的途径和方式。

(三)建立校院联动机制

作为校级共青团新媒体平台,“郑州大学青年集结号”微信公众号注重与各院系官方公众号进行双向互动,密切关注其他院系公众号的动态,使得各院系能结合自己的专业特色打造出新颖的栏目,吸引更多的读者,获得更高的阅读量。同时,加深不同院系的学生对本院系和所学专业的认同感,确保学院官方微信公众号的精品推送能及时辐射到全院师生,这也有利于不同院系之间取长补短、相互学习、大胆创新。

除此之外,“郑州大学青年集结号”微信公众号推出“榜单”栏目,将各院系的官方微信公众号进行对比、评选。在“郑州大学青年集结号”页面下方快捷菜单“郑青春—风云榜”中可查看全校所有院系的微信排行榜,除每月发布“周榜”“月榜”外,每年年底还会发布年度“总榜”。同时,将每个月的数据与上个月进行对比,分析变化趋势,便于院系查找不足;在每一期院系微信风云榜的最后,特别设置“推荐阅读”栏目,在排名前列的院系推送中选取值得借鉴的一篇,以超链接的形式附在简介下方。比如,2018 年 12 月 8 日发布的《十一月院系 WCI 月排行榜》在结尾推荐了历史学院“国风”微信公众号发布的《好戏开场——历史情景剧大赛·初赛》,基础医学院“基医郑直播”的《回顾 | 郑州大学基础医学院第八届团日活动展示暨颁奖晚会》等院系的优秀推文,供其他院系学习借鉴,既有利于为“郑州大学青年集结号”微信公众号提供丰富的内容,也有利于展现不同院系的精神风貌和广大青年的业余生活。

值得关注的还有“郑州大学青年集结号”微信公众号积极吸取院系设立的具有典型性、示范性的发布内容,鼓励院系官方微信公众号运营团队协助“郑州大学青年集结号”微信公众号运营团队进行丰富栏目。目前已开设有“你好,马克思”栏目、“郑在说法”栏目等。

同时,“郑州大学青年集结号”运营团队时刻关注院系动态,及时转发院系举办的大型活动,预热微信和院系师生热议的相关内容,实现真正的校院联动。校院公众号的密切配合、优势互补,在信息传递的过程中提高了宣传的有效性、即时性和灵敏度,产生了良好的集聚效应,有利于实现校园新媒体大环境的良性发展。

三、共青团微信话语传播机制的策略建议

虽然运营成果显著,但正在不断完善中的“郑州大学青年集结号”仍存在许多不足。在内容选题方面,内容丰富度、选题新鲜度有待提高;在图文制作方面,美观度、创新度也有待进一步强化;同时,公众号自己独特的风格

还未凸显,线上线下互动交流也并不频繁。

“郑州大学青年集结号”作为高校共青团思政引领的重要平台,其舆论引导的作用明显,特殊的媒体定位也给它的内容、语言提出了更高要求,相较于校内其他媒体,选题自由度受到限制,语言也需要更为严谨。在社会化媒体的大环境下,“河南共青团”“学校共青团”等为代表的共青团组织也积极拓展思维,开辟建设新媒体平台的新形势,取得了良好的传播效果。针对成功的校园新媒体运营实践,本文总结了其运营策略,供同类媒介运营者参考。

(一)创新内容形式,增强时效性、功能性

新媒体的迅速发展在给共青团话语传播带来积极影响的同时,也带来了一定的挑战,要取得一定成果,首先要结合自身立足点和特点,做出有正确导向的图文推送。

在内容选取上,思想引领是团学新媒体平台宣传的重中之重,但是如何将对于广大团员青年来说吸引力较弱的枯燥内容加以修饰,使之成为团员青年愿意看、喜欢看的内容是需要研究的。除此以外,应当立足于广大师生,加强校园时事的跟进力度,贴近团员青年的生活,了解当下的舆论热点,对于传播共青团信息来说有利无害。微信公众号拥有广阔的受众,是传递信息的主要平台之一,具有及时性、扩散性等特点。利用良好的平台优势,针对校园学术活动、校内热点及时进行跟进和宣传,提高活动知名度和师生参与度,增强活动影响力,提升互动量,也有助于活动的进一步开展。

微信公众号除了具备信息传递功能,还可以利用小程序为师生提供便利的服务。就“郑州大学青年集结号”而言,其快捷菜单栏“青年之声”涵盖空闲教室查询、图书馆座位预约、校历查询等,为师生提供了方便快捷的查询途径,提高了实用性,为校园媒体做出了良好的示范。

(二)建设专业的运营团队

校园媒体的运营离不开优秀团队的努力和配合,良好的运营机制是公众号传承、发展的基石。

第一,好的团队应当立足当下、着眼未来,团队指导老师和运营团队应保持学习性,在完善自身的同时,及时为学生运营队伍进行专业指导和引领,督促成员主动学习共青团信息,只有自己对共青团信息拥有充分的了解,才能够将其传播给广大团员青年;第二,团队应定时进行新成员的引入和团体培训,审时度势,依据时下的新媒体变更特点,适度调整运营策略和方案,根据当下的舆情热点,及时更新快捷菜单栏、栏目设置等,在巩固固有粉丝群体的同时,吸引更多团员青年关注;第三,团队成员应自觉培养热点敏锐度和创造力,拒绝守旧,而应打破固有的思维格局,跳出舒适圈,善于发

现、勇于挑战,尤其在推送形式上,应当打破传统固有的图文搭配方式,积极结合新媒体平台功能,推出不同的内容;第四,团队应当形成良好的配合机制,下属各部门各司其职,树立规范的信息收集点和运营条例,并如实实践,在提高信息获取能力的同时,增强其他如制图、视频、文案撰写、周边设计等能力,将微信公众号打造成更加完善、有趣、丰富的平台;最后,学校应当给予大力支持,为运营团队营造良好的环境,激发具有宣传能力的同学积极献出自己的力量,投身校园宣传当中,培养专业性宣传人才。

(三)设立长期投稿机制,增强校院联动,打造众媒校园

校级媒体虽然具有强大的传声力量,但在贴近学生校园学习生活等方面,不如学院媒体平台具备优势,在内容选取上,也容易落入局限。设立长期投稿机制能够有效扩大共青团新媒体平台在广大团员青年中的影响力,激发团员青年的创造力,同时也能为平台不断注入新鲜血液。增强校院联动则能够有效助力于及时获取广大师生普遍关心的话题事件和资讯,也能为学院活动带来更广的关注度,在各院系间建立良好的学习互补关系,提升单个活动的受众面,更好地为师生服务,打造众媒校园。

四、结语

借助微信公众平台开展高校共青团思想政治教育具有传播范围广、信息量大、时效性强、更新快、互动性强等方面的优势。在大环境下,如何利用这一途径更好地进行思想引领工作显得尤为重要,同时,校园新媒体平台的蓬勃发展也是共青团新媒体平台面临的机遇与挑战。就"郑州大学青年集结号"而言,在校园媒体评比的压力之下,其公众号的内容丰富度、形式多样度、选题新鲜度、舆情传递速度都得到了快速的提升。与此同时,校院联动的合作方式不仅增强了公众号的影响力、认知度,也在长效传播中为其他校内媒体做出了良好的榜样,推动了郑州大学各校园新媒体平台的发展。

在高校共青团思想引领工作中,合理运用微信等新媒体平台能够迅速传达信息,提高师生关注度,拉近与师生的关系;在校内学生组织开展校园文化活动的过程中,能够及时了解活动参与者的需求,建立良好的沟通互动渠道,同时提高团员青年的积极性。新媒体减轻了传播信息的繁琐程度,提高了传播速度,丰富了传播形式,相比传统传播途径,更加符合当代大学生自主获取资讯的习惯。在今后的工作中,高校共青团组织应当不断深入探索研究新媒体平台的优势,并依据优势所在及时调整舆情传播机制,更好地利用这一媒介进行思想引领和互动反馈。

高校意识形态工作面临的挑战与应对策略

医学院　杨静静

【摘　要】 当前高校思想政治教育面临的问题,使高校认识到在当前面临复杂的国际国内形势下,提升意识形态教育的必要性和紧迫性。随着大学生的个体意识、社会意识和国家意识不断增强,多元化的自媒体对高校意识形态工作传播方式的冲击,多元化的社会思潮对主流意识形态主导地位的影响,给学生们带来一些自利主义、享受主义的价值观,当前高校意识形态工作面临着前所未有的冲击和挑战。对此,高校必须不断加强学生的意识形态引领,探索高校意识形态工作的应对策略。

【关键词】 意识形态;高校;对策

意识形态关乎国家高举的旗帜、关乎国家的发展道路、关乎国家的政治安全。高校意识形态工作"肩负着学习研究宣传马克思主义,培育和弘扬社会主义核心价值观,为实现中华民族伟大复兴的中国梦提供人才保障和智力支持的重要任务"[1]。习近平在党的十九大报告中指出:"必须牢牢把握思想工作的领导。"在 2019 年 3 月 18 日主持召开学校思想政治理论课教师座谈会上,习近平也发表了重要讲话,指出要从党和国家事业长远发展的战略高度出发,深刻阐明学校思政课的重要意义,并且就如何办好新时代思想政治课程作出部署并提出要求,为做好新时代高校思想政治工作、做好新时代下担任民族复兴重大任务的新人提供了重要遵循。高校是党开展思想政治工作的前沿,肩负着立德树人的重任。因此,坚持立德树人的根本任务,贯彻落实高等教育过程中的思政教育,加强对思想的领导。

一、当前高校意识形态工作面临的挑战

(一)多元化的自媒体冲击了高校意识形态工作的传播方式

在我国高校,集体宣讲、集体学习、集体观看、集体收听、集体讨论、个别谈心等是意识形态工作最常用的传播方式。这些传播方式是受到时空限

制、集中统一、带有强制性、自上而下的单向被动式,一般以单向灌输、理论说教的方式进行。以高校意识形态工作中的教育工作为例,主要是高校教师运用“自上而下”的教育模式,通过课堂教育的渠道,将意识形态的内容进行知识性的讲解,帮助学生在理论上理解和认同社会主义主流意识形态。这种传播方式就是以“教师传送知识,学生被动接受”的单向被动式灌输完成的,高校学生在其中只发挥着信息“接收器”和“存储器”的作用。这种传播方式针对性较强、面对面地灌输和说教,反馈也比较及时,有利于高校学生接受正面的思想理论知识,有利于完成高校意识形态工作的目标。但是,随着时代的不断向前发展,尤其是新媒体时代的到来,传统的意识形态传播方式面临着前所未有的冲击和挑战[2]。

一方面,这种单向灌输、理论说教的传播方式是一种高势位的灌输,容易把高校教师放到居高临下的地位。高校学生在这种传播方式下是处于被动接受的地位,他们的个性差异性以及内在需求容易被忽视,因而导致他们参与到意识形态工作中的积极性并不是很高。而且在这种传播方式下,教育对象和教育次数都是有限的,脱离了特定的氛围或环境,教育内容对教育对象的教育和感染作用难以持久;另一方面,随着交往和互动的新媒体的迅速发展,高校学生对这种单向式的传播方式,态度逐渐变为不满和反感。这是因为,在新媒体平台,用户之间的地位是平等的,拥有的话语权也是平等的,而且知识信息的传播是双向的,高校学生不再只是被动地接受信息,他们也可以成为信息的主动传送者,双向互动式的传播方式越来越受到人们的青睐,高校意识形态工作如果不去改变以往的传播方式,仍然简单地采用单向灌输、理论说教的传播方式,势必会导致高校学生排斥和拒绝。面对新媒体的发展而出现的种种挑战,要求高校意识形态工作要从自上而下、一元独白的传播方式转变为双向互动、多元对话的传播方式。而且在传播过程中,要能够采用高校学生喜闻乐见、普遍接受的话语表达方式,使“硬”理论“软化”,做到“以情动人”,实现意识形态工作的目标[3]。

(二)多元化的社会思潮冲刷了主流意识形态的主导地位

中国的传统社会,发展缓慢,变化不明显,受外部环境影响较小,一代人的生活方式和上一代人比起来没有太大的变化,对人们而言,未来比较确定和明确,在这种情况下,人们的社会心理比较稳定、统一,更有利于对传统文化的延续和继承。改革开放以后,尤其是社会主义市场经济体制的确立和发展,社会进入“大变革”时期,发展迅速且极具多样化,各种新的工作方式、学习方式、生活方式、思想观念层出不穷。社会发展的日新月异,对高校学生的思想和行为产生了非常大的影响。高校中的一部分人受经济体制转轨的影响,理想信念淡化,共产主义信仰模糊,国家、集体利益观念弱化,民族

意识淡薄，与此同时，极端个人主义、利己主义、享乐主义等资本主义错误思想却不断滋生和蔓延。在这种扭曲的、错误的价值观侵蚀之下，高校学生中的一部分人只顾贪图享乐，忘记了“成由勤俭败由奢”的勤勉精神；只顾追求更多的金钱，忘记了“修身、治国、平天下”的崇高理想；只顾捞取更多的个人利益，忘记了“苟利国家生死以，岂因祸福避趋之”的奉献精神；只想着一夜暴富、不劳而获，忘记了“一分耕耘一分收获”的奋斗精神；只顾着跟风攀比，忘记了“天下兴亡匹夫有责”的社会责任；盲目推崇西方的文化和制度，忘记了“先天下之忧而忧，后天下之乐而乐”的爱国主义情怀。实用主义、拜金主义、功利主义在高校学生群体中广泛传播和发酵，势必会抑制主流意识形态的吸引力和感召力，增加了用主流意识形态凝聚人心和引导行为的工作难度。随着社会主义市场经济体制的不断改革，市场在经济发展中基础性作用不断加大，社会阶层的分化更加明显，人们的思想活动更加多变，利益诉求更加多元。一部分人受社会政策或发展机遇的影响，成为高收入群体，要求社会创造稳定的经济发展环境，帮助他们更多地巩固既得利益。而以工人、农民为代表的另一部分人，受种种条件的限制，变成社会发展的弱势群体，要求享受到社会发展的红利，要求缩小收入差距，要求社会发展更加公正和平等。具体到高校学生，他们在增加就业、提高工资待遇、抑制房价过快上涨、改善生活环境、优化生活条件等方面的利益诉求也各不相同。在社会转型时期，很难同时同步地满足如此多元的利益诉求。“当人们的期望要求在现实社会中得不到满足，或者社会提供的满足程度低于期望要求，人们在期望受挫的心态下形成的对社会的不满，构成了引发社会政治认同淡化的心理基础。”也就是说，当某部分群体的利益诉求没有得到满足时，他们对社会主义主流意识形态的认同感就会大大降低，拒绝和排斥主流意识形态的教化和感染，甚至对社会主义制度、党的领导以及马克思主义理论的科学性都会产生怀疑和否定情绪。可以看出，人们是否接受社会所宣传的主流意识形态，都是从自身的价值标准和实际利益进行判断，多元化的利益诉求无疑会使得主流意识形态的影响力受到挑战[4]。

二、加强和改进高校意识形态工作的对策

（一）巩固马克思主义在意识形态的主导地位

马克思主义是社会主义意识形态的灵魂，是我国的主流意识形态。“社会主义意识形态之所以不同于资本主义意识形态，之所以能够发挥维护社会主义经济制度、政治制度的巨大作用，就在于它是以马克思主义为指导的意识形态。”我国是社会主义性质的国家，要发挥和体现出社会主义制度的优越性，要与资本主义根本区别开来，在意识形态工作中就必须坚持和巩固

马克思主义意识形态的主导地位。否则,就会在根本性质上发生改变,就会使得社会主义经济基础、社会主义政治制度以及国家政权面临着被瓦解和颠覆的危险。高校学生要增强学习马克思主义理论的自觉性和主动性,树立辩证唯物主义和历史唯物主义世界观,以马克思主义为思想武器,认识到世界的物质性,运动、变化的绝对性,学会运用马克思主义的矛盾论,做到具体问题具体分析,抓住事物发展的关键和主流,深刻理解人民群众是历史的创造者,价值判断和价值选择要自觉站在最广大人民群众的立场上,在劳动和奉献中实现自己的人生价值,在生活、学习和工作的实践中,增强马克思主义的看家本领,把马克思主义理论"入耳、入脑、入心"。筑牢思想根基,帮助高校学生坚定共产主义远大理想。在国内、国际的复杂环境下,高校要加强对学生的共产主义理想信念教育。"马克思主义的另一个名词就是共产主义。我们多年奋斗就是为了共产主义,我们的信念理想就是搞共产主义。"理想信念是我们精神上的"钙"。没有理想信念或理想信念不坚定,精神上就会"缺钙",就会得"软骨病"。高校要帮助学生掌握人类社会的发展规律、社会主义的建设规律、共产党执政规律,帮助他们深刻理解"社会主义必然胜利,资本主义必然灭亡"的历史命运,帮助他们抵御住各种诱惑,在各种纷繁复杂的意识形态论争中站稳政治立场,真正将马克思主义内化于心,外化于行。

(二)改变思想政治理论课教育教学方式

在宣传社会主义核心价值观的过程中,要注意与高校学生的现实生活相联系。高校学生不是一个先进思想和科学理论的吸纳容器,他们是具有主观能动性、自觉选择性、能够对教育者的教育内容进行选择和吸收的主体,这就要求高校在进行社会主义核心价值观的宣传和教育时,要以学生的生活实际为切入点,关注到他们的现实诉求,采用灵活、生动、有效的宣传方式,摒弃"我说你听,我打你通"的简单粗暴的灌输方式,避免落入政治说教之中,使社会主义核心价值观真正被学生接受和内化。总的来说,高校把培育社会主义核心价值观融入教书育人全过程,渗透到校园文化建设的整个过程,嵌入到高校学生日常生活的各个方面,不断推动社会主义核心价值观"进教材、进课堂、进头脑",唱响高校意识形态工作的主旋律[5]。

(三)在日常学习生活中融入社会主义核心价值观

加强社会主义核心价值观的宣传和传播力度。2014 年 5 月 4 日习近平总书记在同北京大学师生座谈时曾说:"人类社会发展的历史表明,对一个民族、一个国家来说,最持久、最深层的力量是全社会共同认可的核心价值观。"用社会主义核心价值观凝聚力量,指导校园的文化建设。一方面,要充分发挥好思想政治理论课的重要作用。思政课具有强烈的意识形态教育功

能，是高校意识形态工作的主渠道。意识形态工作者要利用思政课课堂，不断向高校学生灌输正确的价值观，使社会主义核心价值观像空气一样，无所不在，无时不有；另一方面，采取完善公共网络平台、健全网络运营团队等多种措施，通过新媒体达到师生交流、舆情引导、政务公开的目的；同时结合教室、图书馆、自习室、校园展板等资源，将社会主义核心价值观通过线上、线下等多种途径，以通俗易懂、易于接受的方式，帮助高校学生理解和把握社会主义核心价值观的内涵，在潜移默化中立德树人。当然，这种理解和把握并不是仅仅要求他们会背诵24个字，而是要求他们真正理解，并且内化为个人的价值信仰。

三、结语

意识形态工作具有根本性、战略性、全局性的重要意义。能否做好意识形态工作，事关党的前途命运，事关国家长治久安，事关民族凝聚力和向心力。高校意识形态工作在这一极端重要性工作中处于前沿阵地的地位，事关“培养什么样的人、如何培养人以及为谁培养人”这个根本问题。习近平总书记在2016年12月全国高校思想政治工作会议上指出：“做好高校思想政治工作，要因事而化、因时而进、因势而新，要遵循思想政治工作规律，遵循教书育人规律，遵循学生成长规律，不断提高工作能力和水平。”通过做好意识形态工作，高校真正肩负起为社会主义事业培养德智体美劳全面发展的建设者和接班人的重大任务，努力开创出我国高等教育的新局面，办好新媒体时代人民满意的教育。

参考文献

[1]加强和改进新形势下高校宣传思想工作[N]. 人民日报，2015-1-20(1).

[2]袁小云. 高校意识形态工作面临的挑战与应对策略[J]. 学校党建与思想教育，2017(2)：72-73，84.

[3]李辉. 新媒体背景下高校意识形态教育面临的挑战与对策[J]. 湖北经济学院学报(人文社会科学版)，2018，15(2)：132-134.

[4]张策，冯聪聪，王铭菲. 高校意识形态工作面临的挑战与应对策略研究[J]. 党史博采(下)，2019(11)：67-68.

[5]熊建生. 论思想政治教育内容形态的层次结构[J]. 思想理论教育导刊，2006(9)：58-62.

基于大学生成长规律 高校思政工作要突出“三个坚持”

电气工程学院 陈亚峰

【摘 要】 大学生是祖国的未来,民族的希望,是中国特色社会主义的建设者和接班人。做好高校思想政治工作意义重大,影响深远,需要把握好大学生这一工作对象。本文从影响大学生成长的主要因素分析与探索大学生成长规律,并探究如何在遵循大学生成长规律的基础上开展思想政治工作。

【关键词】 规律;大学生;因素;网络

2016 年 12 月,习近平总书记在全国高校思想政治工作会议上指出:“做好高校思想政治工作,要因事而化、因时而进、因势而新。要遵循思想政治工作规律,遵循教书育人规律,遵循学生成长规律,不断提高工作能力和水平。”大学生是祖国的未来,民族的希望,是中国特色社会主义的建设者和接班人。思政工作是高校各项工作的生命线,关系着培养什么样的人、如何培养人以及为谁培养人的根本问题。准确把握大学生的成长规律,并从其规律中总结思政工作的遵循,有助于提高思想政治教育工作的科学化水平,落实高校立德树人的根本任务。

一、大学生成长规律初探

(一)大学生成长规律内涵分析

马克思主义哲学认为,事物发展必有其规律。规律是指事物之间内在的本质联系,具有必然性、普遍性、客观性和永恒性。据此,可以将大学生成长规律内涵界定为:在大学生成长过程中经常起作用,并且决定着其发展必然趋势的内在的本质联系。这里需明确的三要素:一是主体要素为学生;二是空间要素为大学;三是时间要素为四年或五年。大学生的成长过程离不开这特定的三要素,我们要在主体、空间和时间这三要素的命题下分析其内在的本质联系。

（二）影响大学生成长的主要因素

马克思主义哲学认为，事物的发展是内外因共同作用的结果。事物内部诸要素之间的矛盾，是事物变化、运动和发展的内部原因，简称内因；事物同其他事物之间的矛盾，是事物变化、运动和发展的外部原因，简称外因。影响大学生成长的因素有很多。本文结合调查数据将影响大学生成长的诸多因素分为两类，并分析其中的主要因素。一类是大学生个体内在因素，包括先天因素如天赋、后天因素如内心动力等，本文主要考虑的是后天因素，不再就先天因素进行探讨；二是外部因素，主要是在大学生成长中提供支持的所有外部因素，包括自然因素和社会因素，自然因素如地形、天气等，社会因素如家庭因素、学校因素及其他外部因素。本文主要探讨社会因素，对自然因素不进行讨论。具体如图 1 所示。

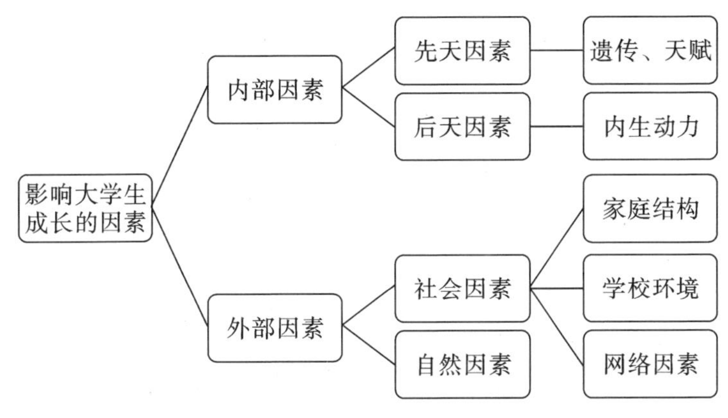

图 1　影响大学生成长的因素

内生动力是指个体自发产生的原动力，是对自我成长强烈的自觉意识和行为。

家庭结构是指家庭成员构成及成员间相互作用、相互影响的状态，及长期作用下形成的相对稳定的模式。

学校环境是指学生在校学习、生活所处的能够对其产生直接或者间接影响的因素总和。

（三）大学生成长规律探究

本文从影响大学生成长的主要因素进行分析，结合学生案例，发现在大学生成长过程中，内部因素的内生动力因素，外部因素中的家庭因素、校园因素、网络因素在大学生成长过程中作用凸显。因此，可以总结出大学生成长遵循的以下规律：主体能动性凸显规律、环境制约性规律、社交网络化

规律。

1. 主体能动性凸显规律

进入大学后,在自我管理的模式下,个人的主观能动性凸显,内生动力的强弱直接关系着个人成长。成长收获较好的学生普遍具备较强的内生动力,表现为自觉性、主动性高,自控力、执行力强,责任意识、奉献意识好等。而成长收获较差的学生普遍不具备较强的内生动力,表现为自觉性、主动性不高,自控能力差,执行力弱等。

这是由于大学是人生的新阶段、新起点。一是新的环境,不同于中小学时期家门口上学的熟门熟路,多数大学生都是第一次离开家乡到外地求学,新的生活、学习、交往环境,面对的一切都是陌生的。二是新的模式。不同于中小学的“圈养”模式,大学是学生自我管理、自我服务、自我成长的“放养”模式。三是新的阶段。不同于中小学阶段凡事依赖父母,大学阶段要从依赖到独立,由关心书本到关心社会,由不成熟走向成熟。

2. 环境制约性规律

我们在调查研究中发现,在大学生的成长过程中,环境制约性规律主要体现在两个方面:一是在家庭因素制约性规律。成长收获较好的学生普遍具备较稳定的家庭结构,表现为家庭无重大变故、家庭和谐、成员关系融洽等。而成长收获较差的学生普遍存在家庭结构的缺陷,表现为单亲、父母离异,再组家庭、关系不融洽、父母常年外出打工等;二是学校因素制约性规律。成长收获较好的学生普遍对学校环境较为认可,认为校园布局、教室和实验室布置、图书馆布置、宿舍管理、校园绿化、政治舆论、学术气氛、校风学风等能给他们提供较好的成长环境。成长收获较差的学生对学校环境评价一般,认为校园布局、教室和实验室布置、图书馆布置、宿舍管理、校园绿化、政治舆论、学术气氛、校风学风等不能满足他们的成长需求,或者学生本人没有很好地利用校园资源服务自身成长。

环境的制约性在大学阶段凸显,这是由于一方面中小学阶段在家庭和学校的双重管控下,学生学习、生活相对纯粹,思想单纯,中小学的“家—学校”的生活结构,进入大学后,发展成“家—学校—社会”的多元结构,大学生接触社会的时间增多,空间扩大;另一方面,由于大学阶段是学生身心发展的重要时期,是从不成熟走向成熟的阶段,生理需求、情感需求亟须被满足,面对的是新鲜而又陌生的花花世界,社会属性相较于中小学阶段显著增强。

3. 社交网络化规律

社交网络即在网络上进行社交,最初的网络社交是电子邮件,随着互联网技术发展和移动客户端的普及,微信、QQ、微博、论坛等已经成为网络社交的必备工具。社交网络化,就是说人们的社交行为从传统的接触型交流方式变为通过网络工具进行交流。

我们在调查研究中发现，大学生中使用微信、QQ、微博、论坛等社交网络工具的比例高达98.57%，大学生每天花在网络社交上的时间多数为3～4小时，还有部分大学生每天使用网络社交超过5小时。另外，相较于中小学时期繁重的课业任务，大学生有更多自由支配的个人时间。

二、高校思政工作要突出“三个坚持”

要做好高校思想政治工作就要遵循大学生的成长规律，从大学生成长规律出发，从学生成长需要出发，从实际出发，紧扣立德树人根本任务，有针对性地开展工作，为大学生成长成才提供支持。

（一）坚持把握方向，激发主体能动性，做好思想引领

进入大学后，在自我管理的模式下，个人的主观能动性凸显，内生动力的强弱直接关系到个人成长。因此，思政工作要坚持把握方向，做好思想引领，激发学生主体能动性。

内容上，增加大学生思想引领的深度。一是先进思想入脑入心。要用习近平新时代中国特色社会主义思想武装头脑。新时代，新思想，用习近平新时代中国特色社会主义思想武装青年学生，既是新时代的必然选择，也是高校思想政治工作的使命和担当。二是价值观念的塑造。要把社会主义核心价值观贯穿于大学生成长成才全过程，丰富大学生的精神世界，锤炼大学生道德品质，将核心价值观转化为大学生的情感认同和行为习惯。三是理想信念的培养。党的十九大报告指出：青年一代有理想、有本领、有担当，国家就有前途，民族就有希望。大学生理想信念的培育关系着国家的前途、命运，大学生坚定理想信念就是要树立起中国特色社会主义的共同理想，自觉把个人的前途命运、人生价值与国家和民族的命运紧密结合。

形式上，扩大大学生思想引领的广度。一是做好制度建设，紧扣立德树人根本任务，不断完善和优化学校制度，以团支部活动和主题团日活动为主阵地，开拓第二课堂线下阵地和网络平台阵地。二是做好队伍建设，优化强化辅导员队伍，设置班主任队伍，利用思政课教师队伍，加强学习和培训，实现全员育人。三是做好品牌建设，实现思想引领“活”起来，要尝试摸索适合大学生的新路径、新抓手，找出特色，做出品牌，突出品牌效益。

（二）坚持以学生为本，整合环境制约性，做好良好环境的营造

1. 关注学生家庭环境，改变影响大学生成长的不良外部环境

家庭环境对大学生的成长起着不可忽视的作用。高校不能改变大学生的家庭环境，但是依然需要积极关注学生的家庭环境，尤其是家庭结构因素。一是构建家校联合制度，家长如实反映大学生成长的家庭环境、家庭变

化及可能给学生带来的影响,学校根据家长提供的信息对特情学生给予更多的关注、关心;家长通过学校反馈的学生在校情况,及时调整家庭成员关系等家庭因素,共同致力于学生成长成才。二是建立学生档案。学校自学生入校起,建立学生信息档案,跟踪记录学生成长,定时对学生家庭因素的变化进行更新和风险预测评估。三是做好学生思想工作。引导学生正确看待、客观评价、乐观接受自己的家庭环境,引导学生积极改变不利于自己成长的家庭环境,消除成长过程中的不良外部环境。

2. 大力开展校园建设,营造促进大学生成长的良好外部环境

人是环境的产物,环境对一个人的成长起着重要作用。发挥校园环境育人功能,大力开展校园建设,营造和谐校园环境,一是要加强校园绿化、校园布局,教室、实验室、图书馆的布置和宿舍环境等物质环境的建设,为学生营造良好的学习、生活场所。二是要加强政治舆论、学术气氛、校风学风等精神环境建设,形成浓厚的校园文化,引领学生价值取向、道德品质、性格完善等健康发展。目标是以学生为本,以校园设施建设为基础,以校园活动为载体,以校训校风做引领,以学校文化做渗透,落实立德树人根本任务。

(三)坚持改革创新,利用社交网络化,做好行为监测、引导

随着互联网时代的到来,大学生社交网络化给传统的思想政治工作带来了新的机遇与挑战。利用大学生网络社交化,积极创新方法、思路,做好学生成长的监测、风险评估与引导。一是大学生网络社交的特点,突破了传统思想政治工作中学生内心感受无法直接获得,只能通过其行为进行评价的困境,网络社交工具如 QQ、微信、微博等使得学生的内心感受和行为被记录、有迹可循,和面对面传统交往相比,网络社交更加自由、放松,学生更愿意在网络中表达自我,这要求思想政治工作必须顺应时代发展,充分利用网络社交工具开展工作,参与到学生的社交群体中,观察学生在网络中的言行,和学生进行实时网络交流。这样既能解决私下接触学生机会少的问题,又能克服学生面对面交流时紧张的气氛,便于更真实、全面地了解学生,也便于及时为学生排忧解难。二是在大学生网络社交化的新形势下,出现信息流动极快、信息杂、多元化的网络环境,大学生处于世界观、价值观、人生观形成的关键阶段,从不成熟走向成熟的关键时期,缺乏辨别能力,出现网络社交沉溺、偏听、偏信等行为,网络诈骗等在大学校园频发,这要求高校思想政治工作必须高度重视,积极作为,创新工作思路,开展媒介素养教育,引导大学生开展健康网络社交。

参考文献

[1]杨晓慧. 当代大学生成长规律研究[M]. 北京:人民出版社,2010.

[2]周宇.影响优秀大学生成长成才因素研究[J].科教文汇(上旬刊),2014(2):44-46.
[3]中共中央文献研究室.十八大以来重要文献选编(上)[M].北京:中央文献出版社,2014.
[4]中共中央文献研究室.十八大以来重要文献选编(下)[M].北京:中央文献出版社,2016.
[5]吴群.基于大学生成长规律的思想政治教育原则与路径研究[D].上海:上海师范大学,2019.
[6]段忠新.当代大学生思想特点及成长成才规律研究[J].山西农经,2006(12):70,72.
[7]林伯海,张军琪.当代大学生成长规律探究[J].思想理论教育,2017(8):43-48.

新媒体背景下高校网络主流意识形态话语权建设研究

医学院　刘涛涛

【摘　要】 随着网络技术的快速发展,新媒体成为高校大学生学习、生活中必要的工具。各种网络思潮利用新媒体伺机发声,为主流意识形态带来了巨大的挑战。面对新问题、新威胁,构建新媒体背景下高校主流意识形态话语权具有重大意义。本文主要研究如何构建新媒体背景下网络主流意识形态话语权。

【关键词】 新媒体;网络主流意识形态;话语权

党的十九大报告提出:“牢牢掌握意识形态工作领导权。”2013 年,习近平在全国宣传思想工作会议上强调:“经济建设是党的中心工作,意识形态工作是党的一项极端重要的工作。”高校是中国特色社会主义建设者和接班人的摇篮,高校学生处于世界观、价值观、人生观形成的关键时期,在新媒体时代背景下,构建网络主流意识形态话语权体系,是牢牢把握住立德树人的根本,是党和国家培养具有坚持走中国特色社会主义道路坚定信念的优秀人才的关键。

一、把握高校网络主流意识形态话语权的重要意义

(一)把握网络主流意识形态话语权是实现高校教育的重要任务的基础

网络主流意识形态对高校青年学生世界观、价值观、人生观具有重大影响。大学生是新时代我国意识形态安全的主要力量之一,通过正确的意识形态培养,才能使其在思想上和党保持高度一致,从而确保政治方向上的正确性。把握高校网络主流意识形态话语权,是将高校学生培养为党和国家合格建设者和接班人的基础,是坚持走中国特色社会主义道路的基本保障。因此,把握网络主流意识形态话语权是高校解决“为谁培养人”根本问题的重要任务。

(二)把握网络主流意识形态话语权是规范学生个人行为的基本方法

把握网络主流意识形态话语权能引导大学生树立正确价值观、提升道

德修养、明确是非曲直、辨识善恶美丑。高校学生进入大学后，逐步完成高中到大学的身份转换，抓住这个关键的“拔穗期”，培养良好的行为习惯、道德情操对学生一生具有重大意义。而学生个人行为的规范一是靠制度约束，二是来自于行为学习。当遇到疑惑时，绝大部分学生通过各类新媒体进行学习，网络信息的复杂性，使得青年学生获取正向信息成为一种挑战。把握网络主流意识形态话语权，形成有效发声，让青年学生在有“惑”之际能够得其“鱼”、得其“渔”，从而规范自我行为，避免不良信息的侵蚀。

二、构建高校网络主流意识形态话语权的途径

（一）搭建平台：主动占领发声阵地

随着网络技术的快速发展，网络成为生活中必不可少的一部分，也是广大高校学生知识的重要来源。各类新媒体不断创新发展，在电脑、手机等智能终端呈现出一个多维度的虚拟世界，高校师生的生活节奏、思维模式、价值选择也在潜移默化中受到极大的影响。网络新媒体显然已经成为高校意识形态话语权争夺的主战场。加强平台建设，扩大主流意识形态网络活动空间、占领主流意识形态话语权发声阵地是构建高校主流网络意识形态话语权体系的基础。

1. 打造具有高校特色的主流意识形态宣传网站

作为行为主体，高校可以从全局出发，整体把控，建立相应的内容丰富的、以宣传主流意识形态为主要任务的网站。高校自建网站具有高公信力的天然优势，同时能够发挥学校既有技术、人才和学校党团组织的优势，将安全性高、内容丰富、响应及时等其他网站不具有的特点充分运用到主流意识引导中。打造具有高校特色的主流意识形态网站，一是要结合高校所在地的有效资源，将地域特色融入网站的建设中，增强区域文化认同感，同时也强化了网站地区服务功能。二是融合学校发展的特色。每所高校的发展历程，都是一本丰富的教科书，深入挖掘主流意识形态的教育作用，有利于贴近学生，提升接受度。例如，以校史增进学生情感认同，将爱国主义、社会主义核心价值观等内容融入相关的内容中，在无形中对受众形成有效的教育引导。三是强化主流意识形态的内容。在综合其他内容的情况下，有计划地将马克思主义理论和中国特色社会主义相关理论进行解读，强化网站主流意识形态教育的重要作用。

2. 建立具有双向多通道互动的平台机制

新媒体的快速发展，让每个人都成了发声者，信息源也形形色色，在利于信息传播的同时，也为别有用心者提供了很多可乘之机。适应时代的发展，贴合新媒体大环境的需求，建立双向多通道互动平台机制，为“媒体人”

提供合理、有效的发声途径,有利于把控舆论导向,为主流意识形态话语权构建良好的网络氛围。作为新媒体平台,一是要内容形象化,增强内容的接受度。将文字、图片、视频等多种形式融合,将内容转化为更立体的网络形态,提升受众的接受度。二是畅通互动渠道。新媒体时代的信息传播具有交互性、双向性的特征,传统的“单工”传输模式已难以满足广大用户的需求,建立“双工”多通道的互动模式,提升用户的体验感,培养“忠实粉”,进而增强主流意识形态话语权的主动权。三是有效回应网络反馈。在内容主导、畅通渠道的基础上,对来自网上的互动应及时给予反馈。有效回应可以提升媒体平台的可信度、依赖度。同时,网络互动所留信息在一定程度上反映了受众的思维模式,总结其中规律,针对性地给出回应,能够得到“皆大欢喜”结果。因此,建立具有双向多通道互动的平台机制有利于进一步抢占主流意识形态话语权的先机。

3. 构建新时代多平台全覆盖的综合新媒体矩阵

目前,高校学生作为网络原住民,对网络信息有超高的依赖。以“三微一端”为主体的信息传播平台,涉及生活的方方面面。一些其他思潮也在不同平台上寻找发声机会,成为主流意识形态话语权的争夺者。因此,构建综合新媒体矩阵为学生提供全方位、可靠的信息资源,是在争夺战中取得胜利的一把利剑。新媒体的快速发展,使高校也具备了门户网站、微博、微信公众号等新形式的信息传播途径。构建综合新媒体矩阵,一是协调高校各部门、各单位的新媒体平台,形成以学校平台为主体,其他部门、单位平台特色发展的大格局。减少不必要的重复,降低重复内容给受众带来的阅读“厌倦”,同时从生活、学习、服务等多种角度为学生提供具有立体感的新媒体信息网络空间。二是聚合多种优势打造既“高大上”又“亲民”的内容,做好矩阵填充。结合高校人才、技术等多种优势资源,打造更具象的传播内容。“庆祝中华人民共和国成立70周年大型成就展”网上展馆的上线,让许许多多普通群众能够足不出户学习到展馆的丰富精神内涵就是一个生动的例子。“网络微党课”的出现也大大提升了学生学习党章等理论的兴趣,而这种新形式的教育教学方式需要高校从人财力等多方面给予大力支持。协调构建新时代多平台全覆盖的综合新媒体矩阵,为主流意识形态话语权把好发声渠道关。

(二)强化队伍:抢占发声先机

2016年4月,习近平在网络安全和信息化工作座谈会上指出:“各级党政机关和领导干部要学会通过网络走群众路线,经常上网看看,潜潜水、聊聊天、发发声,了解群众所思所愿,收集好想法好建议,积极回应网民关切、解疑释惑。”做好高效意识形态工作队伍建设是构建高校主流网络意识形态

话语权体系不可缺少的关键环节。意识形态工作队伍需要具有过硬的理论功底,需要具备网络交流、沟通、互动的技巧,需要通过自我提升成为“网络大咖”。

1. 强化工作队伍的理论学习,确保发声具有正能量

意识形态工作队伍是争夺网络主流意识形态话语权的主力军,这就要求这支队伍具有很强的理论功底,确保发声有力、发声有理、发声有利。一是要加强工作者党的理论教育。深厚的理论功底有助于他们在网络上有效地传播正确的理论、正确的价值观,同时可以结合实际为网络主流意识形态话语权的奠定提供实践及理论基础。二是要强化工作者意识形态的能力。意识形态的辨别能力是基础,在网络“纷繁复杂”的环境中分清各种意识形态,厘清真、善、美,坚定正确的立场,有效地引导受众。理论学习既是学习过程,也是检验过程,经过时间的打磨,锻造一支功底深厚的网络意识形态工作队伍。

2. 提升工作队伍的新媒体媒介素养,形成有效网络发声

意识形态工作者不仅需要具备理论功底,也要具备将理论转化成新媒体语体的新媒体媒介素养。提升新媒体媒介素养,一是要从网络语体的构建入手,强化网上“说话”的能力。将书面的、官方的、理论的语言转化成口头的、大众的、网络化的语言,才能让受众读得懂、看得进,从而为话语权的建立提供基础。二是要掌握运用多种新媒体传播的途径,打通网上“说话”通道。新媒体的快速发展,让信息传播的途径有多种选择的可能。迅速掌握新生媒体传播途径的特点并加以运用,形成新的主流意识形态新阵地成为意识形态工作者必要的技能。三是要熟悉内容制作方法,提升网上“说话”效果。灵活地通过文字、图像、音视频组合,制作形象的内容,提升内容的吸引力、感染力、接受度,是掌握话语权的有力支撑。提升意识形态工作队伍的新媒体媒介素养,是新时代适应新媒体发展,有效形成网络发声的必要环节。

3. 培养工作队伍中的“网络大咖”,高效进行网络意识形态的引导

“网络大咖”也称为“意见领袖”,在网络中具有很强的影响力,甚至能够左右舆论的导向。挖掘、培养高校意识形态工作队伍中的“网络大咖”,可以在关键时刻进行高效的引导。培养“网络大咖”,一是做好前期考察。作为未来引领网络的“意见领袖”,其对党和国家主流意识形态应该是认同的,应该具备坚定的政治立场,在大是大非前敢于亮剑、敢于斗争。二是有效选择培养对象。选择对象应具备综合的网络应用能力,在网络上受认可、“呼声”高,在过往的网络舆情、不当言论中的网络时间中能够正确有效地做出回应,并形成一定效应。通过“网络大咖”正确的引导,将社会主义主流意识形

态融入学生学习、生活等问题的解疑释惑中,牢牢掌握高校网络主流意识形态的话语权。

参考文献

[1]习近平在中国共产党第十九次全国代表大会上的报告.[EB/OL].(2017-10-28)[2019-11-2]. http://cpc. people. com. cn/n1/2017/1028/c64094-29613660. html.

[2]习近平. 习近平谈治国理政[M]. 北京:外文出版社,2014.

[3]李雪萍. 高校网络意识形态话语权构建研究[J]. 牡丹江教育学院学报,2018(7):27-28,49.

[4]任蓉. 网络意识形态话语权的掌控策略[J]. 理论观察,2018(1):164-167.

青年成才视域下大学生爱国主义教育研究

教育学院 高 昂

【摘 要】 新时代爱国主义教育的重要性愈发突出，但目前而言，我国爱国主义教育在发展中还存在爱国主义教育内容空洞、学生接受认同感不强；爱国主义教育常态化缺失，固有模式未得到学生践行；爱国主义教育一体化缺失、全员育人模式有待完善等问题。究其原因，在于传统爱国主义教育在面对多元价值时出现话语缺失，难以适应爱国主义教育实践发展需求和尚未掌握新时代大学生心理特点和认知特征。因此，要推动爱国主义教育进程需要坚持立德树人，构建爱国主义教育有效机制；坚持知识教育与价值教育相结合；强化爱国主义教育实践环节、丰富新时代爱国主义教育实践载体；注重新媒体技术的乐教乐学、营造新时代爱国主义教育的浓厚氛围；实现中华优秀传统文化价值观的现代转换。

【关键词】 青年成才；大学生；爱国主义教育

引言

2019 年 11 月，中共中央、国务院印发《新时代爱国主义教育实施纲要》（以下简称《纲要》），为新时代爱国主义教育的实施提供了全面、系统的解读。《纲要》指出，新时代爱国主义教育要聚焦青少年。青少年是祖国的未来和希望，作为社会主义事业的建设者和接班人，他们肩负着民族复兴、国家富强的历史重任。尤其是青年大学生，在历经初级教育和中等教育后，伴随着年龄增长、视野开阔，实现了自身从感性到理性的蜕变。

谭德礼等人在调查国内 12 所高校的基础上，指出当今大学生的主流世界观是积极、唯物的，表现出保持理性、崇尚真理、勤于思考的一面，但也显现出矛盾、困惑甚至是激烈冲突的一面，在人生观上表现为注重个人价值，缺乏为人民、国家利益献身的行动和精神，缺乏远大理想；成才意识强烈却缺乏干劲。作为正处于成长关键期的新时代大学生，身处百年未有之大变

局,其成长成才与两个一百年奋斗目标的实现休戚相关,与中国梦的实现辅车相依。如何将大学生的个人成长需求和国家、社会发展的中国梦结合在一起,这将是每一个思想政治教育工作者和一线教育工作者应重视的问题。

一、当前大学生爱国主义教育存在的现实问题

爱国主义教育的目的在于培育和增强学生的国家认同感,作为学校德育关注的重点,爱国主义教育历来是学校重视的议题。然而,爱国通常被视为综合性的概念,致使学校中爱国主义教育在实践中难以取得应有效果,在教育过程中也不可避免地存在一些问题。

(一)爱国主义教育内容空洞、学生接受认同感不强

如何科学合理地设计爱国主义教育的教学内容,对学生进行深层次、宽领域、多角度的教育,最大程度地发挥爱国主义教育的引领作用,是新时代爱国主义教育亟待解决的重要问题。目前,我国爱国主义教育仍采用传统的授课方式,高校中涉及爱国主义教育的也多为军事理论和思想政治教育课程,讲课教材版本老旧、教学案例课件更新速度慢,上课方式采取“满堂灌”“一言堂”等形式难以引起学生兴趣,导致学生的接受和认同感普遍不强。甚至在部分思想政治教育课堂中,出现教师在讲台上讲,学生在下面玩的现象,教育内容空洞、教学模式单调、教学方法单一等问题,都导致大学生在爱国主义教育中课堂参与度不高、认同感不强,极大程度地影响了爱国主义教育的教学质量。

随着新时代思想政治教育的进一步发展和受教育者对教育要求的提高,传统的爱国主义教育内容和方式方法已不能适应社会发展和受教育者的学习需求,若不及时改善和调整教学模式,容易造成爱国主义教育的缺失和失效。因此,如何改善和提升教学质量,增强学生学习积极性和认同感,是当下爱国主义教育所面临的关键问题。

(二)爱国主义教育常态化缺失,固有模式未得到学生践行

爱国主义教育的理论教学和实践教育是相得益彰、相互促进的关系,共同构筑了爱国主义教育的课堂体系。爱国主义理论教学以课堂教学为重要平台,以向大学生传授系统的价值观教育为主,实现“理论育人”的目的;实践教学是基于理论教学而进行的、以学生为主的实践活动教学模式,使学生在实践活动中把握、理解、吸收理论知识,达到知中有行的目的。

目前,我国部分高校爱国主义教育的实践教学缺失,常态化有待落实。一方面,就理论教学而言,思想政治理论课程多集中于低年级学生,而高年级学生却没有相关课程加以引导,理论教学缺乏系统性和连贯性;另一方面,爱国主义教育以课堂讲授为主,第二课堂难以落实,实践课堂的缺失导

致学生的学习流于表面,理论教学与实践教学没有得到充分结合。爱国主义教育常态化缺失,使得学生在接受爱国主义教育过程中没有形成系统化模式,教学缺乏连贯性,导致学生在学习过程中难以进行深入的理论学习。

(三)爱国主义教育一体化缺失、全员育人模式有待完善

当下,我国爱国主义教育注重课堂知识传授,而课下配套的教学跟进却鲜有涉及。高校的爱国主义教育多由思政课教师在课堂上进行传授,离开课堂,思政课教师较少关心学生的思想状态。因此,学生日常的思想教育多由辅导员进行教育和疏导,使得高校出现一线教师"管课上"、辅导员"管课下"的现象。一线教师与辅导员之间缺乏沟通和交流,育人过程缺乏衔接,全员育人模式不健全,导致学生的爱国主义教育缺乏一体化。爱国主义教育一体化的缺失,使得学生的爱国主义教育易产生碎片化和片面化的现象,理论学习不深入,整体学习效率低下。因此,全员育人模式的缺失极大程度地影响了爱国主义教育的全面落实。

二、当前学生爱国主义教育存在的原因

新时代爱国主义教育与其他教育的发展相形见绌,传统的爱国主义教育在学校的发展过程中显得"黯然失色",成为"隐学",归根结底,在于传统的爱国主义教育话语体系存在话语滞后的问题,在面对全球化思潮冲击、社会多元价值观转型和大学生发展需求方面面临失语和失效的风险。

(一)传统爱国主义教育在面对多元价值时出现话语缺失

全球化带来的价值和观念冲击直接反馈在社会思潮中。我国目前正处于社会结构大变动、经济结构大调整、思想观念大变化的关键期,市场经济的急速发展给人们的思想道德观念带来了极大冲击,使得个人价值观开始出现偏差。经济的发展、西方话语的不断渗入,使大学生在利益观、价值观等方面呈现多元化的倾向,社会思潮话语日益进入大学生生活领域并逐渐发挥作用,尤其是崇尚自由的个人主义和否定历史的虚无主义,极大地冲击着以爱国主义为核心的民族精神建构,消解着民族精神的内核。传统的爱国主义教学语言注重保守而忽略创新、注重形式而忽略内容、注重灌输而忽视理解的教学话语往往与大学生追求创新、关注内容、崇尚自由的追求相悖,无形中,爱国主义的精神高地逐渐失守,让位给多元性思潮。

大学生正处于三观塑造的关键时期,心智和思想以上尚未完全成熟,面对西方多元文化的冲击,难以在短时间内正确辨别其中的利害信息。个体的爱国主义精神建立在个体的价值观基础上,西方多元文化的冲击,给我国传统爱国主义教育带来了巨大挑战。

(二)传统的爱国主义教育方式难以适应爱国主义教育实践发展需求

传统的爱国主义教育方式的滞后性主要体现在:教材版本落后、偏向于抽象理论,教学案例落后、难以与学生产生共鸣,与学生沟通存在"距离感"。从爱国主义教育形式看,课堂教学形式固化、缺少互动环节;从内容来看,部分一线教师对爱国主义教育的精神内核解析不到位,注重宣讲式、灌输式教学,往往使教学效果适得其反,难以引发学生的好奇心,与信息化时代网络信息的便捷获取形成了鲜明对比。

传统的爱国主义教育多采用"填鸭式"教学,"一言堂"的教学方式,一味地进行知识灌输,与学生的学习需求和心理成长相违背,因而难以达到预期的理想效果。教学话语滞后、教学方式单一、教学内容单调等系列原因,使得学生在课堂上的积极性和参与性不高,也难以与爱国主义教育实践发展需求相适应,导致爱国主义教育的教学实效性不高。

(三)传统的爱国主义教育尚未掌握新时代大学生心理特点和认知特征

大学生正处于思想意识和价值观念逐渐成熟的关键期,在人际交往中注重体现个人价值,强调自我意识和平等。这既是社会发展的大势所趋,也是青少年成长成才需遵循的内在规律。一方面,全球化时代信息技术的进步和市场经济的腾飞对学生的学习和发展产生了巨大影响,目前大学生正处于三观养成的关键时期,在信息"爆炸"的时代,难以甄别、选择接触到的信息,迎合大学生发展的信息更容易引发学生关注,爱国主义教育话语不主动跟随大学生特点变化,也使得爱国主义教育难以与时代发展相契合;另一方面,进入高等学府的大学生虽未完全拥有成熟的思想意识,但已具有相对独立的人格,高校的爱国主义教育应考虑到学生的身心特点,设计教学方式和教学内容,若依旧采取传统的看影片、唱国歌等简单形式,容易使爱国主义教育流于形式。

三、大学生爱国主义教育路径探析

(一)坚持立德树人,构建爱国主义教育的长效机制

要坚持将思政课作为爱国主义教育的主阵地,将爱国主义教育作为大学生思想政治建设、心理健康发展、成长成才的关键一环,是高校立德树人根本目标实现的重要保障,与立德树人这一目标的实现息息相关。党的十九大报告提出将"立德树人"作为教育的根本任务,并提出"培育德智体美劳全面发展的社会主义的建设者和接班人"的要求。

坚持理论育人是爱国主义教育的重要途径,实践育人是爱国主义教育的基本途径,文化育人是爱国主义教育的隐性路径,将三者有机结合形成合

力，发挥理论、实践、文化育人的整体优势。构建爱国主义教育的“长效机制”，是开展思想政治教育、贯彻落实爱国主义教育的根本保障。从高校来说，“爱国主义教育”的长效机制应包含以学校思想政治教育工作者为主导，以一线任课教师为引导，以学生干部、党员、团员为抓手，打造“三位一体”爱国主义教育育人机制，“教书、管理、服务”三者结合共同育人的整合模式，学校和社会教育相结合的内外部协同机制，共同致力于构建和打造“爱国主义教育”。

（二）坚持知识教育与价值教育紧密结合

加强大学生爱国主义教育就是要坚持知识、能力培育和价值观培育相结合的原则，加强国家安全教育和国防教育等相关知识的传授，要求一线教育工作者遵循大学生成长成才和思想政治教育规律，将知识和教育价值两者有机结合，不断提升大学生思想政治教育和爱国主义教育的科学化水准。

在大学生爱国主义教育中坚持知识传授和价值观引导两者相结合的原则，大学生的思政教育和文化教育两者互为依托，不可或缺。因此，大学一方面要将爱国主义教育知识的传授和智力培育放在人才培育的第一位；另一方面，因为知识在传授过程中总蕴含着一定的价值取舍，并在其间直接或间接地影响着学生成长发展，因此要在教育活动中注重知识传授和价值观引导相结合，坚持科学知识的学习和思想道德修养的提升相结合，对学生进行价值观教育和引导。将理论教授和价值引导进行整合的同时，还要注重内化和外化的有机结合。深化学生的爱国主义理想信念，同时在实践过程中做到思想观念与具体行动的统一，在具体实践过程中不断提高自身的理论修养和综合素质，促进学生的全面发展和成长成才。个人的进步和社会的前进互为条件也互为基础，只有坚持内化和外化相统一，才能实现学生的成长成才和社会的长远发展有机结合，促使两者之间共同进步；另一方面，要坚持知识和价值评价相结合的原则，以知识教育带动和提升价值教育，促进价值评价的建构和完善，推动知识教育和价值教育相结合，共同致力于大学生的健康成长。

（三）强化爱国主义教育实践环节、丰富新时代爱国主义教育实践载体

爱国主义知识不光要在课堂上讲授，更要在实践中加以强化。换言之，也就是加强大学生爱国主义的社会实践教育，强化爱国主义教育的实践内容，在爱国主义教育过程中充分融入实践环节，带动大学生的全面发展和健康成长，而这也与《纲要》提出的“建好用好爱国主义教育基地和国防教育基地。注重运用仪式礼仪。认真贯彻执行国旗法、国徽法、国歌法，学习宣传基本知识和国旗升挂、国徽使用、国歌奏唱礼仪。组织重大纪念活动。发挥传统和现代节日的涵育功能。依托自然人文景观和重大工程开展教育”倡

议不谋而合。

首先要强化爱国主义教育社会实践的观察教育。强化爱国主义教育的社会实践环节,就要强化学生对社会实践的观察、分析,并在这一环节使他们受到深刻的爱国主义教育,提高思想道德水准,周恩来提出,知识分子的思想进步无外乎三条道路,一条是经过社会生活的观察和实践;一条是经过自身业务实践;一条是经过一般的理论学习。三方面相互联系,一般而言,社会生活的教育作用最为直接。其次是强化社会实践的参与教育,引导大学生积极参与其中,在参与的进程中养成、激发和加强正确的思想意识和情感,促进学生全面成长。最后是加强实践育人环节的磨砺教育,增强社会实践的爱国主义教育功能,还要强化社会实践对人们的磨砺教育,只有这样,才能开发出实践所需要的意志力量,促进大学生的健康成长和可持续发展。

对爱国主义教育而言,既要上好“第一课堂”的知识传授,又要善于运用“第二课堂”及时弥补知识传授鞭长莫及的盲区,进一步通过社会实践深化知识传授所带来的内心震撼,升华当代大学生的爱国主义认知。

(四)注重新媒体技术的乐教乐学、营造新时代爱国主义教育的浓厚氛围

信息技术的迅猛发展带来了微博、微信等即时通讯软件应用的愈发广泛,大学生的生活习惯和生活方式、思维方式等都在新媒体的发展下产生了潜移默化的影响。2016 年 12 月,习近平在全国高校思想政治会议上指出:“要运用新媒体新技术使工作活起来,推动思想政治工作传统优势同信息技术高度融合,增强时代感和吸引力。”时下,爱国主义教育也应顺应时代发展大势和社会发展需求,不断整合工作思路,拓宽思想政治教育方式、打造爱国主义教育新阵地,创新爱国主义教育新方法,在固守有宣传阵地的基础上,开疆拓土,不断探求和推进新时代新媒体传播的乐教乐学性,不断提升爱国主义教育在新时代的生命力、吸引力、凝聚力和影响力。

新时代媒体的寓教于乐,是伴随时代进程发展而衍生出的教育与多媒体娱乐方式相结合的创新故事,换言之,是顺应时代变化发展特点,结合新时代大学生的精神需求,凭借新媒体这一传播途径,采用接受者喜闻乐见的方式,实现传播思想、教育大众的目的。新媒体的乐教乐学实质上是新时代赋予新媒体的重要责任和义务,也是新媒体应展现的应有的责任和担当。通过新媒体的建设,将新时代爱国主义教育隐喻其中,使接受客体在不知不觉间接受教育和熏陶。新时代的爱国主义教育也应该从多个方面持续有效地深入推进,以增进新媒体时代爱国主义教育吸引力、感染力和渗透力。

(五)实现中华民族优秀传统文化的现代转换

《纲要》指出要“大力弘扬民族精神和时代精神。广泛开展党史、国史、改革开放史教育。传承和弘扬中华优秀传统文化。强化祖国统一和民族团

结进步教育。涵养积极进取开放包容理性平和的国民心态。”由此看出,继承和弘扬中华民族优秀传统文化是爱国主义教育知识的重要来源,深入挖掘、整理、提炼、阐述传统文化中的爱国主义价值观念,不断赋予爱国主义价值观新的时代内涵,继承、创新、发展、弘扬优秀传统文化就是对爱国主义最好的时代继承。要给予中华民族优秀传统文化时代化塑造,就要根据时代要求对这些价值观念进行不断完善、发展,其关键还在于对中华优秀传统文化价值观念的科学扬弃和继承,这也是中华民族优秀文化实现现代化转换的前提,习近平在2013年全国宣传思想工作会议上强调:“对我国的传统文化,要坚持古为今用、去粗取精、去伪存真,经过科学扬弃后使之为我所用。”爱国主义教育自然也应在此之列。丰富爱国主义精神内涵,创新中华民族优秀传统文化的表达方式,不断将爱国主义精神和文化用时代大众青年更为直观、易接受的、喜闻乐见的方式传递开来,不断促进中华优秀传统文化价值观和现实文化价值观的融合。只有这样,才能不断繁荣和发展爱国主义文化。

参考文献

[1]王珑玲.新时代青年爱国主义教育的挑战与应对[J].中国青年研究,2019(5):4.

[2]吴海江,包炜杰.全球化时代大学生爱国主义教育的话语创新[J].思想理论教育,2017(2):53-57.

[3]佘双好,陈君.科学认识爱国主义的内涵和特征[J].思想理论教育导刊,2016(10):52-58.

[4]谭德礼,江传月,刘苍劲.当代大学生思想特点及成长成才规律研究[M].北京:人民出版社,2012.

[5]李乐.近二十年国内爱国主义理论研究综述[J].西南民族大学学报(人文社科版),2010(5):258-261.

[6]柳礼泉,黄艳.爱国情感与理性爱国相统一的辩证思考[J].科学社会主义,2010(1):85-87.

[7]徐柏才,张俊.用社会主义核心价值体系指导大学生思想政治教育[J].学校党建与思想教育,2007(2):57-60.

[8]郑永廷,朱礼军.大学生思想政治教育的现实反思与时代课题[J].学校党建与思想教育,2005(5):8-11.

社会主义核心价值观融入网络话语的价值与路径

马克思主义学院　蔡　潼

【摘　要】　融入网络话语是社会主义核心价值观进入网络空间的必然选择,社会主义核心价值观通过融入网络话语而获得自身网络性存在和表现,并在最终目的上生发网络民众的价值认同。但在网络空间拟态环境和网络话语自身特点作用下,价值观在融入网络话语之时遭受价值观意义“分散式流失”之困、价值观内容“符号式认知”之困、价值观形象“假象式理解”之困。需要我们协调社会主义核心价值观融入网络话语的“双重性规定”,构建网络民众对社会主义核心价值观的“象征式认知”,实现社会主义核心价值观进入网络话语的“实践性融入”。

【关键词】　社会主义核心价值观;网络话语;价值;路径

习近平总书记在党的十九大报告中提出要“把社会主义核心价值观融入社会发展各方面,转化为人们的情感认同和行为习惯”。在当前网络社会这一全新的社会结构中,网络技术的迅速发展深刻影响和重塑着社会生活图景,不断生成新的生活方式、思维方式、话语方式,使虚拟生存成为个体普遍化生存状态。这种外在的社会发展特性从根本上决定了网络空间必然成为社会主义核心价值观融入的关键场域,网络空间发展过程中伴生的思想多元、价值困惑和道德空疏等问题也需要社会主义核心价值观介入其中进行价值引导。作为主流意识形态思想的现实表达话语,社会主义核心价值观要融入网络空间,必然首先融进网络空间话语结构之中,而鉴于网络空间独特的虚拟场域属性,社会主义核心价值融入网络话语之时遭受价值观意义的“分散式流失”、价值观内容的“符号式认知”、价值观形象的“假象式理解”等困境,需要我们理清并优化社会主义核心价值观融入网络话语的进路。

一、社会主义核心价值观融入网络话语的价值意义

所谓话语,意为“在一定的历史时空规限下相互联系的思想,它嵌在文

本、言词和各种践行之中,关涉寻找、生产和证实‘真理’的各种程序”。而网络话语正是指在网络空间的虚拟场域规定下相互联系的思想,它镶嵌于网络文本、网络语言和网络虚拟交往实践之中。从其性质而言,网络话语不仅是一个纯粹的个体或群体话语交往行为,它更是虚拟生存状态下个体进行社会实践的一种形式。它既是一个表现形式,表现网络民众的思想行为,也是一个行为形式,通过网络话语这种形式,个体或群体有可能对虚拟社会及现实社会产生作用,特别是与现实社会之间彼此产生作用。社会主义核心价值观通过融入网络话语之中而获得其网络性存在和表现,在这种网络话语表现中造就自身形象偶缘性扩充,由此而获得具有丰富、坚实价值形象的网络表达话语,以在网络话语实践中实现对网络思潮的引领,并在最终目的上生发网络民众对社会主义核心价值观的认同。

(一)在网络话语中获得其网络性存在和表现

正如伽达默尔所说:“语词并不只是符号,在某种较难理解的意义上说,语词几乎是一种类似于摹本的东西。”质言之,话语对于事物的意义,不仅仅是指称事物的符号工具,更是事物原型的摹本,事物原型只有在话语摹本之中才得到表达并获得继续存在的表现。网络话语在社会主义核心价值观融入网络空间的过程中所扮演的角色属性,可以通过两个层面进行规定:就第一个层面而言,网络话语被视为描述社会主义核心价值观内容的指称符号。通过转化社会主义核心价值观的话语表达形式(如将社会主义核心价值观内容转为网络表情包形式、网络图像形式、网络符号形式、网络视频形式等),将其价值内容嵌入网络话语之中,在网络话语实践之中实现社会主义核心价值观在网络空间的覆盖性传播;就第二个层面而言,社会主义核心价值观在网络话语中获得其网络性存在和表现。从中介角度来看待网络话语和社会主义核心价值观的关系,对于虚拟社会的网络民众来说,社会主义核心价值观就是存在于网络话语之中的世界,也即社会主义核心价值观的网络存在是通过网络话语被把握到的。不过这一命题并不是说社会主义核心价值观沦为网络话语的对象,而是说融入网络空间的社会主义核心价值观的一切认识和陈述的对象乃是由网络话语的视域所包围,网络民众只能通过网络话语来理解社会主义核心价值观的网络性存在和表现,并从其网络境遇出发去认知其所承载的价值内容。

(二)在网络话语中造就自身形象的偶缘性扩充

所谓偶缘性,指的是某一事物的“意义是由其得以被意指的境遇从内容上继续规定的,所以它比没有这种境遇要包含更多的东西”。换言之,当社会主义核心价值观融入网络话语之中时,网络空间便被显示为社会主义核心价值观的网络存在境遇,从这种网络境遇出发,社会主义核心价值观经历

了某种对其价值意义和价值形象的进一步扩充,同时也正是在这种扩充中,社会主义核心价值观的网络性存在和表现才得到更深一层的规定。作为一种主流价值理念,社会主义核心价值观从初始就有属于自身的价值形象即一种基于其宏大叙事体系所构造出来的崇高、严谨、大气的价值形象,并在网络话语对社会主义核心价值观的表现过程中经历了一种价值形象的偶缘性扩充。以"网络红人"张召忠将军为例,他通过在 bilibili 弹幕视频网站开设军事视频专栏、开通微博、开发微信公众号等形式对网络青年群体发声,多种话语形式的辅助下对网络青年群体进行爱国、富强等价值观念的话语传播,可谓是对社会主义核心价值观网络价值形象中军事意蕴的积极补充。这种扩充形象的存在,已然说明社会主义核心价值观在网络话语中所造就的自身形象偶缘性扩充并不意味着对其本有形象的削弱,而是意味着对其价值形象的一种丰富,并通过这种丰富性进而提升网络民众对社会主义核心价值观网络表达话语的心理前接受力。

(三)在网络话语中建构起对网络思潮的引领

索绪尔认为"语言只是思想的工具",网络话语背后往往是不同价值思想的显现,而一定的价值思想正是网络行为主体之间错综复杂的交往关系和现实利益的映照,网络话语的生成始终恪守着话语变迁受现实社会政治、经济、文化等各种外在环境限制的规律。网络社会作为现实社会的虚拟映像,现实社会刻画着网络社会的思想生态。现实社会的多元思潮渗入网络社会,将网络空间发展为现实社会思潮争论的虚拟延伸场,出现不同形式、不同种类的网络思潮。其中既有现实中社会思潮在网络空间的传播,如网络上的历史虚无主义等,也有现实社会思潮的"变异"品或衍生物,如网络民粹主义等。但不论是前者还是后者,都是通过转化为网络话语,或是嫁接网络话语之中与社会思潮自身思想相适应的表达话语,或是改换思潮话语形式,裹上网络话语"外衣",作为网络民众"话语人"的方式出现,以获得其在网络空间的传播合法性和传播受众面,谋求网络话语主导权。可以说,在现实社会思潮的网络"出场"和网络"在场"过程中,网络话语作为多元思潮的思想承载体不自觉地发挥作用。祛除网络思潮的这种话语遮蔽性,需要社会主义核心价值观真正融进网络话语之中,凝练形成适合于网络话语结构特征的话语体系,在网络话语实践中彰显其凝聚力、批判力和思想力,整合、批判、改造各种网络思潮话语,建构社会主义核心价值观对多元网络社会思潮的引领。

(四)在网络话语中生发网络民众的价值认同

网络民众价值观的形成要经历"一个由价值认同到稳定的价值观形成,再到最高层次的人生价值理想树立的发展阶段",其中价值认同处于首要和前提性的基础地位。而关于个体价值观念和生活语言之间关系的问题,马

克思在《德意志意识形态》里对其进行了阐述,认为人们“思想、观念、意识的生产最初是直接与人们的物质活动,与人们的物质交往,与现实生活的语言交织在一起的”。同样,虚拟生存状态下网络民众的个体思想、观念、意识的生产也是与网络语言,即网络话语的实践交织在一起的。社会主义核心价值观融入网络话语,不仅是通过网络话语形式表现社会主义核心价值观的价值意涵,更是要通过网络话语生发网络民众的价值认同,对其虚拟交往实践和现实交往实践进行价值引导。这种价值认同主要是通过网络民众对社会主义核心价值观的形象力、内涵力、思想力的经验而达成的。网络空间内部存在着一种深层的话语联系,这种话语联系渗透于网络空间任何地方,并且没有任何个体能完全独立于这种联系。网络民众可以按照由网络话语联系中所认出的社会主义核心价值观价值形象的内在结构去衡量其价值形象力,可以根据由社会主义核心价值观在网络话语境遇之中所得到的进一步规定的价值意义来理解它的价值内涵力,可以通过社会主义核心价值观网络话语体系对网络思潮话语体系的引领发现社会主义核心价值观的价值思想力。通过网络话语现时性地表现出社会主义核心价值观的形象力、内涵力、思想力,逐渐生发网络民众对社会主义核心价值观的价值认同。

二、社会主义核心价值观融入网络话语的困境

可以说,融入网络话语是社会主义核心价值观进入网络空间的必然选择,上述内容也阐明了社会主义核心价值观融入网络话语的价值所在。但网络空间是迥异于现实空间的拟态环境,具有“碎片化风险”“沉默螺旋效应”以及“刻板成见因素”,而网络话语自身也具有多样性、创造性、多变性、生活化、不规范性等特点。这双重特点因素给社会主义核心价值观融入网络话语带来了诸多挑战,使得社会主义核心价值观在融入网络话语进程之中,遭遇价值观意义“分散式流失”、价值观内容“符号式认知”、价值观形象“假象式理解”等困境。

(一)价值观意义“分散式流失”之困

网络民众对社会主义核心价值观价值意义的理解总是被“前理解”的先把握活动所规定,也即网络民众对核心价值观的价值意义有一种前在的意义预期。这种意义预期并不是一种简单的主观活动,而是由那种把网络民众和核心价值观的价值意义挂链起来的共同性所规定,这种共同性理解是网络民众自我生产出来的,他们在通过网络话语对核心价值观的直接经验中、在经常不断的网络话语实践之中将其生产出来,所以,对社会主义核心价值观的价值意义理解不是一种简单的方法论循环,而是描述了一种理解中的本体论的结构要素。简而言之,网络民众通过网络话语实践而达到对

社会主义核心价值观价值意义的主体性理解,这种理解不可避免地伴随着由网络民众主体素质差异所带来的"庸俗化"和"娱乐化"理解倾向。而社会主义核心价值观作为主流价值理念的表达话语,其本有价值意义是天然反对庸俗化和世俗化的。这种理解偏差和价值观内在反庸俗化和娱乐化的价值倾向的"碰撞"造成社会主义核心价值观价值意义的"分散式流失"之困。

(二)价值观内容"符号式认知"之困

所谓符号,意指一种需要与特定的存在物相联系才能有其存在的东西,符号自身并不能单独存在,而且它本身并不具备直接、深刻显露其所意指事物真正内涵的意义功能,"因为符号无非是其功能所要求的东西;并且符号的这种功能乃是从自身去指出什么"。当前我们进行社会主义核心价值观的网络融入工作时,所采用的正是这样一种"符号式宣传",也即通过引人注目的、突出自身的、有吸引力的符号式宣传表达话语,就如同图像广告一般将社会主义核心价值观内容进行网络空间全覆盖式传播。社会主义核心价值观的网络宣传域尽管已经充溢论坛、视频网站、微博、贴吧、社交平台等网络空间,其宣传形式也涵盖了图解式、动画式、故事视频式、话语阐述式等手段,从其广度来看,确实已经达到了是社会主义核心价值观在网络空间"如同空气和水一般无处不在"了。这种传播在广度上自然拓展了社会主义核心价值观的网络受众面,但在深度上却存在缺陷,也即造成网络民众对社会主义核心价值观内容的"符号式认知"之困。因为这种符号化的宣传话语本身并不能使民众停留于符号所宣传的社会主义核心价值观内容之中,不可能通过自身的形象内容而使网络民众逗留不前,而只有当网络民众被社会主义核心价值观本身某种价值美所吸引并且凝注于它时,社会主义核心价值观符号性质才会产生意向转移。这种符号式宣传所起到的作用,只能如同交通符号或标记符号一样,它对于社会主义核心价值观的内容阐释过于简易化、口号标语化,尤其是网络话语创新能力滞后,出现了符号式宣传与网络民众虚拟生存逻辑之间的话语间距,造成网络民众对社会主义核心价值观视而不见、听而不闻,而宣传者也产生自说自话的乏力感。

(三)价值观形象"假象式理解"之困

"理解首先意味着对某种事情的自我理解,其次才意味着分辨并理解他人的见解。"网络民众既是进行虚拟交往的个体存在,也是进行现实交往的个体存在,这种个体存在的双重性决定了网络民众对社会主义核心价值观价值形象的理解主要从虚实两个层面展开,而每个层面又产生两种不同的理解:就个体现实存在而言,一是由自己的生活经验而产生的对社会主义核心价值观价值形象的直观性理解,二是由现实的官方话语或是专家权威的解读话语之中所得到的价值观价值形象的间接理解;就个体虚拟存在而言,

一是对价值观价值形象的“遮蔽式”理解。在网络空间场域,不同的声音都可获得发言渠道,其中不乏各种“杂音”,它们对社会主义核心价值观价值形象进行曲解、解构、庸俗化、娱乐化,甚至污化理解,在这些杂音之中所浮现的价值观价值形象就呈现出一种“遮蔽式”形态。二是对价值观价值形象“模糊性”理解,社会主义核心价值观融入网络话语的进程中,难以马上完成与网络话语的契合配对,难以快速进入网络空间话语实践的理解之中,而这种与网络话语的暂时性“水土不服”便给网络民众带来一种“模糊性”价值形象。以上关于价值观价值形象的四种理解,虽属于不同的层面,但都指向同一个客体对象,即网络民众作为个体存在对社会主义核心价值观价值形象理解的不同面向或者不同方面。在这不同的价值形象理解面向相互作用下,网络民众对价值观价值形象的理解实际上有一种陌生性和熟悉性的两极对立,一种是日常生活之中所感知的熟悉性,一种是虚拟生存之中被“遮蔽”后的陌生性,在这两极对立之中便形成一种已经不能反映社会主义核心价值观实质价值形象的“假象式理解”。

三、社会主义核心价值观融入网络话语的路径

社会主义核心价值观融入网络话语所遇困境的背后是其进入网络空间步伐的迟缓化,优化社会主义核心价值观融入网络话语的进路,需要我们协调社会主义核心价值观融入网络话语的“主观原则和客观原则”的双重规定,构建网络民众对于社会主义核心价值观“象征式理解”,实现社会主义核心价值观进入网络话语的“实践性融入”。

(一)协调价值观融入网络话语的“双重性规定”

融入网络话语的社会主义核心价值观被一种双重的方式规定其自身,它一方面被其在某个整体空间关系中所占据的位置所规定,这是社会主义核心价值观融入网络话语时外在的客观原则,即需要充分考量网络话语本身所特有的条件和特征等客观因素的限制或是选择,需要通过转化内容表达形式以适应之;另一方面也同样受它应当服务的目的所规定,这是社会主义核心价值观融入网络话语时内在的主观原则,也即要达成社会主义核心价值观本身的价值目的所在,不可脱离、偏废。社会主义核心价值观融入网络话语时,一旦我们只是按照客观原则行动,就会造成客观原则对主观原则的替换,致使社会主义核心价值观本有主观原则的失落,所以需要我们协调好核心价值观融入网络话语的客观原则与主观原则“双重规定性”,社会主义核心价值观也正是在协调这种双重规定的适应上实现自身切实性融入。具体而言,社会主义核心价值观融入网络话语应具有一种被动式的主动性意义。所谓被动式,是指社会主义核心价值观融入网络话语受到外在的客

观原则的规定,所谓主动性意义,是指在社会主义核心价值观“被动式”融入网络话语的过程中,在被动之中显出主动性意义,主动地从自身本有的价值目的出发回应网络思潮的话语挑战,回应网络民众价值缺位问题,以一种仿若空气压在身体上之形式加诸于网络民众,而不产生过分的压力感。但无论社会主义核心价值观如何改换表达形式以融入网络话语之中,网络民众对于社会主义核心价值观的理解核心在于核心价值观通过网络话语向网络民众输导的价值内容,和这种输导所产生的实际影响,也即其理解的核心不能偏离社会主义核心价值观价值目的本身。

(二)构建网络民众对价值观内容的“象征式认知”

在“符号式认知”模式下,网络民众对社会主义核心价值观内容的认知是一种浅层次、表象性经验,它只能让网络民众停留在价值观内容的外在而难入其内,这本身就是对社会主义核心价值观内在主观原则,也即其目的原则的一种背叛。解决这个困境需要升级网络民众对社会主义核心价值观内容的认知模式,将其从“符号式认知”模式跃迁至“象征式认知”模式。所谓“象征式认知”,意指寻找和构造某些具有中介性质和沟通功能的象征物,这些象征物本身能起到符号所具有的标记性作用,也即可以指代社会主义核心价值观的价值内容。而且,这种象征的意义就在于它能被网络民众所理解,并把网络民众的记忆联结起来,即通过这些象征物,可以实现网络民众和社会主义核心价值观之间的“攀谈”。具体而言,第一,需要挖掘和开发网络民众的集体记忆,寻找属于网络民众集体记忆的事物,这些事物在网络民众的意识中都有其位置;第二,需要将这些承载着网络民众集体记忆的事物凝练为社会主义核心价值观价值内容的“象征物”,使其成为价值内容的承载体;第三,需要以网络话语形式使这些“象征物”进入网络民众的网络话语实践之中,如通过表情包形式、网络视频形式等,既把网络民众的注意力吸引到自身上来,满足他们的观赏趣味,同时又把网络民众从其“碎片化”的虚拟生存状态引入“象征物”所承载的“整体性”的社会主义核心价值观价值意义中,实现网络民众对价值内容的“象征式理解”。但同时也要注意社会主义核心价值观自身应有的一种本体论基础,不能使价值观本身“消融”于承载着网络民众集体记忆的“象征物”之中,最理想的运行状态应是社会主义核心价值观通过这些“象征物”引导和参与网络话语的构建与运行,引导网络民众对价值观内容的认知层次从“符号式”向“象征式”跃迁。

(三)实现价值观进入网络话语的“实践性融入”

社会主义核心价值观真正融入网络话语不仅是一个理论探讨问题,更是一个实践问题,从其本质来说,这种真正融入最终体现于网络话语的实践领域。网络话语概念本身已经内含实践性要求,它指向一种“运用中的语

言”。社会主义核心价值观要在真正意义上融入网络话语,需要在以下三个方面努力:第一,需要将社会主义核心价值观镌刻于网络空间伦理和网络空间制度上。若只是沉浸于社会主义核心价值观融入网络话语的思辨探讨之中,而不是投入切实的网络话语实践,不能创造能够充分满足、契合社会主义核心价值观融入网络话语的需求的网络空间伦理规则和网络空间制度,那社会主义核心价值观就不能在网络话语之中扎根。我国于2016年发布,并于2017年6月正式施行的《中华人民共和国网络安全法》可谓是在保障社会主义核心价值观“实践性融入”方面取得的重要成果;第二,需要创造和保障网络空间的井然有序,从而使得社会主义核心价值观的融入过程成为可行性和持续性过程,否则这种融入只能停留在模糊不明的空谈状态。《中华人民共和国网络安全法》也对此进行了明文规定,“推动传播社会主义核心价值观,采取措施提高全社会的网络安全意识和水平,形成全社会共同参与促进网络安全的良好环境”;第三,重视社会主义核心价值观“实践性融入”,不意味着忽视对社会主义核心价值观融入网络话语的理论研究,理论领域和实践理论是两个不同的领域,明晰透彻性的理论研究可以为实践提供方向性指导,社会主义核心价值观融入网络话语之中,理论领域和实践领域都不能偏废。

参考文献

[1]习近平. 决胜全面建成小康社会 夺取新时代中国特色社会主义伟大胜利[N]. 人民日报,2017-10-28(1).

[2]麦克洛斯基. 社会科学的措辞[M]. 北京:生活 · 读书 · 新知三联书店,2000.

[3]伽达默尔. 真理与方法(上)[M]. 北京:商务印书馆,2016.

[4]索绪尔. 普通语言学教程[M]. 北京:商务印书馆,1980.

[5]方付建. 网络社会思潮的表现形态与主要特征分析[J]. 思想教育研究,2018(1):62-66.

[6]庞桂甲,刘建军. 论社会主义核心价值观培育的审美向度[J]. 思想政治教育研究,2018,34(5):33-38.

[7]中共中央马克思恩格斯列宁斯大林著作编译局. 马克思恩格斯文集(第一卷)[M]. 北京:人民出版社,2009.

[8]侯劭勋,都晓琴. 网络拟态环境下社会主义核心价值观教育的困境与出路[J]. 社会主义核心价值观研究,2016,2(1):64-69.

[9]张瑜,李朗. 消除话语差异:网络时代思想政治教育工作的紧迫任务[J]. 思想理论教育导刊,2006(2):38-42.

依托家国情怀,以爱国主义教育促青年发展

商学院　张　锟

【摘　要】 爱国主义是民族精神的核心,是联结中华各民族儿女的纽带。大学生作为青春的代名词,是祖国的未来、民族的希望,他们综合素质的高低反映了社会主义教育的成败。新时代大学生的思维方式和价值取向具有多元化的特点,传统的爱国主义教育的形式和内容已不能完全适应高校爱国主义教育的需要。与此同时,全球化的深入和网络媒体的发展,也给爱国主义教育带来了冲击和挑战。新时代背景下大学生爱国主义教育面临诸多挑战,需要以家国情怀为依托、创新教育方式、厚植爱国主义情怀,从而促进青年的发展,提升对国家的情感和爱国的能力,为新时代大学生扎根人民、奉献国家和担当民族复兴大任提供源源不断的精神动力。

【关键词】 家国情怀;爱国主义教育;青年发展;大学生

一、引言

党的十九大报告明确指出,“广大青年要坚定理想信念、志存高远、脚踏实地,勇做时代的弄潮儿,在实现中国梦的生动实践中放飞青春梦想,在为人民利益的不懈奋斗中书写人生华章”。大学生是新时代中国特色社会主义事业的建设者和接班人,应朝气蓬勃,开放自信,视野开阔,加强综合素养培育,做有理想、有本领和有担当的新时代青年。爱国主义的实质是爱党、爱国和爱社会主义的有机统一。

爱国主义是指个人或集体对祖国的一种积极和支持的态度,揭示了个人对祖国的依存关系,是人们对自己家园以及民族和文化的归属感、认同感、尊严感与荣誉感的统一,集中表现为民族自尊心和民族自信心。不仅体现在政治、法律、道德、艺术、宗教等各种意识形态和整个上层建筑之中,而且渗透到社会生活各个方面,成为影响民族和国家命运的重要因素。

在新时代背景下，加强大学生爱国主义教育是凝聚民族复兴伟力、巩固党的执政基础、激发社会主义现代化建设主体力量的必然要求。同时，牢固树立爱国主义，并以其为核心打造民族的脊梁也是高校思想政治教育的主旋律。当代大学生以“00后”为主，他们具有更加独特的思维方式和心理特点，主要表现在个人主义倾向更加显著，价值追求多元化和个性化突出，思维更加敏捷灵活，接受新事物的能力更强，娱乐生活普遍网络化。此外，在互联网时代下，信息交流和传播愈加便捷，许多新思想、新文化随之传入我国，使社会的思想环境日益开放多元的同时，也带来了一些“反客为主”的现象和文化糟粕，而这些都是每个人通过网络触手可得的。因此，加强爱国主义教育迫在眉睫，创新爱国教育的内容和方式具有重要研究意义。

二、新时代高校大学生爱国主义教育面临的现存问题和挑战

（一）新时代高校大学生爱国主义教育面临的现存问题

1. 大学生对待爱国主义教育的态度不端正

在很多高校都可以看到这样类似的现象：爱国主义报告会和爱国主义课程上，教室里面的前几排座位只有零星几个人，甚至空空如也，最后几排反而挤满了学生，老师在讲台上讲述，下面的学生在做着自己的事情，全然不在乎老师所讲的内容。这种现象比比皆是，大部分大学生都将这些类似的课程称为“水课”，他们一边抱怨着这种课程的设立是无用之举，一边争先恐后地抢占着教室后面的座位。

大学生的这些行为反映了他们对爱国主义教育不端正的态度，以及参加爱国主义教育意识的淡薄。这与“00后”自我意识较强、个性自主的特点有很大关系，同时也反映出家庭对爱国主义教育不到位。

2. 爱国主义教育内容枯燥、形式单一

当代大学生对爱国主义教育毫无兴致的原因，除了他们自身的特点和态度以外，目前爱国主义教育的内容枯燥和形式单一也是一个重要原因。高校的爱国主义教育往往只停留在课本上，配之以少量的实践活动，而这是远远不够的。更有甚者认为，爱国主义是学生天生就有的，不需要倾斜过多的教育资源在这方面，这显然是悖论。内容陈旧、缺乏吸引力的爱国主义教育，难以发挥其应有的作用和效果，甚至适得其反。

3. 爱国主义教育缺乏对大学生活环境渗透的重视

文化环境对人具有潜移默化的影响，在当今文化传播媒介高度发达的时代，文化传播的方式便捷多样。然而，众多高校都没有充分利用新媒体方式传播爱国主义思想，也没有注重学校文化风气的培养，最终导致校园缺乏良好的爱国主义文化氛围。

只注重思想政治理论课中的爱国主义教育内容,不注重烘托爱国主义文化环境,发挥环境对人所具有的潜移默化的影响,对于以培养社会主义接班人和建设者为目标的高校来说,无疑是舍本逐末的行为。

(二)新时代高校大学生爱国主义教育面临的挑战

1. 全球化和互联网时代对大学生思想价值观造成冲击

全球化资本流通弱化了人们对民族国家的情感,弱化了民族国家的国家意识。少数学生对本民族文化疏离、怀疑甚至激烈否定,对祖国民族的感情逐渐淡化。他们对欧美文化与制度盲目崇拜,视中华民族为文化落后的民族。某些外国媒体凭借其先进的信息技术手段宣传自命优越的意识形态,有意丑化中国的政治与文化形象,这冲击和腐蚀了大学生的爱国价值观。由于出生在互联网时代,互联网已对当代大学生的生活、娱乐和学习方式形成全面的影响,互联网在带来便利的同时,部分不良文化如拜金主义、投机主义、利己主义等也影响着大学生群体,降低了大学生对于外来不良文化的抵抗力。

2. 传统的爱国主义教育模式缺乏吸引力

思想政治教育体系中传统爱国主义教育以灌输理论为主的单向式教学模式,在新时代大学生爱国主义教育中缺乏吸引力,且实效性不高。随着社会发展变化,新媒体技术在大学生日常生活中发挥越来越重要的作用。新媒体技术下信息传播内容纷繁复杂,传播速度极快,传播人群覆盖面极广。具体表现在传统爱国主义教育内容跟不上网络时代传播速度,教育过程常显现教育内容滞后性、问题滞留性等突出特点。因而,传统的教授型教育方式致使部分网络传播的错误理念、错误价值观无法及时得到分析与纠正。

3. 民族精神和红色资源有待进一步挖掘和运用

在历史长河中,我们熔铸了伟大的中华民族精神,形成了宝贵的红色资源。与此同时,红色资源虽然丰富,但是分布相对分散、缺乏对于其中蕴含的爱国主义精神品质的有效挖掘、归纳和整理,还未形成有效的知识体系。这样,大学生即使接触了这些红色资源也很难理解其中的爱国主义精神内涵,使红色资源与爱国主义教育产生了分裂,不能有效结合起来教育大学生。新时代的我们要想将中华民族精神发扬光大,民族精神和红色资源无疑是其重点内容。我们要以红色资源为载体对大学生进行爱国主义教育,包括物质层面载体如革命遗址、烈士遗物、革命纪念馆、烈士陵园,以及精神层面的载体如长征精神、井冈山精神、西柏坡精神、雷锋精神等等。

三、创新新时代大学生爱国主义教育的逻辑路径

(一)以家国情怀涵养新时代大学生爱国主义精神

涵养新时代大学生爱国主义精神,首先要厚植家国情怀。一是要丰富对国家历史的认知,激发自豪感。爱国精神是几千年来蕴含在中华民族血液中的精神基因,加强对国家历史的学习,继承和发扬爱国精神基因,激发强烈的民族自豪感和自信心。二是要丰富对中国国情的认知,激发责任感。党的十九大报告指出,新时代我国社会主要矛盾已经转变为人民日益增长的美好生活需要和不平衡不充分的发展之间的矛盾,但我国仍处于并将长期处于社会主义初级阶段的基本国情没有变。要正确认识现阶段社会发展的阶段性特征,中国和世界发展的大势,正确看待社会主义初级阶段不可避免的一些问题,立足现实,坚定信心。三是要丰富对国家未来的认知,激发使命感。当代大学生的职业生涯发展期和完成期所处的时间段恰逢“两个一百年”的时间表,当属实现“两个一百年”奋斗目标的关键主体和中坚力量。应当努力丰富大学生对“两个一百年”奋斗目标的内涵意义、任务路径的理解和把握,激发新时代大学生的使命感,引导大学生科学规划职业生涯,自觉担负历史使命。

(二)创新爱国主义教育方式

首先,要充分运用“互联网+”改革爱国主义教育理论课,加强高校爱国主义教育的有效性。充分利用互联网便捷、多样的特点,革新课堂教学手段、教育方式,挖掘互联网提供的教育资源,把互联网作为必不可少的教育载体,提高课堂的参与性,增强教育的互动性。利用网络进行正面教育,学校要建立思想政治教育在线网,将网站变成“红色网站”。以马列主义、毛泽东思想和中国特色社会主义理论为指导思想,让大量具有良好德育功能的信息如道德模范事迹等围绕在学生周围。还要打造优秀的校园网络环境,积极引导大学生的行为,让良好的校园网络氛围在大学生爱国主义教育中发挥积极的作用。

(三)多措并举,运用好红色资源开展大学生爱国主义教育

高校爱国主义教育应当融入红色资源,鉴于大学生对于新媒体的使用频率较高,可以通过新媒体的方式向大学生们宣传红色资源中的爱国主义思想。例如,微信公众号共青团中央会经常发布含有红色资源的爱国主义教育推文,内容包括伟人的革命历史、当代部分优秀党员的先进事迹、关于红色节日的介绍等等,向新时代大学生宣传红色资源;也可以借助网络上的各种国内网站如爱奇艺等视频软件来宣传红色资源的各种音乐、影像,在保

证严肃性的前提下,用带有时代特点的语言来向大学生开展爱国主义教育。同时,也可以定期组织大学生开展实践活动,培养大学生的爱国主义精神,让大学生在实践活动中形成爱国主义思想。例如,组织大学生学习红色经典著作,开展红色文化的学术讲座,在红色景点开展党团活动等。政府可利用本地所拥有的红色资源开展一系列的爱国主义教育活动,吸引前来参观的大学生参与其中,例如,组织红色旅游景点开发的,走红军长征路、参观红军的指战员们的军营、唱红歌等活动,让大学生亲身参与实践活动,体验活动中蕴含的革命前辈的伟大思想。通过这种寓教于乐的方式,大学生在活动中接受爱国主义教育。

四、结语

经济全球化的发展、市场经济体制的建立,提高了我国的综合国力和人民的生活水平,但与之俱来的还有个人主义、金钱至上、享乐主义等消极思想,严重影响了社会的凝聚力和年轻人的责任感。目前,香港青年的暴乱和破坏,让我们不得不去思考文化对人的重要影响,爱国主义教育已是教育工作的当务之急。

2018 年 5 月,习近平在北京大学师生座谈会上指出:“爱国,是人世间最深层、最持久的情感,是一个人立德之源、立功之本”“人无德不立,育人的根本在于立德”。因此,唯有每个国人心中都充满着强烈的爱国主义情怀,国家和民族才能更好地凝聚在一起,才能实现持续发展,屹立于世界民族之林且长久不息。

当然,我们也意识到了爱国主义教育是一个永不过时的话题,各个时代赋予爱国主义教育的内涵也不尽相同。新时代背景下,教育变得更加多元和开放,如何更有效地开展大学生的爱国主义教育,是高校思想政治工作的重要课题。根据时代特点,依托家国情怀,促进青年发展和爱国主义教育,将爱国主义融入大学生的内心,从而为实现中华民族伟大复兴的中国梦提供强大的精神武器和精神支撑。

参考文献

[1]王燕红. 大学生青年发展观与爱国主义教育的融合创新[J]. 沈阳农业大学学报(社会科学版),2019,21(2):189-192.

[2]韩英军. 论全球化时代大学生爱国价值观教育[J]. 辽宁行政学院学报,2012,14(11):127-128.

[3]张宇超. “互联网+”时代大学生爱国主义教育研究[D]. 大连:大连交通大学,2018.

[4]程云鹏.红色资源融入大学生爱国主义教育路径研究[J].湖北开放职业学院学报,2019,32(20):121-122.
[5]翁良殊,屈晓婷.厚植新时代大学生爱国主义情怀的三重维度[J].思想理论教育导刊,2019(5):125-128.
[6]朱春花.网络时代大学生爱国主义意识的培养[J].学理论,2016(6):247-248.
[7]江晓晖.全媒体时代大学生爱国主义教育探析[J].教育评论,2019(9):113-118.
[8]李春梅,林伯海.习近平"四要"论述在大学生思想政治教育中的实现路径[J].思想政治教育研究,2019,35(1):100-103.
[9]孙珊.新时代引导大学生理性爱国的策略[J].淮海工学院学报(人文社会科学版),2018,16(9):12-14.
[10]王思萧.新时代大学生爱国主义教育论析[D].大连:辽宁师范大学,2019.

微社区环境下大学生思想政治教育路径探究

历史学院　陈　帅

【摘　要】 高校宿舍作为高校思想政治教育的一个重要阵地,是学生生活所特有的微型社区。探索微社区环境下大学生思想政治教育路径意义重大。本文从微社区环境概述入手,对微社区环境下学生管理现状分析,从而探索微社区环境下的大学生思想政治教育路径。

【关键词】 微社区;思想政治教育;宿舍

一、宿舍微社区环境概述

2017 年 2 月,中共中央、国务院印发了《关于加强和改进新形势下高校思想政治工作的意见》,指出要推进高校思想政治工作的改革创新,运用大学生喜闻乐见的方式有的放矢、生动活泼地开展大学生思想政治教育工作。高校宿舍作为高校思想政治教育的一个不可或缺的阵地,是大学生生活、学习所特有的微型社区。以小宿舍、微团体为着眼点,对做好思政教育的第三堂课,打造微社区环境下高校宿舍与时俱进的育人机制具有十分重要的现实意义、紧迫性、前瞻性。

(一)社区环境的具体内涵及特征

本文所说的社区环境,是特指以学生宿舍为核心,并包含其相关外延的广义的学习、生活环境。在我国高校,经历集体宿舍的生活已经成为大学生的必修课,万物互联时代的到来,给青年学生提供了无限的便利,学生不出宿舍就可以满足很多学习生活的基本需求。学生宿舍已经从简单的居住属性向社区化发展,很多大学生每天近三分之二的时间是在宿舍这种微社区环境中度过的。学生宿舍的环境、氛围对大学生行为方式、生活习惯,甚至身心状况、生活观、价值观都有着重要的影响,也间接反映了学生群体的精神面貌和学校的学风、校风。

宿舍微社区环境以突出学生集体生活中的"宿舍"元素为主要特征,强

调宿舍集体成员在宿舍物质文化、制度文化、行为文化的养成过程中,着重营造学生在宿舍集体生活中的归属感、凝聚力,是大学生强化社会属性的重要途径。

(二)社区环境的隐性正向教育功能

文化的本质是教育人,这是教育的核心功能,高校宿舍环境的育人目标也是在实践中感染人、教育人、培养人。宿舍对个体、群体的影响,不只是通过一些制定的规章、制度、奖惩等硬性灌输来达到目标,更重要的是要发挥环境育人的功能,通过和谐向上的高校宿舍文化环境的营造,将宿舍文化中的精神、道德、制度、行为规范和价值标准内化为宿舍成员的自我意识和自觉行为,从而实现大学生的自我服务、自我约束、自主学习、自主管理。

二、微社区环境下学生管理现状分析:以郑州大学为例

根据相关数据显示,宿舍环境与大学生心理健康状况呈正相关,同样,和谐向上的宿舍环境对大学生的人格完整、习性养成、人生观和价值观都有着显著的正向影响。以此为基础,笔者通过对郑州大学学生宿舍管理科、后勤管理处等部门的数据资料进行调研,发现学生在日常宿舍生活中存在以下问题。

(一)宿舍主体“个性”凸显,个性化管理、精准化育人待提升

目前我校在校大学生主体为“00后”。出生在新世纪的他们,绝大多数是独生子女,成长在“2+2+2+1”的家庭结构下,姥姥姥爷、爷爷奶奶、爸爸妈妈都围绕着一个人,是饭来张口、衣来伸手的一代,加之伴随着互联网时代的到来,信息的爆炸多元,他们中的大多数带有鲜明的信息时代烙印:个性张扬,以自我为中心,人际交往弱,自理能力差等。来自于不同地域、不同家庭背景、不同成长经历的学生住在一起生活,他们的性格特征、行为习惯、兴趣爱好差异极大,越来越多的学生在中小学阶段没有过住宿经历,同学几人四年学习生活共处一室,是一个阶段性类家庭模式的社区环境。但是,新时代的大学生的性格多样,个性突出,习惯了被包容的他们,主动包容性偏弱,这也是近年来高校宿舍矛盾增多的主要原因。高校思想政治教育工作要因事而化、因时而进、因势而新,以学生为本,提高针对性和科学性,进一步提升人性化管理,针对不同家庭背景和性格特征的学生开展精准化育人是我们当前的紧迫任务。

(二)宿舍分配模式、管理制度滞后

一方面,我校现仍沿用以学院、年级为单位,按学生的学号和姓氏排序进行宿舍分配的简单模式,成长环境的主体差异性使得“分配宿舍”的磨合

成本和安全隐患问题更高,这也使得学生身心性格和学习生活问题变得更为复杂。同一宿舍的学生,不仅在生活作息、个人喜好等基本生活问题层面存在差异,在学习成绩、实践活动、评优评先等不同领域更存在相应的资源竞争局面。而在中国传统文化的影响下,宿舍这种小微团体也存在一定的封闭性,以宿舍为单位的"小家"形成的同时也伴随"家丑不可外扬"等心理的出现,致使多数学生在面临宿舍关系问题时往往优先选择"内部解决",甚至是积压在心底,而这一长期压抑心理的存在,将放大化折射在学生的学习、社交层面,对于其人格养成、健康发展的危害显而易见,甚至可能会造成学生极端行为的出现。

另一方面,在高度信息化的当下,受体制机制影响,较多楼栋管理员不能熟练使用电脑,采用传统方法登记学生早出晚归等特殊现象,使得院系全面、及时了解学生日常生活情况的效率较低,中间过程繁琐且带来问题发现、处理滞后等状况。管理重心偏差、管理角色缺位使其在处理学生宿舍关系问题时常处于监管盲区,粗放化的管理制度和重事后调解、轻事前规避的处理方式,也难以有效解决复杂且隐蔽的宿舍矛盾。

三、微社区环境下大学生思想政治教育路径探究

立德树人是高校的办学宗旨,与时俱进,把准社会前进的脉搏和高校育人环境的变化,针对受教育群体的结构特征与发展需求,因势利导地构建宿舍微社区育人新载体意义重大。

(一)坚持以学生为本,打造微社区环境下的学生宿舍综合管理模式

传统的宿舍管理模式,千头万绪,后勤、财务、学生处、学院等各部门各司其职但又相对独立,这种模式已经与高效快捷、万物互联的信息时代不相适应。同时,当下的学生宿舍已经成为大学生学习生活的主要聚集地,应当在这种微社区环境下依托大数据和互联网打造以学生为主体的宿舍综合管理模式,建立实时高效的学生宿舍管理系统。

针对宿舍主体日益多元化,我校原有的按照年级、专业和学号排序分配学生宿舍的方式,固然便于院系学校进行统一管理,但是大学生作为已经成年的独立个体,其自身个人性格、价值观念已初步成形,在这样的情况下,将多元化个体以专业为标准划分到一起的做法仍待进一步完善。尤其是近年来学生心理健康问题的频繁发生,与宿舍、小团体矛盾的长期存在不无关系,这也值得学校相关部门进一步重视宿舍成员分配问题。在大数据时代,基于"因材匹配、按需分配"的思路,依托不同学生的成长经历、文化地域观念、家庭文化背景为基础的人性化宿舍分配模式是值得尝试的制度优化路径。可以借鉴国内部分大学书院制的管理模式,在以院系为整体的前提下,

根据学生的兴趣爱好、生活作息习惯、性格等灵活分配学生宿舍。在大学生入学之前，通过学生宿舍管理系统让学生提交住宿意向数据，根据大数据分析，更加科学精准地分配宿舍，合理设置不同类型的宿舍，鼓励学生参与到宿舍分配中，促进学生宿舍人性化发展，有利于进一步弱化宿舍主体差异性，缓解宿舍矛盾，降低磨合成本，促进和谐向上的宿舍微环境的建设，推动学生在良好环境下实现身心健康发展。

科学的学生宿舍管理模式应当顺应学生宿舍社区化的发展趋势，通过大数据分析、学生自我反馈、辅导员学情收集等综合因素考量学生宿舍微社区环境情况，做好学生床位整合、宿舍调换、检查评比、舍情收集与反馈、后勤保障服务等科学化、系统化管理，保障学生宿舍综合情况数据在学生宿舍综合管理系统中实时更新、时时可查，便于班主任、辅导员、学院、学生处等管理人员和职能部门通过系统及时了解各园区、楼层、宿舍的学生动态，及时解决学生异常情况，最大限度地规避宿舍矛盾、学生心理波动、行为异常等情况的发生，提高集体生活质量，优化微社区环境，构建成长共同体。

（二）落实立德树人，提升微社区环境下的育人成效

“无规矩不成方圆”，制度的功能在于规范和约束行为。《郑州大学宿舍管理规定》在当下阶段，作为我校开展宿舍综合治理的蓝本，为各部门、学生组织进行宿舍管理提供有效依据，但是宿舍情况复杂化、多样化、差异性等特征，决定着宿舍问题不能一概而论，需要精细化的管理，宿舍生活作息、环境卫生、消防安全等相关规章制度有待进一步细化完善。在此基础上，以“ZZU 自律”公众号为依托，创办“宿舍管理标准化”制度宣传板块，明确宿舍综合治理标准和各项管理制度。通过学校检查评比、学生组织（自律委员会）督导和学生自我规范的综合模式，引导学生积极打造舒适温馨、和谐向上的宿舍微社区环境。

以宿舍为单位，开展各种类型的主题文化活动，不仅是丰富学生课余活动的一种方式，更是为了向学生传播宿舍文化的重要性，逐步培养学生的宿舍集体意识，让学生意识到，宿舍作为一个小微团体，同样需要大家通过文化、制度、开展活动等方式共同构建。以“氛围营造”为抓手，以“活动牵引”为外在方式，围绕校园文化建设，让高品位的学生宿舍文化深入人心。宿舍常态化建设中的关键就是要不断提高管理水平，把寝室的管理上升到文明、文化的引导，学生素质提升的层面，可通过微信推送、微博等方式，开展优秀宿舍评选活动，带动广大同学参与其中，增强同学们的主人翁意识、参与意识。并通过在微信公众号设置“优秀人物事迹”“优秀宿舍团体”板块，打造优秀宿舍榜样示范带头作用，发动优秀党员、入党积极分子、班干部参与其中，有意识地营造良好的宿舍文化氛围。

(三)坚持改革创新,贯彻微社区环境下的“微”思政理念

“微”思政教育方式是开展有思想、有人文温度、有时代热度的思政教育,在微社区环境下开展“微”思政教育,既能很好地满足学生个性化需求,又能因地制宜更加有效地引导大学生树立正确的世界观、人生观和价值观。

搭建微社区环境下的“微”思政网络育人平台。在微社区环境下,“两微一抖”成了学生学习生活娱乐的重要网络载体,思政工作要因势利导,贯彻微社区环境下的“微”思政理念,主动搭建以“两微一抖”为主要载体的网络育人平台,用学生喜闻乐见的方式,结合社会热点、学生关注的焦点,进行社会主义核心价值观传播与育人体系构建。注重由“大家”至“小家”的教育路线,从引起热议的时政新闻入手,结合国内外重大事件,牢牢抓住学生兴趣所在,将兴趣话题引入宿舍,营造有着共同志趣的微环境,鼓励学生以宿舍为单位参与平台互动,促进“微”思政始终活跃在微社区的主要舞台,活跃在校园文化传播中,以此扩大“微”思政平台在校园文化中的感召力,实现平台影响力的逐步扩大,从而进一步发挥“微”思政营造的育人环境对学生宿舍学习氛围、心理健康、人际关系、思想理念、政治信念等的正向促进作用,从而提升思想政治教育工作的感染力和号召力。

在微社区环境下,大学生思想政治教育工作面临着诸多的机遇和挑战。我们要充分了解大学生宿舍微社区环境的主要内涵和特征,正视不足与短板,创新工作思路,积极发掘微社区环境的正向教育功能,坚持立德树人的根本任务,不断探索微社区环境下大学生思想政治教育的新途径和新办法;坚持以学生为本,打造微社区环境下的学生宿舍综合管理模式;坚持改革创新,贯彻微社区环境下的“微”思政理念,有效提升微社区环境下的思想政治教育育人成效,不断增强思想政治教育的主动性、针对性和实效性。

参考文献

[1]2018 中国高等职业教育质量年度报告[J]. 职业技术教育,2018,39(35):81.

[2]丁正荣. 高校宿舍“家文化”建设的有效途径及策略研究[J]. 机械职业教育,2019(10):30-33.

[3]谭雯露. 高校学生公寓宿舍文化建设的实践与思考:以广州大学学生公寓“五室一站”为例[J]. 科教导刊(中旬刊),2019(8):172-174.

[4]余启林. 考虑学生偏好的高校公寓分配管理系统研究[D]. 北京交通大学,2017.

[5]张淳艺. 大数据“算出”室友是“次优选择”[J]. 浙江教育科学,2018(6):7.

传承与对话：中华优秀传统文化视域下新时代大学生爱国主义教育研究

水利科学与工程学院　郭鹏杰

【摘　要】 中华优秀传统文化博大精深，是民族复兴的文化载体，是建设社会主义文化强国的重要内容，对于传承中华文脉，进行思想教育具有不可替代的地位和作用。新时代加强大学生爱国主义教育，是贯彻立德树人根本任务的需要，更是坚定"文化自信"的题中之义。将优秀传统文化的优势同新时代大学生爱国主义教育相结合，能够拓宽优秀传统文化振兴的认同主体，兼顾新时代大学生爱国主义教育的时代命题。

【关键词】 传统文化；新时代；爱国主义；教育

中华优秀传统文化是民族精神所系，更是全球华人的精神家园。2017年中共中央办公厅、国务院办公厅联合印发《关于实施中华优秀传统文化传承发展工程的意见》，就中华优秀传统文化的定位、意义和传承途径进行指导。2019年11月，中共中央、国务院印发《新时代爱国主义教育实施纲要》，提出"传承和弘扬中华优秀传统文化"。这二者的前后呼应，给新时代大学生爱国主义教育提出了全新思路和方向。

爱国主义，是中华优秀传统文化的重要内核，为民族复兴和国家富强提供了坚强的后盾。追寻中华优秀传统文化中爱国主义的脉络，梳理爱国主义恒久命题的逻辑思路，既给我们当前高校思想政治工作提供了厚重的历史，也是新时代中国特色社会主义文化建设的重要要求。

一、传统与超越：爱国主义与中华优秀传统文化的高度融合

（一）国民一体：爱国与爱民的深度统一，折射爱国主义的价值观

"民为贵，社稷次之，君为轻"，孟子是民本思想的提出者，人民与国家都要贵于君王。封建社会，君主是最高的权威，但是，在长期形成的道统观念里，人民和国家的分量要远远重于君主，这是中华优秀传统文化中的朴素的群众观点。因此，才会有"民惟邦本，本固邦宁"的说法，才会有统治阶级发

出“君者,舟也;庶人者,水也。水则载舟,水则覆舟”的感叹和觉悟。

爱国自然人民富足,爱民自然国家昌盛。中国传统文化中人民与国家从来都是舟与水,源与泉的关系。爱国与爱民思想的高度统一,达到了国民同构,甚至国家与人民概念互换的地步。爱国与爱民的一体化,赋予爱国主义更高的价值追求,也给予其深厚的群众基础,把“概念的国家”化身为“实在的人民”,把应然的爱国化为实然的爱民,实现了爱国主义的高度价值浓缩。

(二)修身治国:爱国与爱己的价值弥合,彰显爱国主义的人生观

爱己,不仅仅是爱自己。王安石说:“爱己者,仁之端也,可推以爱人也”,把爱己作为仁之端,是善心和仁义的起源点。儒家思想开创者孔子更是直言不讳,“樊迟问仁,子曰‘爱人’”,爱人,包括爱他人,更包括爱自己。中华传统文化中如何爱自己?就是修身,即修身齐家治国平天下,“自天子至庶人,一是皆以修身为本”,修身是根本,是一切的基础,“天下之本在国,国之本在家,家之本在身”,爱己修身,让自己达到出仕报国的境界,从而为国家做出自己的贡献。正如《贞观政要·君道》中所说,“若安天下,必须先正其身”。

中华民族传统文化中的爱国思想,基本上隐藏在各种价值之内,经过千年的发展和融合,基本上同中华优秀传统文化水乳交融。爱自己,就是要修身,修身是齐家治国的根本。因此,把爱己与爱国的统一,从根源上赋予中国人以家国的责任和担当,自己不抓紧学习,不见贤思齐,就会被时代所抛弃;只有修身正道,爱己推人,才能出仕治国,建设美好家园,才能实现个人价值和个人理想。这是中国人的思维逻辑,更是千百年来深植骨骼的精神密码,将个人人生观同国家观、民族观紧密结合在一起。

(三)天下为公:爱国与爱天下的兼容并蓄,体现爱国主义的世界观

爱国主义与民族主义,是两个不同的概念,更是一组融合又冲突的价值观念。其根本区别在于,是否是狭隘的民族主义。习近平总书记在2014年中央民族工作会上指出,要“坚决反对大汉族主义和狭隘民族主义”。

中华优秀传统文化中的爱国主义,就是兼容并蓄,以和为贵,更是对人类命运共同体的朴素实践。天下为公,就是中国人对于人类这个宏观命题的直接回答。“大道之行也,天下为公,选贤与能,讲信修睦”。通过天下为公的实践,实现人与人、国与国之间的和谐相处,最终达到“天下和平,则灾害不生”的理想境地。中国封建时代的统治者以及理论构建者,都将和平作为重要追求,从而实现“天下安宁,政教和平,百姓肃睦,上下相亲”的理想社会。

由此可见,中国优秀传统文化是崇尚和平、天下为公的“和”文化。这种

以和为贵的爱国主义，天然地排除了侵略和扩张，化解了矛盾与战争，把传统文化中的爱国主义提升到天下为公，人类和谐共处，共同发展的民族观、世界观，避免了极端民族主义和狭隘民族主义的出现和破坏。

（四）知行合一：爱国与报国的高度融合，反映爱国主义的实践观

中华文明从来都是知行合一的实践者。爱国与报国，就是知行的两面。爱国，是价值观、人生观和世界观的理想层面，付之于行动就成为报国实践。有史以来，中华历史长河中不乏“捐躯赴国难，视死忽如归”的果敢，“位卑未敢忘忧国”的坚守，以及“先天下之忧而忧，后天下之乐而乐”的担当。这种爱国与报国，相辅相成，高度融合，为中华优秀传统文化中的爱国主义增添了悲壮色彩。爱国之且，报国之决，屈原的“哀民生之多艰”，诸葛亮的“鞠躬尽瘁，死而后已”，司马光的“专利国家，不为身谋”，乃至毛泽东诗句“孩儿立志出乡关，学不成名誓不还。埋骨何须桑梓地，人生无处不青山”，都蕴含着深沉的爱国情怀和报国之志。

报国是爱国实践，爱国是报国精神之源。中华优秀传统文化孕育了中华儿女的爱国情怀，并将其作为民族性格和民族特点，成为中华民族爱国主义的一个富有生命力和时代感的精神财富。

二、复兴与对话：传统爱国主义对新时代大学生爱国主义教育的价值与启迪

新时代，转型时期的各种利益分配，以及复杂的国际形势给民族复兴提出了全新的课题。新时代大学生，是国家的未来和民族的希望，他们的爱国主义教育事关百年大计，事关社会主义事业成败。因此，对新时代大学生开展爱国主义教育，探究中华文明的爱国命脉，并使之焕然一新，实现文明的延续和传承，就成为当代高校思想政治工作者的历史使命。

（一）强化国家认同教育，培育民族自豪感和国家认同感

国家认同，是一国国民对自己国家的国土、人文、制度和价值的认知和认同。国家认同，从根源上是价值认同，是对一国文明和现状的高度认可和主动融入。中华优秀传统文化中蕴含的爱国主义精神，特别是爱国与爱人民的高度契合，就成为当下开展大学生爱国主义教育的有效突破点。国家观念、制度架构都需要有实实在在的表现形式，爱国家，就是爱人民，国家是由人民组成的，我们就是在坚持以人民为中心的观念，“为国者，以民为基”，把人民作为爱国主义的出发点和落脚点。

人民群众是历史的创造者，更应该是发展成果的共享者，人民的观点就是马克思主义的观点。因此，开展多种形式的国家认同教育，以人民教育，群众观点为着力点，让大学生意识到人民的伟大，从而在伟大成就和发展成

果面前深深感受到民族自豪感,让他们爱人民,自然就会爱这个民族,爱这个国家。

(二)注重人生价值教育,将爱国主义与人生观高度融合

随着市场经济的不断深入,以及多元价值观念的涌入,新时代大学生所能接触到的信息越来越多。利己主义、物质主义、享乐主义以及自由主义社会思潮不断侵蚀高校意识形态阵地。把握住阵地,坚持马克思主义指导地位,对新时代大学生开展爱国主义教育就成为当前极为迫切的任务。培育积极向上的人生观,引导学生把个人命运同国家命运、民族未来结合到一起,让他们深切感受到自己能够改变这个世界和未来。爱国主义,就是新时代大学生人生观教育的目标和方向,学成报国,通过个人不断努力,实现小我与大我的融合,实现个人价值与国家前途的融合,从而达到爱国主义教育与人生价值教育的协同性发展。

将人生观与爱国主义相结合,能够有效抵制个人主义和利己主义对大学生的侵扰。当下,各种社会思潮泛滥,个人主义和利己主义演变出来很多的变种,"人不为己天诛地灭"的极端利己主义,正在侵扰着大学生正确人生观的形成。因此,将大学生的人生观引向爱国主义,从而避免沦为精致利己主义,就成为爱国主义教育的新境界和新路径。

(三)开展国际视野教育,提升爱国主义的包容性和普世性

开展爱国主义教育,如何避免陷入狭隘民族主义和极端民族主义的误区,最重要的方式在于学生的世界观教育。中华优秀传统文化中的和谐万邦、以和为贵等思想,已经演变为新中国"和平共处五项原则",已经演变为极具人类情怀的"人类命运共同体"。因此,对新时代大学生进行爱国主义教育,必须开拓学生视野,敞开胸怀,必须让学生养成世界各国一律平等的思想,"致德,其民和平以静"。只有给学生进行正确的爱国主义教育,养成正确的世界观,才能保证我们的社会主义事业发扬光大。

(四)进行爱国实践教育,将爱国主义同爱国实践相结合

马克思主义是实践的理论,"哲学家们只是用不同的方式解释世界,而问题在于改变世界"。进行爱国主义教育,必须知行合一,进行爱国主义实践。新时代大学生爱国主义教育,必须采取多种爱国主题实践活动,把爱国主义同爱国实践结合在一起,用爱国实践强化爱国意识,活化爱国知识,用爱国知识来指导和提升爱国实践的理论性和实践性,最终实现二者相互促进,共同发展。

参考文献

[1]习近平,习近平谈治国理政[M].北京:人民出版社,2014.

[2]中共中央马克思恩格斯列宁斯大林著作编译局. 马克思恩格斯选集[M]. 北京:人民出版社,1995.
[3]孟子等. 四书五经[M]. 北京:中华书局,2009.
[4]孔颖达等. 十三经注疏[M]. 北京:北京大学出版社,2000.
[5]朱熹. 四书章句集注[M]. 上海:上海古籍出版社,2006.
[6]陈襄民. 五经四书全译[M]. 郑州:中州古籍出版社,2002.

浅析网络媒介对于大学生爱国主义思想教育的影响

历史学院　杨延宇

【摘　要】 随着网络科技的进一步发展,互联网时代的大学生爱国主义思想教育受到了巨大影响。在现代网络环境影响下,爱国主义思想受全球化的冲击与互联网信息透明、实时传播、观点多元的特点所影响,其内容及内涵呈现了现代化演进的趋势;而大学生爱国主义情感则在互联网时代渠道多样化、交互丰富化、观点多元化的特性中产生了新的诱因。为此,高校开展爱国主义教育时,主动适应新形势,善用网络工具,创新教育形式,加强对学生思想成长的动态关注与持续引导。

【关键词】 网络媒介;大学生;爱国主义教育

随着互联网技术革新与广泛运用,网络已从工具载体转型为维系信息时代社会运转基础架构,并依此构建了完整的互联网生态。在这一新形势下,个人的思想发展也正随着信息化发展进入新阶段。大学生群体作为最能紧跟时代潮流的年轻群体,对随着信息化高速发展所产生的新事物的包容性、接受性最强,故其思想状况受网络时代影响最大。这一变化对高校思想政治教育事业,尤其对高校爱国主义教育的影响极其突出,高校辅导员在推进大学生爱国主义教育工作时,必须充分把握信息化时代下的趋势与整体环境,与时俱进,运用新工具、新方法有序开展爱国主义教育。因此,研究网络传媒对大学生思想的正负面影响,分析网络时代高校思想教育的新动态、新对策,是极具价值的课题。而在当下新型冠状病毒肺炎防控期间,学生接触网络各式各样信息的频率都较平常更高。此时又正值学生心理状态起伏最大、相当不稳定的时期,如何让爱国主义教育在这一特殊时期同样发挥作用,也是极为重要的研究内容。

要研究高校爱国主义思想政治教育在信息化时代中应做出哪些革新与调整,必先研究网络媒介对大学生爱国主义思想构建所造成的影响。本文拟通过分析网络媒介对爱国主义内涵现代化的影响,探究网络媒介对大学生爱国主义思想构建的新影响及其表现,尝试提出高校爱国主义教育宣传所应采取的新举措。

一、现代化网络环境对爱国主义教育的影响

网络时代的一大特点是高速发展、日新月异。在新互联网环境下,爱国主义思想架构本身便深受影响、急速发展,体现为爱国主义内涵现代化并激发爱国主义内容的实时化,爱国主义在互联网对全球化趋势的推进中更添了新内容。因此,在探讨网络环境对于大学生爱国情绪激发前,必先研究大环境下爱国主义本身内涵、形式之转变。

应当看到,爱国主义是个人对于本国文化底蕴的热爱眷恋,并由此点辐射到对社会稳定发展、国家繁荣昌盛的由衷自豪。网络时代的爱国主义主体思想虽然在时代背景方面体现出较强独行性,但与传统媒体时代下爱国主义思想的内涵体现相比,其基本的属性和特征不变,只是在社会现代化历史沿革中增添了新例证、新认知,使爱国主义在广大民众心中的构筑更鲜明、更与时俱进。许多史实都充分印证爱国主义作为一国历史发展进程中形成的为一个民族所接受的超越时代的文化精神,是理论和实践的统一、是情感和行为的联结。从岳飞"精忠报国"到文天祥"留取丹心照汗青",从林觉民《与妻书》到聂耳的《义勇军进行曲》,都是爱国主义情感在行为方式上的直观体现,为激发民众爱国情感提供了依据。而在当今文化交融的国际大背景下,国内外政治风云变幻、文化息息相关,政治冲突的背景会直接激发爱国情绪,而本国文化面对外来文化时出现的对比与结合,则会促进文化自省与文化自信的发展。这些情绪的发展,对传媒学而言本应是一个长久的历程,却在互联网传媒的助力下极大缩小了传播的时间、极大提升了传播的范围,使得与爱国情绪相关的事件即刻成为爱国主义宣传的新内容、新依据,使得爱国主义的内涵日新月异。

信息实时化则使爱国主义教育工作愈加复杂。在信息的高速交互之中,信息的透明度愈发增加,任何社会性事件都将以"直播"的方式急速传达至互联网每个角落。国家政治工作不再高高在上,由人民检视,更加透明、公开。这些社会工作中的转变都是科技带来的积极因子,也是为更多的社会单元更好、更快地参与社会主义建设提供口径和渠道。同样,社会上确实存在的问题也将急速传播,这对于当代大学生群体的影响极大。尤其是此次新型冠状病毒肺炎疫情防控期间,关于武汉防疫情况、政府应对、武汉红十字会的不当行为等,均在短时间内引起民众的关注与热议。因而,对于学生而言,网络的脚印已遍布社会,并在日常生活中影响着学生们的思考方式、认识方式和行为准则,同时个体情感的抒发和表达也无法脱离网络工

具。网络,正逐步成为情感展现的桥梁,取代语言与肢体的共同配合而完成精神的表露。

在信息传播新型载体广泛运用的同时,全球化因素在网络媒介应用中的渗透,客观上使爱国主义架构任务更加复杂。国家与国家间的热点、国家内部的热点、地区范围内的问题、世界各地新闻等信息早已随处可浏览、讨论、表态。越来越多的学生能够认识到新思想、新理念,信息接收途径、数量大幅度增加,但质量却参差不齐。人员交流的扩大、信息资源的互享、技术载体的运用与文化交融的加强,都在改变爱国主义教育实践的物质载体,高校工作者已不能再仅从自己国家的角度出发宣传爱国主义,要与世界同步,从世界的角度出发阐释爱国主义已成必需的举措。这无疑是增添了爱国主义教育的难度,但辩证地看,也为爱国主义教育和宣传提供了更广阔的视野。横向比较,发达国家尤其是东亚的日、韩两国在现代化进程中都重视继承、创新传统和爱国主义教育,大力支持民族工业的发展以实现民族经济腾飞;纵向来看,从晚清至民国,中国日益融入世界体系,对国家的理解已不再局限于正统的争论、民族的征伐等。国别间的比较和历史发展都彰显着世界正处于空前开放的时代,单个国家的闭关锁国与文化自大已成过去,各国必须对国家进行重新定义,对爱国主义思想进行新的构建,以前所未有的开放姿态包容多元文化、借鉴他国经验,面对全球化的挑战。

二、网络环境下大学生爱国情绪的新叙述方式

在互联网时代,随着爱国主义内容架构本身逐渐现代化、多元化,大学生的爱国情绪也由新的导因,发展出新的叙述方式,体现在渠道多样化、交互丰富化、观点多元化之中。

在网络媒介的高速发展下,大学生表达对国家的理解有着新途径,方式不再单一,更加立体化、自主化。事实证明,大学生对于网络工具的使用评率最高、掌握能力最好;在热点新闻事件的传播中,大学生受众比重最大。近年来,学生借助实时社交工具、网络论坛平台等传递自身对国家利益的看法,对爱国主义的理解并不在少数,更有联合志趣相投者组成团体共同维护国家形象的事例。从这一点不难看到,大学生是爱国主义倾向最积极、最广泛的综合体,有为整个民族向心凝聚力奠定基础的潜质。

渠道的多样、交互的丰富、观点的多元,促使大学生的思想理念从单向接受的方式发生转变,其理念之实践得到了更丰富的展示,也受到更多人的关注和评价。网络信息,具有双面性和繁杂性,这两种特性造就了一个不可控制的动态环境,并要求网络环境以外的教育工作要有更进一步的努力和引导,只有这样才能保证大学生爱国主义情感被良好地激发,而非被巨量繁

芜的信息引导至错误的方向。网络时代下大学生爱国主义的情感体现在理论层面上应该是纯粹的理性。但是在实际生活中,感性甚至是随意的一面逐渐占据爱国主义阵地。学生以虚拟用户名在实时社交软件中传播个人思想与见解,谈论对相关事件的思考,这种个性的表达和发挥虽有助于爱国主义情怀的体现和表露,但也出现部分学生利用网络论坛、平台宣泄消极厌世情绪,以不恰当的方式报复个人、社会、国家的行为,成为不稳定的活跃因子。在这一情形下,大学生的爱国主义思想抒发易受消极的信息影响,甚至走向极端方向。网络上大量良莠不齐、观点各异的言论对于大学生群体而言,可能会有益处,也可能会对之造成冲击。网络覆盖面之广、速度之快迅速吸引了大学生的关注,这为多元文化、多种观念的共存提供便捷,也使对爱国主义的各类主张日益复杂。大学生相比于社会经验较为丰富但良莠不齐的社会网民,其长时间在校园内接受知识理论的熏陶和洗礼,使其在知识理论性上更具优势,但理论终究是要付诸实践,经由实践检验,而这方面的缺乏使大学生在实践认知方面有所不足,这也就为消极、极端思想种下可能性的种子。

有交互就代表可能存在碰撞,观点多元也有可能造成极端情绪的积累,所以在这一过程中,教授学生以正确的态度、正确的方式、恰当的情绪对待浮于虚拟世界的人际交往,是一个重要环节。国家近年来加强的网络立法事宜,正是一个突破点。在高校思政宣传中,加强对责任、公共义务的宣传教育,虽与爱国主义教育并无实质关联,但实际上是引导学生接收正确的信息、获取好的意见、评判极端情绪的方法,与其一味强调宣传什么样的主义是好的主义,什么样的理念是爱国理念,什么样的行为是爱国行为,反倒不如将判断权交由学生,辅以适当的方向引导、经验传授等。任何情绪都需要叙述,怎样叙述,叙述什么,会造成什么影响,这是高校工作者无法掌控的,但教会学生怎么辨别情绪,选取适当的方式叙述,是高校思政工作者能做到且可以身践行引导,树立标榜的选择。

三、高校爱国主义思想政治教育在互联网时代的新举措

为适应互联网工具对爱国主义思想内涵、大学生爱国情绪构建的新变化,高校爱国主义思想政治教育工作者必须积极探索、充分利用互联网特点,进行新形式的爱国主义教育,积极占据爱国主义教育思想重地。

首先,充分理解爱国主义思想在新时代出现的新变化,积极填充能促进爱国主义的新内容、新例证。在网络时代,国家主权之中新出现的重要一环便是网络主权,促进大学生对网络主权的了解是高校爱国主义教育中必不可少的环节。同时,在全球化时代,互联网愈来愈成为各国舆论战中的第一

主战场,致使互联网上充斥着针锋相对的观点,甚至有大量有意扭曲事实、歪曲历史、恶意揣测以抹黑攻击国家各项政策举措的谬论。为此,必须及时指出这种情势的背景所在,教育大学生在互联网世界之中始终以爱国爱党为基本态度。

其次,虚拟网络的不真实性和营造出的独处氛围,对于大学生在内的年轻人极具吸引力,这对于现实中高校爱国主义各项文化宣传活动的构建是一大挑战。一方面,大学线下爱国主义教育活动当自我剖析、自我改革,通过创新活动模式、深化活动立意、提升活动乐趣等方式促进教育效果,发展与网络环境相同的魅力与价值,帮助大学生逐渐从虚拟的网络世界走向现实的校园文化中,进而实现网络时代下的爱国主义教育;另一方面,当今的大学生爱国主义教育工作要积极变革工作模式,充分利用网络工具,牢牢把握网络宣传高地。为此,高校思想教育工作者在发展传统线下爱国主义教育活动的同时,不可忽视网络教育的重要性,更不能一味否定网络的功效,应以引导、促进的方式融入大学生群体,充分运用各种网络媒介,潜移默化地引导学生的爱国情绪向理性化、客观化发端。现下新型冠状病毒肺炎疫情防控期间,各级学校均开展线上教学,教师们纷纷化身为年轻人热衷的“主播”,以新姿态出现在学生面前,这就是一个很好的突破点。教师本身因为教师的身份,就与学生存在距离,老生常谈的经验传授又往往加大了二者间的距离。身为高校思政教育工作者,我们不能把自己当作学生的长辈、上级、监护人,而是应成为学生的玩伴、朋友、具有相同志趣的同行者。身份的转变会使学生更愿意脱离网络世界,回归到有温度的现实当中。

另外,在互联网时代,人人都能成为发声筒,因此对于大学生的爱国主义思想引领上,不仅要教会学生以辩证的态度看待网络上良莠不齐的各种观点,更要重点关注学生本身对于爱国主义思想的相关表达,重视思想引导而非理论的强行灌输,教育大学生群体应明辨是非、主动思考、理性发声。同时,关于高校对网络的信息监管与舆情监控,虽是必须,但要站在学生的立场上,以共情者的身份考虑每种舆情出现时的应对措施,并及时建立防火墙系统,为信息传播建立一道天然的保护屏障,也要对本校学生的网络留言情况给予关注。对于长期在思想状态上呈消极化或激进化的同学应重点观察、重点引导,但重点并非给予其压力,而是更要以自然、有温度的方式去了解他们、与他们进行交流。

总　结

在互联网时代,爱国主义精神的架构本身便随着网络媒介的种种特性与现代化进程同步,进一步促使大学生爱国主义情绪发端产生新变化与新

动向。高校教育者在此时更要主动把握信息化时代的新变化,辩证看待随之而来的新情况:不是所有的变化都是错误的,也不是所有被认为不合理的事情都没有任何光亮点。因此,合理利用网络传媒的优势,结合网络传媒的特点及时调整教育方法,以更温和的引导和融入的方式,解决学生在政治、社会问题方面的困惑,适应时代要求,顺时代之势,让大学生思想政治教育与时代发展趋势并进,真正将网络运用于大学生思想政治教育。

参考文献

[1]吴海江,包炜杰. 全球化时代大学生爱国主义教育的话语创新[J]. 思想教育研究,2017(2):53-57.

[2]王雯姝,邓晖. 全球化背景下大学生爱国主义教育研究的主要视阈[J]. 思想教育研究,2011(10):69-73.

[3]伍行阶. 关于大学生爱国主义教育方法创新的若干思考[J]. 学校党建与思想教育,2011(2):64-65.

[4]单玉龙. 网络发展对大学生思想政治教育工作的冲击以及对策[J]. 淮南师范学院学报,2010,12(3):131-132.

[5]李萌,刘永平,吕霞. 大众传媒在大学生思想政治教育中的应用研究[J]. 理论界,2009(9):180-181.

[6]贺杰. 新时期大学生爱国主义教育面临的挑战与对策[J]. 河南师范大学学报(哲学社会科学版),2008(4):221-224.

[7]蔡春. 全球化背景下爱国主义教育的探索[J]. 兰州学刊,2005(1):280-283.

[8]闫佳卉. 网络时代大学生爱国主义教育的困境与突破[D]. 长春:吉林大学,2016.

[9]任福全. 网络传媒对大学生思想政治教育的影响及对策[J]. 山东商业职业技术学院学报,2015(1):71-75.

[10]陈秉公. 思想政治教育学基础理论研究[M]. 长春:吉林大学出版社,2007.

新时代大学生爱国主义教育机制探索

生命科学学院　郭亚辉　刘　岩

【摘　要】 习近平总书记强调“弘扬爱国主义精神,必须把爱国主义教育作为永恒主题。爱国主义教育是全面贯彻落实‘立德树人’根本任务的基石与前提”。新时代背景下,爱国主义教育机遇与风险并存。如何将爱国主义教育的路子走对、走好,切实建立起一套符合当下时代内涵、顺应时代潮流的大学生爱国主义教育教学机制迫在眉睫。本文主要从新时代大学生爱国主义教育理念、大学生爱国主义教育的重大意义、当下大学生爱国教育的总结与反思,以及新时代大学生爱国教育机制四方面展开探索。

【关键词】 新时代;大学生;爱国主义;教育机制探索

爱国主义是中华民族精神的核心。爱国主义精神深深根植于每一位中华儿女的心中,是中华民族的精神基因,维系着华夏大地上各个民族的团结统一,激励着一代又一代中华儿女为繁荣发展而不懈奋斗。爱国主义教育是高校思想政治教育工作的核心内容。

一、新时代高校大学生爱国主义教育理念

党的十九大报告提出,“中国特色社会主义进入了新时代”,在新时代,人民物质生活极大丰富、精神文明稳步提升、经济持续高质量发展、环境质量逐渐改善、信息化设备全面普及……在此新形势下,我们必须紧紧依靠“立德树人”这一总方针,并以此为基础进行蔓延,渗透至有关学生成长的方方面面。必须在广大学生群体中广泛开展爱国主义教育活动,贯彻和落实社会主义核心价值观,让爱国主义精神深深扎根于广大青少年心中,促使其培养爱国之情、砥砺强国之志、实践报国之行。

(一)新时代爱国主义教育与创新精神教育密不可分

热爱祖国是广大青年学子的立身之本、成才之基。在新时代的背景下,科技创新是引领发展的第一动力,是建设现代化经济体系的战略支撑。新

时代爱国主义教育必然要与创新精神的培育相联系。在培养具有高度爱国主义热情大学人才的同时,也要注重创新型、探索型人才的发掘与培养,既要大力弘扬伟大的爱国主义精神,也要大力弘扬以改革创新为核心的时代精神,为实现中华民族伟大复兴的中国梦提供强大的精神动力。爱国主义教育与创新精神教育相辅相成,加强高校爱国主义教育是新时代引领和培养创新型人才的现实需要。

(二)新时代爱国主义教育与社会主义核心价值观有机结合

爱国主义教育的根本目的是培养大学生的爱国情怀,树立其个人命运与国家命运紧密联系的责任感。新时代爱国主义教育必须融入社会主义核心价值观所展现的时代责任与时代担当。培养具有爱国情怀、勇于担当时代责任的大学生是国家高校的首要任务。社会主义核心价值观是社会主义核心价值体系的内核,体现社会主义核心价值体系的根本性质和基本特征,反映社会主义核心价值体系的丰富内涵和实践要求,是社会主义核心价值体系的高度凝练和集中表达。因此,新时代大学生爱国主义教育与社会主义核心价值观的结合尤为必要。同时,将中华民族伟大复兴的中国梦融入爱国主义教育,有助于大学生认识到个人理想与国家理想的辩证统一,让每个人的小梦汇集成国家梦的汪洋大海。

二、新时代大学生爱国主义教育的重大意义

《新时代爱国主义纲要》指出:新时代加强爱国主义教育,对于振奋民族精神、凝聚全民族力量,决胜全面建成小康社会,夺取新时代中国特色社会主义的伟大胜利,实现中华民族伟大复兴的中国梦,具有重大而深远的意义。爱国主义教育是高校思想政治教育的重中之重,必须贯彻学生思政教育始终,不断深化学生对国家文明与历史的理解与把控,激发其民族自豪感,加强其对党的认同性和对国民"命运共同体"的认同性。

(一)深化新时代大学生对国家文明与历史的理解与把控,激发其民族自豪感

中华文明有着五千年的厚重历史积淀,是世界上历史最悠久、生命力最旺盛的民族之一。在中华民族几千年绵延发展的历史长河中,爱国主义始终是激昂的主旋律,始终是激励我国各族人民自强不息的强大力量。五千年来,中华民族始终保持旺盛的生命力,中华文明薪火相传,连绵不绝的重要原因之一就是爱国主义精神始终贯穿历史发展轨迹,总能使中华民族在关键时刻转危为安,展现强有力的民族"韧性"。中国历史的解读是爱国主义教育必不可少的主题之一。通过爱国主义教育,大学生能够对中华文明的发展脉络有更深层次的理解,从波澜壮阔的历史画卷中汲取养分,唤起内

心强烈的民族自豪感,从而达到“以史解读国家,以史激发爱国情感”的目的。同时,学生可以通过对历史关键节点的深刻解读,从中充分汲取中华文明的智慧,进而内心迸发出更加强烈的爱国主义情怀。

(二)加强其对党的认同性和对国民“命运共同体”的认同性

中国共产党始终代表中国先进生产力的发展要求,代表中国先进文化的前进方向,代表中国最广大人民群众的根本利益。回顾百年建党历史,中国革命、建设和改革的实践史,中国共产党带领中国人民实现了由站起来到富起来再到强起来。爱国主义教育与爱党、爱社会主义教育密不可分且相辅相成。2015 年 12 月 30 日,习近平在主持中共中央政治局第二十九次集体学习时指出:“祖国的命运和党的命运,社会主义的命运是密不可分的。只有坚持爱国和爱党、爱社会主义相统一,爱国主义才是鲜活的、真实的,这是当代中国爱国主义精神的最重要体现。”新时代对大学生爱国教育的加强,也是对大学生爱党、爱社会主义教育的重要延伸。党、国家、人民的前途命运牢牢联系在一起构成了国民命运共同体。同时,爱国主义教育更能坚定广大大学生的政治立场,使其充分感受到社会主义的优越性,减弱西方资本主义渗透对大学生精神价值观带来的冲击,明白只有紧紧团结在党和人民周围,国家才会富强,民族才会更有力量。

三、高校开展爱国主义教育的问题与思考

迈进新时代,我们必须保持时代敏感性与思想先进性,通过对时代特色与内涵的准确分析,建立起一套与时代相符合的爱国主义教育机制,推陈出新,引导大学生树立正确的爱国主义观念。当下,高校开展爱国主义教育仍然存在一些问题。

(一)对学生认识不够充分

高校爱国主义教育涵盖方式略微单一。教师授课、书籍阅览、板报宣传等活动往往难以达到预期效果。新时代的大学生思想更为活跃,眼界更为开阔,他们善于且乐于通过自己的探索与实践得出结论,这直接造成了大学生对外界灌输的思想理念有着天然的抵触。较于直接思想观念的灌输,他们更乐于接受通过探索性、开放性的探究得出答案,通过自身认知和体会。因此,我们应该适当改变原有的教育方式,令学生通过自己的实践来接受、吸收学校灌输的理念,而不是用生搬硬套的方式来迫使其接受。

(二)授课内容的单一与授课模式的固化

当今,高校爱国主义教育不得不反思的另一个问题是原有的“教学内容”与“教学方式”能否跟上时代潮流。过往的授课内容常局限于讲解典型

的爱国主义历史故事，宣扬具有高度爱国主义精神的英雄人物，介绍国家取得的辉煌成就，“应该做什么，应该怎样做”的理念灌输。授课方式仅限于老师站在黑板前的讲解，或对幻灯片的展示。课堂是教学育人的主战场，教育工作者若故步自封，不与时俱进，取得的教学效果便会越来越小。新时代下，多媒体设备层出不穷，文献资料的检索越发简便，我们必须学会运用科技时代的产物，通过学生易于接受的教学方式，呈现符合爱国主义内涵的教学内容，以此来拓宽学生的视野，达到爱国主义教育的理想成果。

四、新时代大学生爱国教育机制的探索

在新时代大学生爱国主义教育机制的探索阶段，必然面临着诸多亟待解决的难点。高校工作者必须起到统筹学校爱国主义教育发展全局的模范带头作用，高举爱国主义、社会主义旗帜，牢牢把握大团结大联合的主题，坚持一致性和多样性统一，找到最大公约数，画出最大同心圆。在积极展开对新时代爱国主义教育机制探索的同时，以“试点化”的形式进行教育教学改革，走出一条符合时代内涵的切实可行的道路，以点带面，之后进行大范围的推广。

（一）新时代爱国主义教育课堂改革的探索

“满堂灌”“全靠讲”的授课模式早已不适合当下的课堂形势，新时代爱国主义教育改革的第一枪必须瞄准“爱国主义课堂”。这就意味着老师不能将思维局限在传统的“人工授课满堂灌”的形式上，而应该充分利用现代化的科技手段将授课内容更趣味化、多元化地展示在学生面前。首先，教师在课前充分做好备课工作；其次，鼓励学生们主动展开讨论，积极引导学生参与到课堂中来，使其成为课堂教学的参与者和受益者，通过“老师—学生，学生—学生”的课堂讨论，加深学生对教学内容的理解和把控；最后，教师应着力打造“活跃课堂”，采用彰显时代性、符合年轻人个性的题材来加大课堂互动、课堂讨论力度，从而达到教学相长的目的。同时新时代爱国主义教育课堂应该注重高效性，将课堂时间进行划分，有针对性地明确划分课堂时间，使压缩的教学内容有序地展现出来。

（二）新时代爱国主义教育教学语言风格的探索

教学语言在教学中占据着举足轻重的地位，教师的个人魅力在课堂上便通过其教学语言体现出来，而如何把“干巴巴”的知识语言变成学生们乐于接受的教学语言是教育工作者必须精心研究的话题。授课语言风格的个性化与“接地气”化是时代的必然要求，广大教育工作者也需尽快打破以往固化的教学语言风格，通过不断的课堂实践形成一套自己的风格特色。

(三)新时代爱国主义教育教学手段的探索

“实地实物教学”是最具说服力的教学手段,爱国主义教育除了课堂教学之外,应充分利用我国改革发展的伟大成就、重大历史事件纪念活动、爱国主义教育基地、中华民族传统节庆、国家公祭仪式等来增强大学生的爱国主义情怀和意识;运用艺术形式和新媒体,以理服人、以文化人、以情感人,生动传播爱国主义精神,唱响爱国主义主旋律,让爱国主义成为每一个学生的坚定信念和精神依靠。

同时,“红色基因”是无数革命先辈用自己的鲜血传承下来的民族基因。通过组织学生参观革命博物馆、纪念馆、党史馆、烈士陵园等爱国主义教育基地,将课堂从室内搬到室外,引导学生铭记红军的丰功伟绩,弘扬伟大长征精神,深入进行爱国主义教育和革命传统教育,令学生树立中国特色社会主义道路自信、理论自信、制度自信、文化自信意识。

“电影式”教学也是一种教学改革的尝试。新时代的学生更乐于接受“生活化”和“轻松式”的教育,将电影作为爱国主义教学素材,以画面给予视觉冲击,更易引起学生共鸣,从而促使教学目的符合新时代爱国主义教育机制要求。

五、结语

爱国主义教育作为高校思想政治教育工作的重要内容之一,是提高大学生思想道德素质的重要举措,是培养社会主义合格建设者和可靠接班人的必由之路,更是实现中华民族伟大复兴中国梦的重要保证。正如习近平在2019年纪念五四运动100周年大会上所说:“新时代中国青年要听党话、跟党走,胸怀忧国忧民之心、爱国爱民之情,不断奉献祖国、奉献人民,以一生的真情投入、一辈子的顽强奋斗来体现爱国主义情怀,让爱国主义的伟大旗帜始终在心中高高飘扬!”

参考文献

[1]付坤龙,陈定.新时代加强大学生爱国主义教育探究[J].改革与开放,2019(12):89-91.

[2]习近平在纪念五四运动100周年大会上的讲话[J].观察与思考,2020(4):114.

[3]习近平.在欧美同学会成立100周年庆祝大会上的讲话[N].人民日报,2013-10-22(2).

新时代高校党建与思政工作协同发展路径研究

政治与公共管理学院　张　策

【摘　要】 新时代背景下,高校思想政治工作肩负着立德树人的根本任务与培养新时代人才的历史使命,高校的党建与思政教育工作的开展也在发生变化。高校的培养目标是为了满足社会需求,为社会培养全面性人才。本文通过对高校党建与思政教育工作存在的问题进行分析,提出党建与思政工作的协同创新路径。可从思想引领、管理制度、平台建设着手,通过党建与思政工作协同发力,建立协同性教育理念,搭建协同教育平台,发挥校园文化的育人功能。

【关键词】 立德树人;党建;高校思想政治工作;协同路径

一、引言

当下高校作为培养人才的重要基地,也成了意识形态的主要阵地。习近平总书记在全国高校思想政治工作会议中强调,我们的高校是党领导下的高校,是中国特色社会主义高校。大学只有坚持正确的政治方向,方能培养出德智体美劳全面发展的社会主义建设者和接班人。习近平总书记关于思政工作的系列重要论述,为新时代高校思政工作提供了科学理论依据和行动指南。但部分高校的党建和思政工作的开展仍存在重视不够、形式单一、职能混淆等问题。为此,应采取科学合理的方法提升党建工作与思政工作的协同创新力度。

二、高校大学生党建与思政工作的现状及问题

(一)党建工作存在“虚位”

高校思想政治工作关系到高校培养什么人、为谁培养人以及如何培养人的问题。高校党建工作与思政工作的开展可以引导学生构建正确的世界观、人生观、价值观,确保学生全面、健康发展。目前很多高校都将专业教育

放在首位,往往忽视思想政治教育,例如,在人才引进上注重引进学历高、专业能力强的人才队伍,而对思想品德教育方面没有明确的指标,主要表现在以下两方面。

一是重视不足,主体责任不到位。在党建具体实践过程中,存在"重教学、轻党建"的现象,认为党建思政是"软任务",科研教学才是"硬指标",抓与不抓,实抓与虚抓影响不大。有的院系党组织存在行政会议与党建会议同时开,甚至以行政会议代替党务会议,各专业党支部也存在缺失党建材料的情况,对教工党员的管理也并不规范,仅在上级党委检查时搞临时"突击"。

二是流于形式,"舍本逐末"。在党建工作中,将目标作为硬指标,忽视实际工作中存在的问题,从而导致党建工作形式化,思政工作落实不到位。不少高校还停留在应付上级命令、检查的层面,基层党支部组织生活制度不完善,管理缺失。部分党组织领导干部片面地将党建工作同党员发展、研究表彰、党员管理画等号,而不能同思政教学工作和学生管理工作相结合,割裂了其内在联系。

(二)教育内容形式单一,队伍建设有待完善

高校党建与思政教育工作的开展长期沿袭着传统模式,仅限于满足完成上级党委的任务,并且按照"党组织—党员"的单项维度进行,重形式而轻内容,缺乏有针对性、有吸引力的内容。同时,基层党组织开展的党建或思政教育活动内容未能得到及时更新,造成与社会发展趋势脱节的情况。部分党员组织的领导观念陈旧、创新能力不足,无法适应日新月异的社会发展和新时代高校党建工作的要求,更不用说利用新媒介开展思想政治工作。

当前我省乃至全国高校的思想政治工作队伍的构成都是专兼结合的模式,从年轻教师到资深教授,从党委领导到辅导员、班主任,人员的复杂性造成了思政队伍层次差异性较大,出现良莠不齐的现象,以致在思政工作中无法形成合力,直接影响高校思想政治教育工作的开展效果。高校思想政治工作队伍建设存在着重视程度不足、举措不够有力、阵地建设管理缺位、思想观念错误的问题。新时代高校思政工作面临着更加复杂和严峻的挑战,必须将健全思政工作队伍体制机制建设纳为重要一环。

(三)职能混淆,各自为战

在我国,高校的党组织一般以"学校党委—院系基层党组织"为主线,在这一体系中,学校党委集中大部分党建实权,而与师生最为贴近的院系基层党组织所拥有的权利较小,在财务、人事等部门也存在职能定位模糊的现象。一旦出现问题,将出现多部门管理的情况,影响问题解决的时效性。同时,由于部门定位不清,容易发生相互推诿、各自为战的情况,也极易造成党

建工作与思政工作的开展出现断层。

二、新时代高校党建与思政工作协同发展路径

（一）坚定马克思主义信仰，加强思想引领

高校思政工作的成效直接关系到高等教育的发展水平。习近平总书记在全国高校思想政治工作会上强调，办好我国高等教育，必须坚持党的领导，要牢牢掌握党对高校工作的领导权，使高校成为坚持党的领导的坚强阵地。因此，思想政治工作要作为高校党委开展工作的重点。

第一，毫不动摇地坚持和维护党的领导核心地位。新时代高校党建工作与思政工作的联系日益紧密，呈现相互融合的态势。高校思政工作的加强必须坚持党的核心领导地位，以党建的加强为前提，以党建工作引领思政工作的开展，进一步加强高校思政教育工作者的党性修养和理论学习，确保思政工作朝着健康的方向发展。

第二，立德树人，注重引导。立德树人作为高等教育的根本任务，也是高校思想政治工作队伍开展工作的关键。因此，高校必须准确把握立德树人的方向，发挥时代性和民族性的特征，深刻践行社会主义核心价值观，做到以德立学，以德施教。

第三，发挥时代特色。在原有的学习、报告、调研方式之外，可充分利用微博、论坛、公众号等载体，开展形式多样的党课教育活动，并通过定期网络问卷形式及时了解学生的思想状态，有针对性地进行引导，做好“引路人”的角色。

（二）完善管理制度，加强思政工作责任意识

当前河南省高校思想政治教育主要分为两部分内容：一是理论教育，该部分内容主要通过公修课的方式进行，由马克思主义学院的思政教师向大学生传授马克思主义理论；二是行为教育，主要是塑造大学生的思想道德素质，指导其日常学习生活行为。理论教育方面主要由马克思主义学院的思政部负责，行为教育内容则主要由学生处和院系基层党组织负责。在这两个部门中，前者为教学部门，后者为行政管理部门。在日常的教学工作实践中，由于分属不同的管理性质，两者的工作基本属于“脱节”状态。而理论教育与行为教育的分离也使得理论无法在学生的日常行为中得到验证。因此，要想实现立德树人的根本任务，就必须整合现有资源，加强部门间的合作，实现全员育人、全过程育人、全方位育人。在思政工作的教育实践过程中，学校应针对工作开展中存在的问题及时进行分析，并结合实际教学情况、社会现实情况和学生自身学习情况制定相应的方案进行解决，为高校内部机构间的协同融合提供指导。构建部门间的合作体系应从两个方面

入手:

一是建立高校协同教育机制。在学校范围内,应对理论教育部门(思政教学部)和行为教育部门(学生处、院系基层党组织)之间的职能进行正确划分,保证党建工作和思政工作的全过程都在制度的框架范围内。在地区范围,高校应充分整合所在地区的社会资源,丰富思政教学的内容和形式。依据高校、社会、学生制定针对性的教育方案,促进三者的协同发展,为党建和思政教育的融合提供基础。同时,高校可根据理论教学内容开展配套的实践活动,使学生在实践中深化对理论的认识,提高思想境界,有助于学生树立正确的思想观念,确保其健康全面发展。

二是完善思政队伍管理制度。高校应该根据自身情况,制定适合本校思政队伍状况的现代化管理制度,包含竞聘上岗、继续教育、职称评定等,将思政人才的培养制度化、常态化、规范化。以辅导员竞聘为例,应依据制度,实行笔试、面试、审查等环节,将思想政治素质作为考察的重要一环;同时为辅导员队伍制定定量培养措施,实现职业化、专业化;在晋升方面,为辅导员拓宽通道,实行行政管理与专业职称双通道,调动思政工作队伍的积极性。同时,高校应适时选派优秀青年教师挂职锻炼,以便于其了解社会、深入基层,让思政工作在实践中不断得到完善,提升成效。

(三)搭建协同平台,开创育人新模式

高校思政教育工作与党建工作的协同开展,有助于大学生树立正确的世界观、人生观、价值观,为他们以后的发展打下思想基础,提高其在社会中的竞争力。因此,应加大党建工作与思政工作的开展力度,提高开展水平,协同开展,帮助学生各方面均衡发展。

同时,互联网的飞速发展逐渐改变了人们的生活习惯和行为方式,新媒体、新社交软件的出现也对高校党建和思政工作提出了新的更高的要求。在党建与思政工作的具体实践中,可以利用互联网的优势,融合党建内容与思政内容搭建同体式教育平台,尝试党建与思政工作的融合型教育模式,集中利用二者的优势资源,提升融合力度。该平台包含校内教育和校外教育两个部分。

1. 在校内教育的方面

以校园网为载体,高校间可对先进的党建、思政工作教育模式等信息资源进行共享。通过定期组织学习活动,提升高校党建和思政工作队伍的素质和能力,对学生进行科学系统的教导,帮助其培养正确的思维方式。

2. 在校外教育方面

高校可发挥其开放性优势,同社会各界对党建及思政工作进行积极有效沟通,及时获得先进的党建理念和教育方式,以保证教学资源与方式的及

时更新。同时,高校可将实践中获得的有效经验和信息资源通过校内网站推送到各个院系,为各院系党建工作和思政教育工作的开展提供方向。

参考文献

[1]习近平在全国高校思想政治工作会议上强调:把思想政治工作贯穿教育教学全过程 开创我国高等教育事业发展新局面[J].实践(思想理论版),2017(2):30-31.

[2]王冀生.我国社会主义初级阶段高等教育的基本特征:再论建设有中国特色社会主义高等教育的理论要点[J].机械工业高教研究,1994(4):3-5.

[3]季冰.谈如何充分发挥高校工会在高校思想政治工作中的作用[J].才智,2017(27):21-22.

[4]马世栋."双一流"视野下的高校思想政治教育改革研究[D].哈尔滨:黑龙江大学,2018.

[5]魏荣,戚玉兰.高校思想政治教育网络话语权研究[J].学校党建与思想教育,2017(17):45-48.

[6]朱磊.浅谈高校立德树人工作[J].知识经济,2015(15):121.

[7]蔡有清,罗伟刚.新形势下高校大学生党建与思政教育工作协同发展研究[J].智库时代,2019(40):13-14.

新时代大学生思想特点及成长规律研究

商学院 韩 杰

【摘 要】 青年是建设新时代的核心与中坚力量,新时代的发展离不开大学生的健康成长与成才。在经济社会高速发展的过程中,大学生的思想特点状况与以往的大学生和普通青年人差异巨大。本文从大学生的学习和生活视角出发,通过观察与记录总结,分析新时代不同类别大学生的思想特点和规律,从而进一步得出培养新时代思想进步、成熟成才大学生的对策建议。

【关键词】 思想特点;高等教育;成长成才

十九大报告指出,我们已经迈入了全面建设社会主义现代化国家的新征程,其中这个“新”字是新征程的重要和关键组成部分。社会正在经历一个新时代的变革,青年又是建设新时代的核心与中坚力量。在新时代的征程中,牢牢抓紧创新和教育两个着力点,才能源源不断地为建设中国特色社会主义添砖加瓦。习近平总书记多次强调,“青年一代有理想、有本领、有担当,国家就有前途、民族就有希望”。大学生是广大青年中最具代表性的群体,因此在新时期,研究大学生在成长成才过程中的思想特点以及其行为规范,有助于进一步了解大学生的成长规律,从而摸索出鼓励和促进大学生成长成才的理想路径。

本文通过观察周围同学的行为规律和思想情况,结合网络有关大学生思想及行为的相关报道,对大学生的思想特点进行总结。针对不同的发展路径,结合实际案例给出培育优秀大学生的成长方案,并希望可以给予广大高等教育工作者一些思考和借鉴。

一、新时代大学生思想特点现状

本文借鉴张慧及杨攀针对大学生思想特点进行的维度划分,并结合实际情况,将大学生思想特点分为政治认知、道德修养、学习就业认知、生活认知以及网络认知五个维度进行衡量。

（一）政治认知

在中国特色社会主义建设事业进入新征程的时期，社会各方的爱国主义情怀深深影响着大学生的价值判断和政治认知。新时代的大学生们从小接受爱国主义教育，同时在学习和生活的各个方面都能感受到祖国强盛带来的福利，因此仍然保持着强烈的爱国主义热情，同时对建设中国特色社会主义伟大事业充满信心。据统计，截至 2018 年 12 月 31 日，中国共产党党员总数为 9 059.4 万人，其中大专及以上学历党员达 4 493.7 万名，占比 49.6%；2018 年全年具有大专及以上学历的发展党员人数为 92.2 万名，占总数的 44.9%。可见，高校大学生中一大部分正在积极向党组织靠拢，追求思想进步和政治进步。在高校大学生思政课程设计中，众多高校建立了“思政课程研发中心”，同时要求必须为本科生开设的 4 门必修课，包括“马克思主义基本原理概论”“毛泽东思想、邓小平理论和‘三个代表’重要思想概论”“中国近现代史纲要”以及“思想道德修养与法律基础”，这些举措有利于新时代高校学生进一步了解国情、党情、社情、民情，同时进一步坚定责任意识和共产主义信仰。

（二）道德修养

习近平总书记在纪念五四运动 100 周年大会上的重要讲话中提到，要积极鼓励广大青年紧密结合正确的道德认知、自觉的道德养成、积极的道德实践，在青年时期不断修身立德，打牢道德根基，才有资本、有能力在人生道路上走得更正、走得更远。百度词条中，有关大学生道德的词条高达 2 130 万条，但其中“大学生道德失衡”词条同样高达 1 950 万条。多数思政教育研究者认为新时代的大学生更加开放、忧患意识和民族意识更强、关心国事与社会新闻等；但可以发现，讨论大学生信仰危机和道德失衡的声音也仍未减弱。在李新和刘兰星的观点中，新时代的大学生道德失衡现象更多表现在诚信缺失、缺乏自我调节情绪和自我适应能力、集体意识淡薄以及遭遇信仰危机等方面。反观周边的学生，考试作弊、情绪抑郁、以自我为中心而忽略集体利益等现象层出不穷。只有针对这些需要“特殊关爱”的群体对症下药，大幅度缓解大学生道德失衡现象，才能全方位提高新时代大学生的道德修养。

（三）学习就业认知

大学生的首要身份先是学生，在观察新时代大学生思想特点及成长规律的过程中，应当高度重视学生对学习和就业的认知状况。而目前高校“考研热”的现象备受关注。据中国教育在线联合“大学声”公众号 2018 年所做的《2018 年大学生考研意愿调查》数据显示，43.2% 的学生有非常明确的考研意愿,32.1%的学生有比较明确的考研意愿。而这种盲目的“考研热”几乎不分专业、年级和性别。据统计,郑州大学商学院2020应届毕业生中,推免保研以及报名参加考研的同学占比达68.37%,全寝考研、考研二战甚至多战的现象屡见不鲜。而在和同学进行交谈的过程中发现,多数同学想读研的目的在于提升学历,增强就业竞争力,而想继续深造搞研究的同学却寥寥无几。这种迫于就业压力而选择读研的现象,不仅是高校大学生学习就业认知的方向扭曲,更是顺应社会的无奈选择。运用多种手段和方式帮助大学生们正确选择学习方法和就业方向,需要社会和高等教育工作者以及学生自身的共同努力。

(四)生活认知

随着经济社会的快速发展,以及各级政府对大学生的资助政策日益完善和丰富,新时代大学生的物质生活水平显著提升,大学生们面临的物质生活问题越来越少,高校助学贷款、国家以及社会各界的奖助学金基本已经可以覆盖贫困学生范围。一个重要问题在于大学生的精神生活方面,多数高校教育工作者通过观察可以发现,大部分学生能够充分享受大学生活,拥有明确的人生信仰、丰富的文化生活和饱满的精神状态。但仍有部分学生面临着价值观念扭曲、情绪脆弱、精神抑郁等多种心理问题。大学生因抑郁自杀等事件频频出现在新闻报道中;“大学生裸贷捐卵遭骗、误入传销”等各类新闻触目惊心。新时代带给大学生们的,除了物质生活的极大丰富,还有精神上的极大压力。

(五)网络认知

随着经济社会的高速发展,大学生接触新思想、新观念的渠道也愈发广泛,其中网络新媒体的传播方式成为当代大学生接触信息、形成观念态度的重要媒介。但网络传播速度快、内容混杂,同时也充斥着大量虚假和有害信息。新时代大学生拥有更加便捷的学习方式,可以在“读圣贤书”的同时“闻窗外事”。眼观六路,耳听八方,大学生接触的信息鱼龙混杂,需要更高的甄别能力和理性思考的判断力。多数同学可以在正确使用网络的情况下获得满足感,并能够对接收到的信息进行理性判断,但仍存在自控能力和甄别能力差的同学沉迷于网络或者网络遭骗的现象。在倡导和引领大学生正确适度使用网络的同时,高等教育工作者更应该通过教育引导降低学生对于网络的依赖度,提高学生对于网络信息的甄别能力。

二、大学生思想引领的策略思考

总结新时代大学生的思想特点可以发现,新时代大学生的思想更开放和多元化,也面临着众多的棘手问题。新时代大学生政治认知明确,共产主

义信仰坚定;道德修养良好,但仍存在部分“道德失衡”现象;有较为明确的学习就业规划,但“考研热”现象严重;物质生活极大丰富,但精神生活部分缺失;网络依赖感更强,但缺乏必要的甄别能力和理性判断力。大学生的道德失衡、就业选择问题以及心理问题不仅受社会转型期的影响,还受自身成长经历、学校和家庭的影响。因此,思想政治教育工作者需要多方配合引领大学生健康成长成才。

(一)创新方法增强师生互动

传统的教育引导方式如纠偏教育、一人对多人的单向灌输模式、针对学生进行定性分析等,多数是老生常谈或者往往在事后弥补的时候发挥作用。高等教育工作者在充分挖掘传统教育引领方式优点的同时,还需要尝试利用新型教育方式进一步了解学生动态,及时向学生传递正确的价值观念和思想观念。如许多辅导员老师开通公众号专栏,跟紧实时动态以及学生的心理变化;同时通过朋友圈更新等拉近与同学们的距离,同时了解学生心理变化和动态。这种利用新媒体方式进行事前观察与防范的方式为老师提供精准分析学生状态的方法,从而进行针对性的科学引领。

(二)全面提高教师队伍整体素质

高校大学生仍处于人格完善的重要阶段,需要学习能力强、思想素质高、教育技能完善的成熟的教师队伍进行示范和引领。目前许多名校相继推出招聘博士生辅导员的方案,通过引进一批高素质、高能力的人才率先垂范;同时加强在职辅导员培训等,全面提高教师教育引领的专业技能。高素质学生工作队伍往往拥有更强的学习能力和对新事物的接受能力,通过优良的教师队伍带动学生队伍发展,既能拉近与学生之间的距离,充分发挥教育引领作用,又能够及时利用新手段促进大学生树立健康积极的思想观念。

(三)丰富校园多元文化建设

丰富校园文化建设需要根据不同的时代特点与院校特色,创新校园文化形式,丰富校园文化内涵。高校大学生在校时间长,受校园文化影响大,丰富多彩的校园文化有助于愉悦身心,在长时期的文化熏陶中端正思想观念,丰富学生的精神世界。因此,在保证社会主义文化大方向的前提下,要与时俱进,充分利用多方资源,充实校园物质文化环境和精神生活,增强校园环境人文性,塑造积极向上的精神生活世界。同时,改良校园制度建设,利用大数据、智能化等科学技术手段,便利校园生活。

参考文献

[1]张慧,杨攀. 新时代大学生思想特点及行为规律研究[J]. 教育现代化,

2019(4):142-144.

[2]李新,刘兰星.浅析当前大学生的道德失衡现象[J].改革与开放,2009(8):188-189.

[3]马云霞.网络时代大学生思想政治教育认知特点及优化[J].学理论,2015(9):181-183.

[4]童文胜.适应新时代大学生特点的思想政治工作刍议[J].河南教育(高校版),2008(11):28-29.

[5]连蒙.大数据时代大学生思想政治教育价值探索研究[J].课程教育研究,2019(11):75-76.

新工科背景下课程思政的探究

水利科学与工程学院　闫亚倩

【摘　要】　在日新月异的社会现状下,我国工科教育所面临的挑战是前所未有的,新工科和课程思政是对这一挑战做出的积极回应。本文从新工科、课程思政以及新工科背景下的课程思政三个方面讨论了课程思政与新工科对高校、教师等的新要求,教育模式的新理念,强调新工科中的"新"要符合国家发展大潮流,确保思政教育的首要地位,育人先育德;理解新工科和课程思政相辅相成的关系,探究新工科背景下课程思政普及的必要性和模式,教学方式应与新技术结合起来,发挥全员的教育作用。

【关键词】　新工科;课堂思政;深化改革

随着我国日益强大以及互联网等技术的发展,我国提出服务创新驱动发展、"中国制造2025"等一系列国家战略,对人才的要求愈发严格,"新工科"应运而生,教育部颁布了复旦共识、天大行动和北京指南等新工科建设的相关政策,这代表着我国在积极主动应对世界范围的科技革命和产业革命。习近平总书记在全国高校思想政治工作会议上强调了把思想政治工作贯穿教育教学全过程,开创我国高等教育事业发展新局面,以及培养什么人、如何培养人和为谁培养人这个根本问题,并指出要坚持把立德树人作为中心环节,把思想政治工作贯穿教育教学全过程,实现全程育人、全方位育人,努力开创我国高等教育事业发展新局面。在新工科人才培养中,各高校也应当遵循立德树人这一首要原则,将思想政治工作和各项课程结合起来,充分发挥课程思政的作用。无论是新工科还是课程思政,都对高校、工科教师以及学生提出了更高的要求和标准,将课程思政与新工科结合起来,对高校培养符合国家发展方向的专业性人才具有重要意义。

一、新工科,新要求

如今,我国国际地位不断提高,对人才质和量的要求也"水涨船高",老一套的培养模式已经不再适合新时代人才发展的需求。工科是以实用工程技术科学为主要研究对象的学科,必然与实际工程或生产实践密切相关,多强调学生的理论基础和实践能力,而以往的培养模式大多以理论为主,教师为主体,培养理念比较落后。新工科的提出,无疑在传统的工科人才培养的河流中掀起了风浪。

我国高等工程教育已经融入世界,与世界水平相接轨,但我国工科人才培养方面仍存在一些问题。工科人才培养方式较为落后,不符合高速发展的社会现状:大多院校课堂教育是以教师为主导,以理论教育为主,以学生为主体的理念尚未完全落实到教育工作中,自主学习、终身学习的观念未做到深入人心,使得学生仅仅是为了完成学习任务,不知道为何而学,没有形成专业自豪感和国家大局观,在科学研究方面无法做到独立自主,不能培养出国家稀缺的卓越型工程人才;互联网发展迅速,学生接收信息的渠道更加广泛,传统的培养方式不再适用于当代大学生。培养方案与培养目标契合度不够,无法适应社会要求:部分高校存在培养方案的要求过低或培养目标与社会要求相差过大,选修课较少,无法满足学生的个性化教育;重理论轻实践,缺乏创新意识教育,培养出来的学生仅仅能满足毕业要求,达不到高校培养学生的真正目标。

新工科是在与国际水平相融合的背景下提出来的,具有创新性和前沿性。教育部将新工科的概念概括为“五个新”,即工程教育的新理念、学科专业的新结构、人才培养的新模式、教育教学的新质量、分类发展的新体系五个方面。“新”为方向,也意味着变化和挑战。如王希等提出新工科“五位一体化”人才培养模式,以创新科研能力、创新实践能力、工程实践能力、工程思维能力、自主学习能力五大能力为目标,从教育理念、教学制度、学科交叉、校企合作等方面构建了“五位一体”培养系统。新工科不仅要成立新的工科专业,如网络工程、物联网工程等符合社会发展和国家未来需求的专业,更要求传统工科创新办学教育模式和方案,以符合新工科人才培养目标,如基础知识与专业知识相配合,专业知识与跨学科知识相融合,培养学生全面发展意识和专业兴趣;在志愿选报时,学生按照大类进行填报,在大一时学习基础课和专业概论课,打好扎实基础的同时了解各专业的现状和发展前景,之后将学生按兴趣等方面进行专业分流,这样可增强学生的学习积极性和专业基础全面性。

二、课程思政,隐形课堂

思想政治课程是高校立德树人的方式之一,高校通过马克思主义等的课程教学帮助大学生树立正确的世界观、价值观和人生观。习近平总书记在全国高校思想政治工作会议上,指出“要用好课堂教学这个主渠道,思想

政治理论课要坚持在改进中加强,提升思想政治教育亲和力和针对性,满足学生成长发展需求和期待,其他各门课都要守好一段渠、种好责任田,使各类课程与思想政治理论课同向同行,形成协同效应”,所以课程思政就是将思想政治理论与日常课程联系起来,让学生在日常学习中可直接或间接接受思想政治教育,发挥出隐形课堂的作用,也使教师发挥其应有的育人育德作用,这对教师的自身素养提出了更高要求。

在政策实施过程中,各高校逐步推行和落实时,有部分高校教师对课程思政存有疑惑,对课程思政的效果评价体系也不理想,这是因为大多数人认为思想政治教育与专业课教学应当是两种不同的教育方式,甚至将思想政治教育格式化、固定化。思想政治教育不仅是马克思主义等理论的学习,还有社会责任感培养、爱国主义教育、国际形势普及等,为学生提供正确的方向指导,如让学生查阅某学科的历史发展进程以及当时的社会发展情况,并采用小组讨论展示等方式进行汇报,可使学生了解科学发展与社会发展的关系以及国家宏观政策,进而培养其社会责任感和爱国主义情怀;理解习近平新时代中国特色社会主义思想对学科未来发展的指引和促进作用。因此,每门课都可以与思想政治教育联系起来,调动隐形课堂的积极作用,发挥课程思政的有效作用。

三、新工科中的课程思政

无论是新工科还是课程思政的提出对工科都是新的挑战和机遇,在新工科中课程思政可成为“新”的一方面:新工科高素质人才应具备的思想素质,将这种思想素质与专业素养结合起来的教育方法,便是新工科中课程思政的实施方式,这种方式也使新工科高素质人才的培养更加全面和效率。在新工科教育路径探索的基础上增加课程思政,对高校、教师、学生都提出了更高的要求。

(一)深化改革,强化思政,协调发展

在新工科蓬勃发展的背景下,各高校都积极进行各工科专业的改革工作,贯彻落实国家的各项政策,而课程思政对应着高校立德树人的职责,是高校开展思政教育的有效方式之一。各高校在进行新工科改革和发展时,要充分理解习近平新时代中国特色社会主义思想,以科学发展观为指导,研究国家工科专业发展现状、国际前沿技术以及发展趋势,统筹分析学校现有资源,针对国家行业需求,确定工科发展方向,建立创新型人才培养模式,深化教育改革,培养有思想、有品德、有文化、有专业的“四有”青年,为社会主义培养出合格接班人。

学校或院系应顺应自身优势和学生特点,把握改革大方向,强化思想政

治教育的地位;从培养教师自身素养出发,建立思政教师与专业教师沟通的桥梁,形成专业课程思政小组,挖掘新工科教学改革中的思政教学方式,如教师可从实践教学点到地区规划再到国家调控甚至国际形势,多方位实践教学,以增强学生的国家大局观和爱国主义情怀;可设立教学试点,针对学生和专业特点采取不同的措施,建立有效评价机制,营造良好的改革氛围,保证目标一致,顺应国家政策,各方协调发展。

(二)明确育人目标,增强价值引领

育人的根本和首要原则是育德,课程思政的教学目标与新工科是一致的,培养出具有爱国主义精神、社会主义价值观和行业精神等的优秀接班人。在进行新工科专业结构改革中,创新人才培养模式,积极探索专业课程中的思政教育点,教师要摒弃固有思维模式,形成工程教育与思政教学相融合的新理念,结合国家发展战略以及社会发展过程中新兴的技术和事物,如互联网+模式,在日常课堂中积极渗透和发现思政教育因素,引领学生发现和理解国家专业规划和发展模式,使学生形成大局观,能够以成为国家栋梁、实现人生价值为目标;根据专业人才培养目标建立思政小组,用于基础教育和专业教育中育德环节设计工作,不同专业的教师之间应加强交流,通过慕课等学习先进的教学理念和专业外的拓展知识,形成共同成长的良好局面;创立新型教师评价模式,结合新工科和课程思政的要求,把教师的教学效果分为专业教学和思政教学两部分,可采取教师个人评价、课堂效果评价以及学生反馈等方式,专业知识可通过考察、实践或竞赛的方法进行考核,而思政教育是隐形教学,体现在日常教学的方方面面,单一的考查方式难以准确评价,所以教师和学校要明确目标,从培养结果出发,发挥每位教师的引导作用,以强化对学生的价值引领,从而满足全员、全方位、全过程的育人要求,达到培养全面优秀人才的目标。

变化是常态,随着我国国际地位的提升,科技等也必须随之发展,新工科是我国工科教育事业的必经之路。思想决定行动,知识学习的重心是思维模式的塑造,能够了解社会发展历程,培养社会责任感和国际国家大局观,真正做到学有所用,实现自身的社会价值,所以新工科建设应当把思政教育放在首位,育人先育德,真正做到课堂与思政相结合,才能为中华民族的伟大复兴工程添砖加瓦。

参考文献

[1]肖香龙,朱珠."大思政"格局下课程思政的探索与实践[J].思想理论教育导刊,2018(10):133-135.

[2]王希,李蒙,李越."以本为本"理念下我国高校新工科人才培养的路径分

析[J]. 中国多媒体与网络教学学报(上旬刊),2019(7):124-126.
[3]王蓓蓓,高雪梅. 新工科人才培养的“结构之变”[J]. 物理与工程,2019,29(1):82-87.
[4]高锡文. 基于协同育人的高校课程思政工作模式研究:以上海高校改革实践为例[J]. 学校党建与思想教育,2017(24):16-18.
[5]戴晔,等. “课程思政”在大学物理教学中的探索与实践[J]. 大学教育,2019(8):84-86.
[6]李清富,闫亚倩,刘晨辉. 新工科高素质人才教学体系的探究[J]. 科学咨询(科技·管理),2018(12):95-96.
[7]林健. 面向未来的中国新工科建设[J]. 清华大学教育研究,2017,38(2):26-35.
[8]石书臣. 正确把握“课程思政”与思政课程的关系[J]. 思想理论教育,2018(11):57-61.
[9]刘晓,张黎声. 高校专业课程思政环节与评估的原则导向[J]. 中医药管理杂志,2018,26(17):4-7.
[10]陆道坤. 课程思政推行中若干核心问题及解决思路:基于专业课程思政的探讨[J]. 思想理论教育,2018(3):64-69.
[11]钱欣,曾宁. 高校推进“课程思政”研究述评[J]. 思想理论教育导刊,2019(6):155-157.

新时代背景下大学生思想政治教育与高校辅导员工作方法创新探索

法学院　朱梁梓

【摘　要】 思想政治教育工作是大学生思想成长的主阵地。本文首先分析新时代大学生的思想特点,针对当前大学生的思想特点,提出需要开展多种形式的大学生思想政治教育工作,而辅导员作为思想政治教育的主要引导者,应结合新时期大学生的特点在工作中不断创新探索。本文提出新时代辅导员工作方法上的几点创新,以期对新时代新形势下高校辅导员工作有所启示。

【关键词】 新时代;大学生;思想政治教育;辅导员

2019年3月,习近平总书记在主持召开学校思想政治理论课教师座谈会上提出:"青少年阶段是人生的'拔节孕穗期',最需要精心引导和栽培。"2019年是中华人民共和国成立70周年,也是全面建成小康社会的关键之年,学生的思想政治教育在高校中愈发重要。辅导员作为思想政治教育工作的主要负责人、引导人,应不断进取,结合新时代的要求和特点,有针对性地对学生进行思想政治教育和引导。这就对辅导员工作提出了更高的要求,新时代的辅导员在工作方法上应不断改革、改进,用爱心、细心、耐心、责任心,引导学生的思想健康发展。

一、新时代大学生的政治思想特点

时代特点对人们的思想状态形成有着至关重要的作用。当前我国在校大学生多是"95后"和"00后",这部分学生生活在我国经济快速发展的时期,各方面物质条件较好,生活优渥。马斯洛需求层次理论认为,人类需求从低到高依次分为:生理需求、安全需求、社交需求、尊重需求和自我实现需求。社会化程度高时,才会出现更高级的需求,越是高层次的需求,人类会越注重精神上的安全感、自我属性。当代大学生就表现出强烈的自我实现需求。他们注重自我感受,有强烈的被社会接纳的要求和意识,关注政治,思想活跃。而自身刚刚进入自我实现的大学阶段,思想上不甚成熟且较为

激进。因此,这时的思想政治教育工作就显得任务艰巨又重要。结合当代大学生的成长环境,他们的思想主要有以下几个方面的特点。

(一)富有时代激情,爱国情绪高涨

爱国主义是中华民族精神的核心。新时代的大学生思想活跃,具有强烈的爱国情怀。“95后”和“00后”由于从小受到爱国主义教育,呈现出强烈的爱国情绪和积极向上的正能量。他们对社会的政治态度比较积极、乐观,对国家发展有着较强的信心,较为认同社会主义核心价值观;有着强烈的责任心,以振兴中华为己任,自觉维护国家利益,促进民族团结。在看到与爱国有关的图片或影像资料时较为激动,比如,在观看建国70周年阅兵仪式、参加升国旗仪式等,情绪一般比较兴奋和高涨,非常容易受到感染。

(二)思想单纯,易受鼓动

大学阶段是学生走向社会的第一个阶段,很多学生在中学阶段处于封闭式的环境中,对外界信息接收较少。到大学阶段,各种信息蜂拥而至,而思想较为单纯,对别人的言语易采取信任的态度,极易受到不良言语的鼓动和影响。经济全球化时代发展迅猛,西方举起普世价值观大旗,在一定程度上会引发价值观的冲突。当前我国与国外的互动增多,许多学生深受国外思想的影响,比如很多学生在大学之前有出国的经历。而海外各种势力也是蠢蠢欲动,将还处于青少年时期的大学生作为思想宣传的主要对象,学生的价值观容易受到不同文化体系的熏陶,比如哈韩、哈日思想的流行。学生在进入大学后,人生观、价值观和世界观都需要面临较大转变。

(三)信息来源渠道多元化

新时代大学生可以说是在网络的陪伴下成长起来的。随着信息技术的发展,学生信息的来源渠道也大多是网络。值得注意的是,当前很多大学生基本不看主流媒体而从网络上获得信息。比如很多大学生上网只看“抖音”“b站”等。而新闻的来源渠道则多是“微博”“QQ空间”等社交平台,学生们在生活中信任的也多是网络“大V”等。但这些信息来源渠道鱼龙混杂,有很多不实的情况,大学生作为受众群体极易受到影响。有相当一部分同学只能在虚拟的网络世界与人进行沟通和交流,而无法在现实生活中很好地进行社交活动。

二、结合大学生思想特点开展多种形式的思想政治教育

开展大学生的思想教育工作一定要具有针对性。针对以上新时代大学生的思想特点,在开展思想政治教育中我们应当特别注意,避免教条说教,而应采用多种形式、多种途径相结合的方式。

(一)开展多种形式的爱国主义宣传教育

开展思想政治工作、传播社会主义核心价值观,首先要注重爱国主义的宣传和教育。把中华传统文化较为系统地融入思政课教学体系中。可通过潜移默化等方式开展思想政治教育,比如在教材编写和课程教学诸环节中,将爱国的内容有机融入,通过多种渠道,对学生根植爱国主义思想。

对于学生来说,发动学生党员的力量,让党员同学以身作则,有效带动非党员同学。开张多种形式的爱国主义活动,比如经常带领学生参加升国旗仪式,观看与爱国教育相关的影片。定期组织学生党支部的活动,到党员培训基地、先进群体培训基地参加培训活动等,使学生感同身受,在实践中培养爱国情操,真正做到"让爱国主义的伟大旗帜在心中高高飘扬"!

(二)思想政治教育需要寓教于乐

思想政治教育工作不应拘泥于课堂形式,而应当在线上、线下同时进行思想政治教育。现代大学生的自主性较强,不喜欢被别人强制性干涉自己的行为与思想,更不愿接受知识的强行灌输。因此,在开展思想教育的过程中一定要注意方式方法,应当寓教于乐,使用线上线下同时开展思想政治教育的方式,增加思想政治教育工作的亲和力、趣味性,使思想政治教育工作真正贴近学生生活。

(三)扩大思想政治教育工作的传播面

将思想政治教育工作真正渗透到学生生活中去。在学生经常聚集的地点以各种形式渗透思想教育工作,扩大思想政治的传播面。比如在宿舍、食堂和课堂等学生经常出入的场所适时开展普法宣传。在学生宿舍、食堂等地点张贴海报,也可通过召开主题班会、开展团体心理辅导的形式弘扬社会主义核心价值体系,使学生乐于接受、能够接受思想政治教育。

三、新时代背景下高校辅导员思想政治教育工作方法的创新

辅导员是思想政治教育工作的一线引导者,任务艰巨。当前的思想政治教育工作要结合当代大学生的特点,明确自身使命,坚持与时俱进,顺应时代发展。2018 年 2 月,习近平总书记在北京大学师生座谈会上,明确办中国特色世界一流大学的三项基础性工作,阐明马克思主义理论教育对高校的意义。明确教师队伍建设的基本要求,明确提出思想政治工作体系建设的任务。提升教师思想政治素质,提倡做"四有好老师",不断提升师德师风建设,严把招聘入职教师的思政素质。

人才培养体系涉及多个方面,其中包括学科体系、教学体系、教材体系、管理体系等,而贯穿其中的是思想政治工作体系。思想政治工作体系,是对

新时代高校思想政治工作模式认识的一种深化。作为高校辅导员，在工作中一定要将理论与具体的实践相结合，在工作实践中探索，然后再上升到理论总结，真正做到理论和实践的“知行合一”。

结合当前形势，在新时代背景下，辅导员应当正确认识世界和中国发展大势、正确认识中国特色和国际比较、正确认识时代责任和历史使命、正确认识远大抱负和脚踏实地进行思想政治教育。在工作方法上要不断创新，探索出适合当前新形势的思想政治教育工作方法。

（一）辅导员应上好思想政治理论课

要做好学生的思想政治教育工作，作为辅导员首先应当上好思想政治理论课，不断增强自身的学习能力。当前思想政治教育呈现出科学化、学科化、专门化的特点。而上好思想政治课的关键在于教师。2015 年教育部印发的《高等学校思想政治理论课建设标准》对加强思政课教师队伍建设提出了明确要求。辅导员是高校思想政治理论课教师的重要组成部分，作为辅导员应不断加强自身建设，上好政治理论课。辅导员上好思想政治理论课应当做到以下四点。

第一，自身政治要强，辅导员要有政治信仰，树立共产主义远大理想，树立新时代中国特色社会主义的理想，思政课教师必须是坚定的马克思主义信仰者；第二，情怀要深。辅导员首先要保持家国情怀，心里时刻装着国家和人民。在思想政治理论教育过程中要将爱国主义教育融入其中，注重以情动人，让学生终生难忘；第三，思维要新。辅导员在工作方法上要有创新思维，在上政治理论课的同时要开创创新思维，不断学习新技术、新媒体，注重多方法、多渠道开展工作。第四，视野要广。辅导员应当具有宽广的视野，有知识视野、国际视野、历史视野，还需要具备教育学、心理学、管理学相关知识，通过生动深入的比较、结合时事事例，把一些道理讲明白，讲清楚，让思想政治教育真正起到“润物细无声”的效果。

（二）结合时代特点，推进网络思政建设和管理，抓好辅导员网络育人的特点

在新媒体环境下，在思想政治教育工作方面，辅导员应当严把网络阵地建设。把网络育人、网络价值引导、网络信息传播和网络信息服务四个方面相结合。在网络教育上注重“以情动人”，及时有效地利用新媒体工具了解学生的学习困难、生活困难，为学生解答疑惑，时刻不忘做好思想价值引领，以网络上热议的事例为引导，大力宣扬社会主义核心价值观，以学生能够接受的方式树立正确的、积极的人生观、价值观、世界观。

在网络育人上，使用线上线下全方位联动的方式，实现虚拟世界与现实世界的互补融合。具体说来，比如搭建网络宣传公众号、在线视频班会、网

络直播等。辅导员自身也可作为主播为学生开设直播,掌握大学生所熟悉的网络语言,能够迅速拉近与学生的距离。进行线上班会,开发线上党课、团课等。形式上可以更加活泼,比如制作表情包鼓励学生、过年推广电子贺卡、网络云春游、云赏花等,还可在网络直播过程中邀请知名教授担任主播嘉宾,与学生互动,进行讨论交流。总之,一切新技术新设备都可以为我们所运用。

(三)借助学生力量,建立有效的学生管理队伍

充分动员和运用学生的力量,可在学生内部建立一支有效的管理队伍,借助学生发声,提高学生的自我管理能力,将思想政治教育在学生之间传播,让学生意识到自身才是思政教育的主体。作为辅导员,要注重平时与学生干部之间的有效沟通,消除师生之间的距离感。身体力行,将社会主义核心价值观渗透给学生,并引导学生运用这些价值观去解决问题。

新时代下辅导员工作应当是动态化的、发展的,运用新思想、新知识加强对学生的引领作用。辅导员还应当加强自身的学习,深入学习各种理论成果、习近平新时代中国特色社会主义理论体系,从新思想中提炼出协调精神、创新精神,将这些精神思想引入工作中,做新思想的践行者和守护者。结合时代特点运用多种形式开展学生工作,将思想政治工作渗透到学生生活的方方面面。

总之,新时代大学生的思想政治教育工作任重道远,但一定要结合工作实际,了解学生并站在学生的立场上考虑问题。通过多种渠道、多种路径不断加强思想道德建设,提高大学生思想道德建设和思想内涵建设。将思想政治教育潜移默化地传导给学生,作为高校辅导员,用自身去感染学生、引导学生,不断结合实际情况创新和改进工作方法,运用线上与线下相联合机制,并结合时事,适时开展思想政治教育工作,使学生不断提高自己的道德情操、道德品质。将工作不断改进和探索为学生易于接受的方式,才能真正将思想政治教育工作落到实处。

参考文献

[1]中共中央宣传部.习近平新时代中国特色社会主义思想学习纲要[M].北京:人民出版社,2019.

[2]戴维.霍瑟萨尔,郭本禹.心理学史(第4版)[M].北京:人民邮电出版社,2011.

[3]谢群,徐建军.高校辅导员网络思想政治教育话语权的构建:基于网络语言视角[J].湘潭大学学报(哲学社会科学版),2018,42(1):148-153.

[4]李永山.高校辅导员工作的核心能力及其培养[J].思想教育研究,2015

(1):82-85.

[5]李琳.高校辅导员职业能力内涵与提升路径探析[J].思想教育研究,2015(3):105-107.

新时代高校民族团结教育工作实践与思考

——以郑州大学为例

党委统战部　耿云亮　刘东楠

【摘　要】 新时代对高校民族团结教育工作提出了新要求，加强民族团结教育工作意义重大。学校以民族团结进步创建为载体深入开展民族团结教育工作，并在工作实践中形成一定的经验，给我们今后的工作带来启示。

【关键词】 新时代；高校；民族团结教育

党的十九大报告强调，要"深化民族团结进步教育，铸牢中华民族共同体意识，加强各民族交往交流交融，促进各民族像石榴籽一样紧紧抱在一起，共同团结奋斗、共同繁荣发展"。这为新时代做好高校民族团结教育工作标明了新目标、提出了新要求、指引了新方向，是我们做好新时代高校民族团结教育工作应遵循的准则。

一、充分认识新时代做好高校民族团结教育工作的重要意义

加强民族团结教育，为国家和少数民族地区培养德才兼备、政治可靠、素质优良的少数民族干部是高校的一项责无旁贷的任务。做好少数民族学生教育管理工作，造就一批拥护党、拥护社会主义、掌握现代科技文化知识的少数民族干部，对于推进社会主义现代化建设、促进民族团结、维护社会稳定、实现中华民族伟大复兴的中国梦，具有重要、深远的意义。

郑州大学是一所综合性大学，学校面向全国招生，有少数民族学生近3 000人。学校少数民族学生民族成分多、分布院系广，工作任务重。做好少数民族学生教育管理工作，是学校学生工作的重中之重。全校教职工，特别是各级领导干部，要充分认识做好少数民族学生工作的重要意义，有针对性地做好工作，努力把他们培养成为适应国家和少数民族地区社会主义现代化建设需要的合格人才。

二、以民族团结进步创建为载体深入开展民族团结教育工作

（一）加强组织领导，制定完善活动实施方案

2017年，按照《中共河南省委高校工委 河南省教育厅 河南省民族事务委员会关于深入推动民族团结进步创建活动进学校的实施意见》（豫高发〔2017〕71号）要求，制定了《郑州大学关于深入推动民族团结进步创建活动的实施方案》，全面开展民族团结进步创建活动。2019年，根据《中共河南省委高校工委 河南省教育厅 河南省民族事务委员会关于进一步开展民族团结进步创建进学校活动的通知》（豫高发〔2019〕16号），结合我校实际，修订完善了民族团结进步创建活动方案，进一步深入推进民族团结进步创建活动的开展。学校按照省委高校工委、省教育厅、省民委的要求，以新中国成立70周年为契机，深入学习贯彻落实习近平新时代中国特色社会主义思想和党的十九大精神，进一步促进广大师生铸牢中华民族共同体意识，进一步提升政治站位，拉高“五个一”工作标准，加强组织领导，加大支持力度，认真总结经验，积极探索创新，深入推进我校民族团结进步创建活动的开展。

（二）以“五个一”为抓手，深入开展民族团结进步创建活动

1. 开辟民族团结进步宣传教育新媒体平台

（1）开辟民族团结进步创建活动专栏

统战部积极同学校网络管理中心联系，依托新媒体平台，在学校网络开辟郑州大学民族团结进步宣传专栏，做好党的民族理论知识、方针政策的宣传，及时报道学校民族团结进步创建活动的先进典型、特色做法和活动，积极营造民族团结进步的良好氛围，扎实推进学校民族团结进步事业发展。

（2）创建民族团结进步宣传微信平台

创建统战部微信公众号“郑大统战”，加强微信公众平台建设。通过加强平台建设，宣传党的民族宗教方针政策，宣传学校统战工作、民族团结进步创建活动的好做法、好经验、好成效。

2. 开展民族团结进步专题课程培训

学校于2018年11月10日至12月9日举办了为期近一个月的郑州大学“青年马克思主义者培养工程”第20期学生骨干培训班暨2018年秋季团校，来自基层院系的419名2018级本科生及研究生团支部书记（团总支书记）参加了培训。培训班开设“当代中国的民族问题与民族政策”专题课程，在广大青年学生中开展民族团结进步专题培训，加强对团员干部和团员青年民族团结进步专题教育培训，引导广大团员青年树立远大理想，坚定走中国特色社会主义道路的信念，进一步铸牢中华民族共同体意识。

3. 开展丰富多彩的主题教育实践活动

学校认真落实党的民族政策和各项工作要求,政治上加强引导、思想上加强教育、生活上加强照顾,通过形式多样、内容丰富的主题教育实践活动,推进民族团结进步创建活动的开展。校团委加强广大团员思想引领,充分发挥校园文化的育人作用,依托学生会、学生社团组织,发挥研究生支教团的积极作用,在广大师生中积极开展慰问援助活动、助教支教、志愿服务、民族联谊等丰富多彩的民族团结进步文化主题教育活动,营造各民族师生团结友爱的校园氛围。学工部、研工部加强民族团结教育和思想教育,关心少数民族学生的生活,加强对特殊群体的人文关怀,并通过经济帮助、学业帮扶、心理疏导解决他们的实际困难,积极开展知识竞赛、演讲比赛、民族节日庆祝活动等民族联谊活动。

4. 组织开展民族政策理论教职工培训

学校高度重视教职工的民族宗教政策理论培训,深入学习贯彻习近平新时代中国特色社会主义思想,进一步促进广大师生铸牢中华民族共同体意识,提高我校政工干部和思政课教师做好民族宗教工作的水平。组织郑州大学统战理论专题培训班,围绕如何做好民族宗教工作、学习贯彻党的民族宗教工作方针政策和中国特色社会主义民族宗教理论等主题,对基层党组织负责同志、党务工作者、思想政治理论课教师、全体辅导员开展培训,提高了学校政工干部和思想政治理论课教师做好民族宗教工作的水平。为校内各单位、各院(系)党组织发放《高校民族宗教工作知识读本》《习近平总书记关于民族宗教工作重要论述摘编》,对涉及民族宗教工作的单位,做到人手一本,并加强指导和督促学习。

5. 建立民族团结进步宣传教育功能教室

在新校区设立专门的民族团结宣传教室,配有多媒体设备、书架,购置民族团结教育书籍,加强我校民族团结的宣传教育工作,促进各民族学生交往、交流、交融。做好思想引领,加强各民族学生团结教育,在各民族学生中牢固树立"三个离不开"的观念和"五个认同"的意识,筑牢团结奋斗的思想基础。

(三)民族团结进步创建活动取得了良好效果

近年来,在学校党委的统一领导下,学校民族团结教育工作取得了良好的效果。学校荣获"郑州市民族团结进步模范集体""郑州市民族团结进步示范单位""2018 年全省民族团结进步创建示范单位"等荣誉称号。学校将进一步提升政治站位,拉高"五个一"工作标准,加强组织领导,加大支持力度,认真总结经验,积极探索创新,深入持久开展民族团结创建进学校活动,不断提高创建工作水平。

三、新时代高校民族团结教育工作的思考

新时代加强民族团结教育，要以习近平新时代中国特色社会主义思想为根本遵循，全面落实党的教育方针和民族政策，坚持育人为本、德育为先，把民族团结教育融入国民教育过程之中，贯穿于学校教育工作的各个环节。近年来，学校深入开展民族团结教育工作，积累了一定的工作经验，也给我们今后的工作带来启示。

（一）建立健全民族工作体制机制

目前，按照党委要求，由党委统战部、党委宣传部、党委学生工作部、党委研究生工作部、校团委、教务处等部门建立学校民族团结进步创建活动联动工作机制，党委统战部发挥牵头协调作用，各部门明确了责任分工，共同做好学校民族团结进步创建活动的组织实施工作。但是学校还没有制定相应的规章制度，缺乏有效的制度保障。因此，推进新时代高校民族团结教育，要加强对民族工作的组织领导，建立健全民族工作体制机制，形成党委统一领导，各部门密切配合，各司其职的民族工作格局。应成立学校民族（或民族宗教）工作领导小组，负责全面研究、协调和解决有关少数民族学生工作的重大事项和重要问题，推进学校民族团结教育工作的组织开展。

（二）加强理论课教学和教师队伍建设

民族团结教育是学校教育的重要组成部分。目前，高校在民族团结教育理论课程设置和教师队伍建设方面存在不足。高校有着丰富的教育资源，有高素质的教师队伍，要充分挖掘和发挥高校的教育资源优势，在全面推进民族团结教育理论课教学和教师队伍建设中发挥积极作用。一是加强民族团结教育理论课教学。把民族团结教育纳入"两课"教育，充分发挥学校主阵地、课堂主渠道的作用，重点加强"123456"的教育，即"一个道路"（中国特色解决民族问题的正确道路），"两个共同"（各民族共同团结奋斗、共同繁荣发展），"三个离不开"（汉族离不开少数民族，少数民族离不开汉族，各少数民族之间也相互离不开），"四个维护"（维护法律尊严、维护人民利益、维护祖国统一、维护民族团结），"五个认同"（对伟大祖国的认同、对中华民族的认同、对中华文化的认同、对中国共产党的认同、对中国特色社会主义的认同），"六观"（世界观、人生观、价值观、民族观、宗教观、祖国观）。二是加强民族团结教育教师队伍建设。加大对民族团结教育的支持力度，在资金和政策上给予更大、更多的支持，积极培育民族团结教育的教育教学、科研智囊团队，多渠道、多方式为民族团结教育工作提供人才支撑。

（三）把握政策，做好少数民族学生工作

准确把握党的民族政策，充分尊重少数民族习惯，做好少数民族学生教

育管理,是开展好高校民族团结教育工作的关键。一是准确把握党的民族政策,充分尊重少数民族习惯。在开展民族团结教育工作中,最容易出现问题的就是少数民族的风俗习惯、宗教信仰等方面的因素。这些因素不可避免,这就要求我们在工作中充分考虑到民族差异性,要准确把握党的民族政策,充分了解、尊重少数民族习惯,维护民族团结,铸牢中华民族共同体意识。二是做好少数民族学生教育管理服务工作。加强学生工作队伍培训,推进混班教学、混合住宿,要关心爱护民族学生,做好帮扶和心理疏导,切实做好他们的教育管理服务工作,促进各民族学生交往、交流、交融,维护民族团结。

参考文献

[1]习近平.在全国民族团结进步表彰大会上的讲话[N].解放军报,2019-9-27(2).

[2]习近平.习近平谈治国理政[M].北京:外文出版社,2014.

[3]何紫菱.新时代高校民族团结进步创新研究[J].知识经济,2019(31):105,107.

人才培养

思想政治教育视域下时代新人培育研究

马克思主义学院　谭　宇

【摘　要】 培养能够担当民族复兴大任的时代新人是新时代思想政治教育的重要使命。时代新人是一个历史范畴，其内涵意蕴与培育要求是动态发展的，在新的时空培育时代新人有特殊的责任和使命。新时代，时代新人的精神特质应该是忠诚坚定的爱国者、志存高远的追梦者、脚踏实地的奋斗者、平凡无私的奉献者和锐意进取的创新者。因此，思想政治教育要以中华文化教育涵育青年的德行，以理想信念教育构筑青年的思想，以家国情怀教育厚植青年的爱国情怀，以责任担当教育强化青年的使命感来培养能够担当民族复兴大任的时代新人。

【关键词】 思想政治教育；时代新人；精神特质；培育路径

党的十九大庄严宣告“中国特色社会主义进入新时代”，以此为标志中国进入了一个全新的历史发展阶段。新时代呼唤新使命，新使命需要德才兼备的有为青年去承担并接续完成。习近平总书记提出要“培养担当民族复兴大任的时代新人”，这是对新时代“培养什么人、怎样培养人、为谁培养人”这一根本问题的明确回应。习近平总书记指出，思想政治教育从根本上来说是做人的工作。它直面的是人的思想，对于时代新人的培育至关重要。习近平总书记强调，“宣传思想工作是做人的工作，要把培养担当民族复兴大任的时代新人作为重要职责。”由此，在思想政治教育视域下探讨时代新人的培育是一个重要的理论与实践问题。

一、时代新人的理论阐释

十九大之后“时代新人”迅速成为一个政治和教育热词，被人们熟知。培养担当民族复兴大任的时代新人，对于新时代的教育而言意蕴深远、意义重大，彰显了鲜明的政治立场、时代特色和育人使命。那么何为时代新人？如何理解时代新人？对这些问题的廓清是进行相关研究的理论前提。

（一）时代新人的历史向度

时代新人是一个历史范畴，之前虽然没有被明确提出来，但是中国共产

党始终能够立足时代发展,根据国家建设和社会发展的现实需要,着力培养能够推动社会主义事业发展的“社会主义新人”,这是中国共产党的优良传统。习近平总书记提出的“时代新人”是对之前各个时期党人才培养思想的继承与发展。

(1)德智体全面发展的新人。1953 年 6 月 23 日至 7 月 2 日,中国新民主主义青年团第二次以全国代表大会在北京举行。6 月 30 日,毛泽东接见了大会主席团,发表了《青年团的工作要照顾青年的特点》这一著名谈话。大会一致决定将毛主席提出的“身体好、学习好、工作好”作为以后青年团的工作方向。1957 年,毛泽东在《关于正确处理人民内部矛盾的问题》一文中提出了培养德、智、体三方面都得到发展的“有社会主义觉悟的有文化的劳动者”。

(2)“四有”新人。以党的十一届三中全会为标志,我国进入了改革开放的新时期,开启了社会主义现代化建设的新征程,对人才培养提出了新要求。1980 年邓小平在中央工作会议上提出“要使我们的青少年成为有理想、有道德、有知识、有体力的人”。邓小平明确指出“搞社会主义精神文明建设,主要是使我们的各族人民都成为有理想、讲道德、有文化、守纪律的人”。1985 年,邓小平在全国科技工作会议上指出要“教育全国人民做到有理想、有道德、有文化、有纪律”,培育“四有”新人成为社会主义现代化建设时期人才培养的基本遵循。

(3)在世纪之交,我国面临的世情、党情和国情发生了深刻的变化,尤其是东欧剧变,苏联解体,社会主义运动陷入了低潮。如何顶住国际压力一心一意搞建设,这就需要一大批坚定的社会主义劳动者和建设者。江泽民在第三次全国教育工作会议上提出,要“造就有理想、有道德、有文化、有纪律的,德育、智育、体育、美育等全面发展的社会主义事业建设者和接班人”,这是对毛泽东和邓小平关于社会主义新人培育的继承和发展。胡锦涛总书记结合时代发展要求,指出社会主义新人要担负起时代重任,就要努力做“理想远大、信念坚定的新一代,品德崇高、意志顽强的新一代,视野开阔、知丰富的新一代,开拓进取、艰苦创业的新一代”深化了社会主义新人培养的要求和目标。

(4)担当民族复兴大任的时代新人。习近平总书记强调,要“努力培养担当民族复兴大任的时代新人,培养德智体美劳全面发展的社会主义建设者和接班人”。将“担当民族复兴大任”作为时代新人的定语,凸显了时代新人的责任与使命。同时,他指出“培养一代又一代拥护中国共产党领导和我国社会主义制度、立志为中国特色社会主义奋斗终生的有用人才”,实现中华民族的伟大复兴是中华民族和中国人民千百年来的夙愿和梦想,新时代

是距离实现中华民族伟大复兴的中国梦最近的时代，我们比任何一个时代都有信心和实力实现这个目标。而实现中华民族伟大复兴需要一代又一代人的接续奋斗，“时代新人”的提出为新时代的人才培养提供了方向引领。

（二）时代新人的现实表征

时代新人所处时空境遇“新”。党的十九大对我国所处的历史方位进行了科学研判和庄严宣告：中国特色社会主义进入了新时代。新时代，我国的社会主要矛盾发生了深刻的变化，国家各项事业的发展呈现欣欣向荣之势。新时代是决胜全面建成小康社会、建设社会主义现代化强国的时代，是以惊人的速度阔步向前，综合国力全面提升的时代，是以昂扬的姿态逐步走向世界舞台中央，国际影响力不断增强的时代，是中国人民的生活更加殷实幸福美好的时代。这一切变化都是前所未有的，在中国发展史上具有划时代的意义。正如习近平总书记所言，“今天，我们比历史上任何时期都更接近、更有信心和能力实现中华民族伟大复兴的目标”。新时代是一个大有可为、大有作为的时代，为时代新人的健康成长和拼搏奋斗提供了良好的时空环境。

时代新人的使命“新”。马克思指出“作为确定的人，现实的人，你就有规定，就有使命，就有任务，至于你是否意识到这一点，那是无所谓的。这个任务是由于你的需要及其与现存世界的联系而产生的。”时代赋予青年神圣的使命，习近平总书记指出：“当代青年是同新时代共同前进的一代。我们面临的新时代，既是近代以来中华民族发展的最好时代，也是实现中华民族伟大复兴的最关键时代。广大青年既拥有广阔发展空间，也承载着伟大时代使命。”总体而言，时代新人的使命就是能够担当民族复兴大任。具体来说包括以下几点：第一，肩负着实现“两个一百年”奋斗目标的使命。时至今日，“两个一百年”的第一个百年目标期限将近，在全面建成小康社会的决胜阶段，时代新人要坚决拥护中国共产党的领导和中国特色社会主义事业，听党的话，紧跟党走，在学习与实践中练就过硬本领，坚守岗位，服务人民，为社会主义现代化建设贡献青春力量。第二，肩负文化传承的使命。文化自信是新时代更基础、更深层、更广泛的力量，文化的繁荣兴盛是中华民族走向伟大复兴的重要体现。因此，时代新人肩负着文化传承的使命，要以高度的文化自觉和坚定的文化自信做中华文化的传播者和中国故事的讲述人。第三，为全人类发展做贡献的使命。时代新人不仅要具备家国情怀，还要具有世界眼光，为推动“一带一路”发展和人类命运共同体的建构做自己力所能及的事。

时代新人培育要求“新”。新时代以习近平同志为核心的党中央在把握社会现实状况和教育规律的基础上，对时代新人的培育提出了新要求。在全国教育大会上，习近平总书记提出要培养德智体美劳全面发展的社会主

义建设者和接班人,并指出教育要在“坚定理想信念、厚植爱国情怀、加强品德修养、增长知识见识、培养奋斗精神和增强综合素质”六方面下功夫,可以看出,新时代对时代新人的身心健康、品格修为、劳动素质、审美和人文素养更加重视。

二、时代新人的精神特质

新时代是整个中华民族发展的最好时期,我们比任何时候都接近“中国梦”,生活在伟大时代的中国青年,既面临着空前良好的人生际遇,也面临着“天将降大任于斯人”的时代使命。在特定的时空境遇下,时代新人只有做忠诚坚定的爱国者、志存高远的追梦者、脚踏实地的奋斗者、平凡无私的奉献者、锐意进取的创新者,才能够担当起民族复兴的大任。

(一)忠诚坚定的爱国者

爱国是指个体对祖国的热爱之情,是一种真挚朴素的情感表达,它既是一个人应该承担的责任,也是一个人应尽的义务。习近平总书记曾深切地指出,“对每一个中国人来说,爱国是本分,也是职责,是心之所系、情之所归。对新时代中国青年来说,热爱祖国是立身之本、成才之基。”爱国是中华民族的优良传统,也是社会主义核心价值观的重要内容。思想开放、价值多元、个性鲜明是当代青年的显著特征。在全球化浪潮下,受西方文化和多种社会思潮的影响,部分青年的爱国热情不高,爱国信念不够坚定,导致他们在人生选择和个人实践的过程中存在偏差。因而,时代新人必须要做忠诚坚定的爱国者,具备鲜红的基因底色,以饱满的热情和昂扬的斗志投身到社会主义的伟大实践。以“先天下之忧而忧,后天下之乐而乐”的深切情怀,将自己的前途和发展与国家、民族的命运联系起来,做到爱国、爱党、爱社会主义的有机统一,同时要具有国际视野,拥有开放的胸襟和理性的思维,不能成为狭义的爱国主义者。在具体的实践中要坚定地维护国家统一和民族团结,坚定马克思主义信仰,坚决维护中国共产党的领导,保持民族自信心和自尊心,树立正确的国家观和远大的报国之志,努力学习和工作,以自己的实际行动和不懈努力履行爱国义务。

(二)志存高远的追梦者

2012 年 11 月 29 日,习近平总书记在国家博物馆参观《复兴之路》展览时,第一次提出了“中国梦”。就本质而言,中国梦就是国家富强、民族振兴和人民幸福,充分反映了中华民族和中国人民千百年来孜孜不倦的梦想追求和对未来社会的美好愿景。时代新人是同新时代同行共进的一代,是整个社会最朝气蓬勃的力量,是国家的未来、民族的希望,实现中华民族伟大复兴的中国梦,需要他们做志存高远的追梦者。“志不立,天下无可成之

事”,高远的志向是引领一个人拼搏奋斗、一往无前的指示器,它像一座灯塔,指引着个体砥砺前行。追梦需要拥有满怀的热情和饱满的激情,在此基础上树立远大的理想。对于时代新人而言,志存高远首先就是要自觉树立起中国特色社会主义的共同理想和共产主义的远大理想。同时,根据自己的实际树立人生理想,将自己的人生理想与国家的前途、民族的命运和人民的幸福生活密切联系起来,在心中埋下追逐梦想的种子,让梦想之光在青春的长河中熠熠生辉。

(三)脚踏实地的奋斗者

马克思主义认为,“人的本质并不是单个人所固有的抽象物。在其现实性上,它是一切社会关系的总和。”作为处在特定的社会关系和历史条件下的人,只有在社会实践中才能实现自身的价值。“功崇惟志,业广惟勤”,时代新人不仅要志存高远做追梦者,更要脚踏实地做圆梦人,在实干与奋斗中实现自身的价值。习近平总书记指出:“‘空谈误国、实干兴邦’,立足本职、埋头苦干,从自身做起,从点滴做起,用勤劳的双手、一流的业绩成就属于自己的人生精彩。要不怕困难、攻坚克难,勇于到条件艰苦的基层、国家建设的一线、项目攻关的前沿,经受锻炼,增长才干。”无奋斗,不青春,奋斗是青春最亮丽的底色。中华民族的伟大复兴需要一代又一代人通过奋斗来实现。幸福是奋斗出来的,时代新人作为社会主义现代化的建设者,要做积极有为的“行动派”,而不是天马行空的“空想家”,要敢于吃苦、不怕辛苦、乐于实践,以严谨的态度、精益求精的精神将自己所学的领域学精学透,提升自己的素质与本领,兢兢业业地投身到具体的实践中,不眼高手低,做到知行合一,做新时代的实干家和奋斗者。

(四)德行高尚的奉献者

德行高尚、无私奉献是一种高贵的人格品质和宝贵的精神财富,也是一个人实现人生价值的必备要素,它使社会变得更加温暖和谐友爱。在实现中华民族伟大复兴的征程中需要一大批德行高尚的奉献者为国家的发展、民族的振兴和人民的幸福助力。然而,受拜金主义、功利主义和精致的利己主义等不良思想的影响,部分青年的个人意识较强,集体意识薄弱,奉献意识不强,不利于他们积极性主动性的发挥。2016 年 4 月 26 日,习近平总书记在知识分子劳动模范、青年代表座谈会上的讲话中指出“广大青年要自觉奉献青春,为全面建成小康社会多做贡献。”作为时代新人,要力争成为有大德大爱大情怀的人,具有深切的家国情怀,自觉树立起奉献意识,将奉献作为实现自己人生价值的路径,甘于奉献、乐于奉献,在学习与生活中增长才干、练就过硬的本领,将自己的青春与力量投入到为人民服务之中。

(五)锐意进取的创新者

创新是一个民族进步的灵魂,一个国家兴旺发达的不竭动力。当前各行各业都需要创新,创新是实现中华民族伟大复兴的关键要素。尤其是新形势下,全球处于网络化、信息化时代,科技创新是当前综合国力竞争的核心要素,哪个国家掌握了核心技术,哪个国家就占领了前沿领域,哪个国家在国际上就拥有了发言权。青年一代是我国十分宝贵的人才资源,是社会上最朝气蓬勃、最富有活力、最具有创新潜力的群体,理应当走在创新创造的前列,做锐意进取的创新者,培养自己的创新意识、创新思维,善于发现问题,积极探索自己所学领域的重点、难点问题,敢于攻坚克难,开拓进取,在求索中创新。

三、思想政治教育视域下时代新人的培育路径

思想政治教育是一项以培养德智体美劳全面发展的社会主义建设者和接班人为目标的铸魂育人工程。培育能够担当民族复兴大任的时代新人是新形势下思想政治教育的重要职责。基于时代新人的内涵、精神特质和思想政治教育的规律,要从涵育德行、厚植爱国情怀、构筑思想之基、强化使命担当四个方面入手,培育时代新人。

(一)以中华文化的精髓涵育德行

文化作为一种深沉持久的力量,对人的影响是潜移默化、深远持久的,它不仅能够怡情养志,丰富人的精神世界,而且能够涵养人的德行。中华文化源远流长、博大精深,它由拥有五千多年历史的中华优秀传统文化,具有百余年革命传统的红色文化和民族的、科学的、大众的社会主义先进文化组成。其中包含着色彩斑斓、多姿多彩的内容,为培养时代新人提供了丰富的教育内容与素材。思想政治教育具有鲜明的文化属性,在凸显政治性和意识形态的同时,要注重以文化人、以文育人。在教育过程中注重运用中华文化的精髓来涵养时代新人的德行,提升他们的思想境界和道德涵养。

首先,以中华优秀传统文化的思想精华涵育时代新人的德行。中华优秀传统文化是中华民族在五千多年的伟大实践与历史积淀中通过不断地交融、扬弃和创新中形成的,是中华民族独特的精神标识,蕴含着丰富的思想道德资源。例如,国之四维“礼义廉耻”,五常“仁义礼智信”,虽然有一定的封建色彩,但是去其糟粕之后具有很高的育人价值。还有“包容”“和谐”“友善”等思想,都是培育时代新人德行的重要素材。其次,以红色文化涵育德行。红色文化是中国共产党带领中国人民在艰苦卓绝的革命战争中形成的,其中包含着矢志不渝的爱国精神、敢为人先的创新精神、坚持不懈的奋斗精神、自强不息的追求精神等,这些精神是中华民族宝贵的精神财富,是

培育时代新人的营养剂。最后,以社会主义先进文化涵育德行。社会主义先进文化具有高度的科学性、人民性和时代性,是与时代同进步的、与人民群众共命运的文化,在社会主义文化大发展、大繁荣的今天,思想政治教育要以社会主义核心价值观为引领,运用丰富多样的文化产品来培育时代新人。

(二)以理想信念教育构筑思想之基

强化理想信念教育,是思想政治教育视域下培育时代新人的重要路径和方法。理想信念是一个人成长与发展的精神养料,如果缺失,就会得“软骨病”。尤其是对青年来说,理想信念至关重要。如果青年的理想信念不坚定,整个国家和民族就会失去主心骨。习近平总书记指出培养社会主义建设者和接班人“要在坚定理想信念上下功夫,教育引导学生树立共产主义远大理想和中国特色社会主义共同理想,增强学生的中国特色社会主义道路自信、理论自信、制度自信、文化自信,立志肩负起民族复兴的时代重任。”

首先,强化马克思主义理论教育。习近平总书记在纪念五四运动100周年大会上指出:“理论上清醒,政治上才能坚定。坚定的理想信念,必须建立在对马克思主义的深刻理解之上,建立在对历史规律的深刻把握之上”,马克思主义是辩证唯物主义和历史唯物主义的统一,是科学的世界观和方法论,是指引中华民族走向繁荣富强的科学理论。思想政治教育要以马克思主义理论教育为主要内容,用马克思主义的真理性和科学性武装时代新人的头脑,帮助他们树立历史思维、辩证思维、底线思维和创新思维,在接受马克思主义理论教育的过程中树立共产主义远大理想和中国特色社会主义共同理想。

其次,增强“四个自信”教育。朝气蓬勃的青年是实现中华民族伟大复兴的主要力量,作为担当民族复兴大任的时代新人,必须坚定中国特色社会主义道路自信、理论自信、制度自信、文化自信,只有这样才会有坚定的底气和昂扬的斗志投身到社会主义建设的伟大实践,为祖国和民族的发展贡献力量。因此,思想政治教育在培育时代新人的过程中要增强“四个自信”教育,将“四个自信”教育融入思想政治教育的全过程,增强他们对“四个自信”的认同。

最后,强化人生理想教育。崇高的人生理想是激励个体不断向前的动力源泉。人生理想是否正确,直接影响着个人的发展轨迹,也影响着国家和民族的未来。思想政治教育要帮助时代新人树立正确的“三观”,引导时代新人确立远大的个人理想,并将个人理想与社会理想统一起来,使时代新人在服务社会和人民的过程中实现个人理想。

(三)以家国情怀教育厚植爱国情怀

第一,引导时代新人树立马克思主义国家观。马克思主义国家观是在辩证唯物主义和历史唯物主义的基础上形成的,凝聚了马克思主义经典作家对于国家的根本看法和观点的集体智慧,是科学的国家观,包含着丰富的内容。在具体教育中,让大学生正确理解和认识国家的基本内涵、起源、职能、本质和发展趋势等内容,为他们科学认识中国奠定基本理论基础。第二,深化大学生对我国基本概况的了解。基本概况是一个国家的名片。一方面要引导大学生深入了解我国的壮美河山、灿烂文化、风土民情;另一方面从全球视野出发,让大学生了解我国的国际地位、我国为世界发展所做的积极努力和贡献,以及我国在全球化浪潮中的发展境遇。同时,深化大学生对我国基本国情的认识。新时代,虽然我国社会生产力的发展水平有了质的提升,人民的生活质量有了极大的改善,但是我国仍处于并将长期处于社会主义初级阶段的基本国情没有变,是世界上最大的发展中国家的地位没有变。要让大学生理性看待我国现阶段的发展状况,理解社会主义发展的阶段性、不平衡性和长期性,正确看待我国在发展过程中存在的问题,拥护中国特色社会主义事业。第三,加强国史党史教育。不忘历史,才能开创未来。国史和党史记录了中华民族和中国共产党的发展轨迹。其中内涵的辉煌成就和遭遇的挫折都是厚植时代新人爱国情怀的素材。因此,在思想政治教育过程中要注重运用国史和党史教育时代新人,这样不仅有助于激发他们的爱国热情,而且有助于帮助他们树立正确的历史观。

(四)以责任担当教育强化使命意识

高度的责任感和使命意识是一个人成就自我、为社会做贡献的基石。习近平总书记指出:“一代人有一代人的长征,一代人有一代人的担当。建成社会主义现代化强国,实现中华民族伟大复兴,是一场接力跑。”时代新人承担着民族复兴大任的时代使命,他们必须顶天立地、尽职尽责。由此,思想政治教育要强化责任担当教育,增强时代新人的使命感,激发他们奋发图强的热情。首先,引导时代新人积极承担社会责任。作为具有社会属性的个体,时代新人只有在广泛的社会实践中才能实现自己的价值。因此,时代新人要将个人的成长与社会的发展结合起来,积极承担社会责任,主动参与社会实践,在火热的社会实践中练就过硬本领。其次,引导时代新人承担民族复兴的责任。让他们从思想和价值高度理解自己所处的美好时代和特殊的时空境遇,主动将实现国家发展、民族振兴、人民幸福的责任扛在肩上、记在心间,并寓于行动,在学习与实践中练就过硬的本领,为中华民族的伟大复兴贡献力量。最后,引导时代新人承担世界责任。“修身、齐家、治国、平天下”,时代新人要在立足国家与民族发展的基础上面向国际、面向世界,具有大情怀和国际视野，自觉承担起建设“人类命运共同体”的责任，积极运用中国智慧为世界的发展贡献力量。

培育能够担当民族复兴大任的时代新人是新时代发展的必然要求，是实现中华民族伟大复兴的智力支撑。培养时代新人需要形成一股合力，思想政治教育作为系统的铸魂育人工程，具有鲜明的政治性和意识形态性，其根本任务就是“立德树人”，关系着时代新人思想的培育和人格的塑造。因此，要自觉担负起培养时代新人的使命，为实现中华民族伟大复兴的中国梦培养合格的社会主义建设者和接班人。

参考文献

[1]习近平. 决胜全面建成小康社会 夺取新时代中国特色社会主义伟大胜利[N]. 人民日报,2017-10-28(1).

[2]张洋. 举旗帜聚民心育新人兴文化展形象 更好完成新形势下宣传思想工作使命任务[N]. 人民日报,2018-08-23(1).

[3]中共中央文献研究室. 毛泽东文集：第 6 卷[M]. 北京：人民出版社,1999.

[4]中共中央文献研究室. 毛泽东文集：第 7 卷[M]. 北京：人民出版社,1999.

[5]邓小平. 邓小平文选：第 2 卷[M]. 北京：人民出版社,1994.

[6]邓小平. 邓小平文选：第 3 卷[M]. 北京：人民出版社,1993.

[7]江泽民. 江泽民文选：第 2 卷[M]. 北京：人民出版社,2006.

[8]胡锦涛致中国青年群英会的信[N]. 人民日报,2007-5-5(1).

[9]努力培养担当民族复兴大任的时代新人：学校思想政治理论课教师座谈会与会代表热议习近平总书记重要讲话[N]. 人民日报,2019-3-19(4).

[10]全力培养社会主义建设者和接班人[N]. 人民日报,2018-9-15(4).

[11]中共中央马克思恩格斯列宁斯大林著作编译局. 马克思恩格斯全集：第 3 卷[M]. 北京：人民出版社,2016.

[12]习近平. 在北京大学师生座谈会上的讲话[N]. 人民日报,2018-5-3(2).

[13]习近平. 在纪念五四运动 100 周年纪念大会上的讲话[N]. 人民日报,2019-5-1(2).

[14]中共中央马克思恩格斯列宁斯大林著作编译局. 马克思恩格斯选集：第 1 卷[M]. 北京：人民出版社,2012.

[15]习近平. 在知识分子、劳动模范、青年代表座谈会上的讲话[N]. 人民日报,2016-4-30(2).

[16]张烁. 坚持中国特色社会主义教育发展道路 培养德智体美劳全面发展的

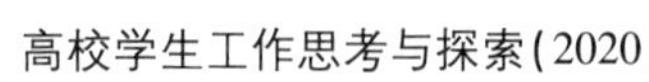

社会主义建设者和接班人[N].人民日报,2018-9-11(1).
[17]习近平.在庆祝中国共产党成立95周年大会上的讲话[M].北京:人民出版社,2016.

高校学生人文素养的缺失与培育

教育学院 王晓颖 常媛媛

【摘 要】 当今中国要实现“伟大复兴”,要在国际竞争中崭露头角,不能仅靠国民经济的发展和强大的科技进步,深厚的中华传统文化和历史积淀才是不可或缺的。高等教育事业既要加快建设成为世界一流大学,既要注重素质增强学生的专业技能和知识,更要注重提升他们的人文素养。目前,我国高校在人文素养教育方面做了很多努力,采用了很多办法,但是多种原因导致人文素养还存在不足之处。本文通过对本校文理工医不同专业的学生抽样进行一对一访谈,对培育人文素养存在的问题、原因及对策进行了归纳整理,以期引起大家的重视,共同帮助青年学生自觉主动加强个人修养,提升整体素质。

【关键词】 人才培育;普通高校学生;人文素养

一、选题背景及意义

党的十九大报告指出:“培养时代新人,要坚持立德树人、以文化人,弘扬民族精神和时代精神,加强爱国主义、集体主义、社会主义教育,持续深化社会主义思想道德建设,深入实施公民道德建设工程,加强和改进思想政治工作,推进新时代文明实践中心建设,不断提升人民思想觉悟、道德水准、文明素养和全社会文明程度。”青年的价值取向决定了未来整个社会的价值取向,“青年是引风气之先的社会力量,一个民族的文明素养很大程度上体现在青年一代的道德水准和精神风貌上。”高校学生是青年中的一支重要力量,他们不仅有活力、有热情、有朝气,还有知识、有思想,习近平总书记也多次深情寄语广大青年学生,对他们寄予厚望,由此可见,青年学生成长成才的重要性不言而喻。建设世界一流大学、培养担当民族复兴大任的时代新人,这是时代对我们提出的要求。要实现这一目标,对于政府、高校和大学生来说,都有责任,需要大家共努力。

是否具有较高的人文素养,这是衡量高校学生是否具有较高的综合素质的重要内容之一。目前,我国高校学生整体的人文素养不是特别令人满意,无论是从对大学生的个人发展层面,还是从对现代化建设人才需求、和谐社会构建层面来讲,探寻目前高校学生在人文素养方面存在哪些问题,如何较好地解决这些问题是很必要的。那么,什么是人文素养?应如何培养高校学生的人文素养呢?

二、培育大学生人文素养的重要性

“人文”一词最早出现在《易经·贲卦》中:“观乎天文,以查时变;观乎人文,以化成天下”。随着时间的推移,“人文”的概念也在发生变化。如《现代汉语词典》将其界定为“人类社会的各种文化现象”。素养一般指经过长期的训练和实践获得的知识、技能、科学创新能力以及培塑、沉淀形成的个性品质、文化内涵、心理素质等,包括能力、技术等物质因素和品质、心理等精神要素,是科技、人文两方面的有机融合。

高等教育的根本任务是立德树人,高校学生人文素养状况如何非常重要,所以对高校青年学生人文素养的培育工作显得很重要、很有意义。

(一)有利于促进学生的全面发展

学生具有较高的人文素养有利于其开阔视野、磨炼意志,有利于培养综合素质,能为高校学生的全面发展奠定良好的基础,也有利于高校学生树立正确的三观,增强他们的社会责任感、使命感和担当意识,引导他们正确认识自身的价值。

(二)有利于丰富学生的精神境界

我们平时常说的一个人是否成才,往往是根据其知识或技能带来的客观成果来判断的,而情感、道德等非智力因素常常被我们忽视,这些非智力因素不经意间可能对成功起着巨大作用,甚至是决定性的作用。加强对高校学生人文素养的培育,主要就是强调除了要掌握过硬的专业本领外,高校学生应该具有高尚的道德情操、崇高的精神境界等,关注其道德、情感、精神,帮助他们成为阳光、自信、乐观的人,这些对高校学生的健康成长和长远发展都有重要意义。

(三)是社会发展的新要求

党的十九大指出:中国特色社会主义进入新时代。新时代对社会发展提出了更高的目标,高校学生作为即将踏入社会的一支年轻生力军,对其提出的要求也自然应该更高,他们在精神面貌、道德水准、知识技能等方面都应该严格要求自己,继承中华文明的精华,做担当民族复兴的时代新人。这也是社会发展和时代赋予高校学生的要求。

由此可见,人文素养的高低对高校学生的发展和成长起着至关重要的作用,我们必须努力培育高素养的学生,为社会输送不仅有渊博知识还有良好道德品质、高尚人格的毕业生。经过访谈、查看网络资料,我们不难发现,目前高校学生人文素养存在一些不容乐观的现象。

三、大学生人文素养方面存在的问题

(一)高专业文化知识,低文化素养

不管是理科生,还是文科生,都普遍存在一个现象:丰富的专业文化知识,薄弱的实际动手操作能力。就理科生而言,多数口头表达能力不强,不擅长交际,写材料困难;对于文科生来说,其大学生涯的课程多数和语言有关,但是实际动起手来,却事与愿违。理科生不太深入了解历史文化知识,对党史国史缺乏关注,文科生虽然浪漫,但容易脱离实际。

(二)道德素质滑坡

社会上有一个很尴尬的评价:现在的大学生道德素质滑坡。表现在:随手扔脏物,不给老年人让座,宿舍凌乱不堪,语言不够文明,奢侈浪费,唯利是图,追求名牌等。尽管描述可能有些夸大,但也暴露出存在的一些问题。另外,考试作弊、论文抄袭、贷款违约、精致的利己主义这些苗头不容忽视,不加教育就会对高校造成恶劣的影响。

(三)社会责任感下降

高等教育是要造就既有扎实专业知识又有高尚道德品质的社会主义现代化建设者和接班人,提高高校学生的综合素质,从某种意义上讲就能为社会多创造价值。但是,部分高校学生在拥有一定的专业知识的同时,经常想的是自己,什么对自己有利,怎样才能使自己的利益最大化,可能也关注社会发展变化,但国家有困难、人民有困难时,不愿发光发热,不愿尽个人义务,表现出漠然,事不关己、袖手旁观的态度,缺乏社会责任感和担当精神。

(四)法律意识欠缺

思想道德修养与法律基础是高校的一门公修课,无论文理工医,同学们都学习了,但目前有小部分学生学法却不懂法,一种情况是因缺乏法律意识,在人身安全或正当权利受到侵害时,不知道用法律武器保护自己;第二种情况是还有极少数学生做事任性妄为,自己违反纪律或违法犯罪也全然不知。这些例子也说明高校学生的人文素养存在一定程度的缺失。

(五)价值观念扭曲

受多元价值观念的影响,在高校学生中也存在拜金主义、自由主义思想,有部分学生好逸恶劳、自私虚荣,崇尚物质享受,自私冷漠、人际关系不

和谐,自觉抵御错误思想文化的能力较差,价值观念扭曲,一些民族传统文化在他们身上已逐步弱化。

四、高校学生素养缺失的原因分析

要想从根本上改变现状,首先要分析造成该现象的原因。

(一)社会环境的影响

随着互联网时代的到来,社会信息化特征越来越明显,鱼龙混杂、真假难辨的信息铺天盖地,影响人们三观的因素变得多且杂。高校学生的价值观正处在形成期,不太成熟,容易受环境的影响和干扰,传统教育和课堂教学中讲述的都是高大上的、又红又专的思想和主义,这和社会中出现的拜金主义、享乐主义等形成鲜明对比,容易让人价值迷失,难以理性分析和思考。此外,随着近些年大学生就业难,应届生没有工作经验、待遇低,毕业后还要面临买房、买车等问题,经济压力很大,社会上掀起了“读书无用论”的讨论和争执,一个不读书早早就去打工积累了一定工作经验的青年人,和一个一直在校园学习刚毕业没有任何工作经验的青年学生,在同样类别的工作岗位上,可能这个工作经验多的青年人比刚毕业的大学生的工资待遇高一截,这也挫伤了一些青年学生和其家长的自尊心,再加上激烈的社会竞争和现实生活压力,本来指望知识改变家庭命运、上学出人头地的一些家长和学生,对前途感到迷惘、缺乏自信,影响着大学生价值观的形成。

(二)教育制度的弊端

我国多年的应试教育,使得各级各类学校在教材的安排上,重理论知识学习、轻素养养成教育。高中阶段,升学压力大,为了能够让学生考上好大学,提高学校的升学率,对文科学生来说,知识讲授基本限于满足高考需要,以死记硬背记忆为主,学生没有时间去细细分析,没有精力去慢慢思考,加之中学生思维不成熟,这里面很容易缺失人文精神;而理科生面对大量的练习题、计算题,对人文知识的学习和掌握更加少,甚至出现空白。进入大学阶段,在理工科学生的培养上往往只注重做实验搞研究,以技能概全部,缺乏文化的植入熏陶,在如何培养全面发展的人这方面,没有真正重视起来,理科生很少有人会探讨人生、梦想等话题;文科生相对来说好一些,课程教学中多少会涉及一些人文素养方面的内容,整体上来说还不太理想,没有达到我们高校学生应有的发展高度,访谈中,有学生提到,校园文化活动虽多,但人文素养类的不多,希望以后能加强。

(三)部分教师的人文素养不足

教师是个神圣的职业,是光荣的化身,社会对教师的期望值很高,因为他们肩负着教书育人的重任。所以对教师的知识、素养等各方面都应该严要求,因为他的一言一行可能会影响一个人或者一批人的思想、行为,可能会影响一个人或一批人的前途和命运。在高校课堂上,还存在部分教师不认真备课,敷衍课堂,敷衍学生,甚至还有少数教师在课堂上说一些不负责任的话、背离主旋律的话,更有甚者,还有个别教师有违师德师风,存在违法乱纪的行为。这些教师或者没有用情怀把教育工作当成事业来做,或者自身就存在人文素养缺失,何谈培养学生的人文素质。

(四)大学生自身的原因

目前高校学生已有近半数是“00 后”,网络上充满对“00 后”孩子的担忧,他们能不能担负起时代赋予的使命和责任?我们不能一棒子敲下来,是褒或贬地评价他们,而是要结合他们的生活环境理性分析,合理评价。他们生活在信息化、网络化时代,是改革开放经济发展成果的受益者和享用者,没有吃过什么苦,且大多是独生子女,网络了解碎片化信息杂乱多,由于年龄小、单纯、思维能力不成熟,缺乏辨别能力。而且,现在的网络发达,碎片化阅读代替了经典文学作品阅读,手机代替了图书馆,导致青年学生惰性大,比较宅,没课的时候喜欢待在宿舍追剧、看娱乐节目、打游戏等,学习传统文化的热情减退。

(五)家庭期望过于功利

很多家长希望孩子功成名就,将来能有出息,喜欢拿自己家孩子和别人的孩子进行对比,给孩子施压。尤其在独生子女时代,他们把自己的全部期望,甚至自己曾经未圆的梦想都统统放在孩子身上,给孩子带来了巨大压力。因而,常见的是家长们愿意积极配合学校的“应试”教育,只注重高分,而不重视其他,只要能考上理想的大学就行,而不关注孩子的道德品质、心理状况等。等孩子考上大学,家长们又有了新的要求,希望他们能保持好成绩,能推荐免试攻读硕士研究生或者毕业后能找到体面又高薪的工作,总之只要前途好就行,并不重视孩子的人文素养状况。

五、提升大学生人文素养的对策

(一)健全人文教育制度

制度是开展工作的保障,有了制度,工作就有据可依、有据必依了。当前我们要通过对应试教育的改革,加大力度重视培养包括人文素养在内的学生的综合素质。完善评估标准,不单纯以就业率、考研率、科研成果等量化指标来评价学校的教学质量和人才培养质量,不单纯以成绩评价学生的优良中差。用实际行动重视人文学科发展,开设人文社科类课程,招聘相关

专业教师,强化师资力量,通过制度保障强化教育理念,正面教育引导高校学生主动学习,提高素养。

(二)提高教师的人文素养

高素质的教师队伍是开展高质量教育工作的保证。教师对学生负有言传身教的职责,在工作中不仅要正确传播知识,还要注意端正自己的品德修养,润物细无声地教育引导学生。先做好“传道”,才能更好地“授业、解惑”。要提高整个教师队伍的人文素养,首先,学校应把严入口关,在招聘教师和引进高端人才的时候,不仅要听试讲,看科研成果,也要测试他们的人文素养。其次,针对在职教师,可以利用网络培训资源,加大人文素养培训力度和覆盖面。再次,多为教师提供外出学习交流的机会,多走出去看看,视野越开阔,越能激发他们的爱国之情和奋斗动力。

(三)完善高校思政课程设置

发挥思政课的育人功能,充分利用资源,不断更新教育内容,授课内容注重贴近学生生活,以学生为主体,让学生易于接受、乐于接受教育内容。还要多将课程与中华优秀传统文化结合起来,并依据学生发展实际,完善教学有关标准,根据标准调整教材。

(四)推进大学生的社会实践

思想是行动的先导,有了正确的思想意识,才能指导高校学生主动作为,提升自己的素养。光有课堂教学是不够的,还要辅以社会实践、志愿服务等,要让学生在实践中自觉提高个人的人文素养。结合重要节点、假期、课程学习,组织学生、鼓励学生多参加社会实践活动,走近社会、了解民生国情,在此基础上培养学生服务社会、奉献社会的意识,养成协作精神等。

(五)丰富校园文化活动

学校要认真贯彻落实中共中央、国务院提出的“进一步推进高雅文化进校园活动,提高学生艺术修养”要求,多组织开展有内涵有温度的高雅活动,丰富同学们的精神生活,陶冶情操。利用一些重要节点开展鲜明的主题教育活动,在娱乐中、活动中收获好的教育效果。

(六)利用新媒体构建人文素养培育体系

互联网时代,我们要充分利用新媒体平台,线上和线下齐发力,搭好台子,多想办法,构建受高校学生欢迎的人文素养培育体系。线下可邀请名家、专家、学生喜爱的老师开展讲座、开设选修课,加深理论知识的灌输和领悟,促进他们的自我调整。线上以微信公众号、微博、QQ 群为主,不仅要定期推送相关知识,还可以借鉴热门娱乐节目,开设不同的栏目,选一些高雅文化视频,供大家欣赏评论,潜移默化地达到教育效果。

（七）加强中华优秀传统文化教育

人文素养并非天生的，也不会一蹴而就，我们应在社会主义核心价值观的引领下，培育大学生人文素养。中华民族传统文化是人文素养培育的思想宝库，很多优秀传统思想时至今日依然熠熠生辉，故我们应加强中华优秀传统文化教育，既有助于增强青年学生的文化自信，又能提高学生的素养。

良好人文素养的培育与个人成长成才、社会发展息息相关，要充分认识其重要性，政府、学校、家庭、个人共同参与，共同努力，为青年大学生的成长成才提供优良环境。

参考文献

[1]马世娜.大学生人文素质教育研究[D].沈阳:辽宁大学,2012.

[2]张延.浅谈优良传统文化与大学生人文素养培育[J].高教研究,2012(8):230-231.

[3]李建平.论大学生人文精神及其培养[D].上海:复旦大学,2012.

[4]钟华华,钟亮梅.大学生人文素养培育的瓶颈与突破研究[J].闽西职业技术学院学报,2019,29(4):1-5.

[5]杨冬梅,闫晓荣.大学生科学素养和人文素养协调培育的现实需求[J].阴山学刊,2011,24(1):117-120.

[6]王石径,顾肃.大学生人文素质培育的思考与探索:香港科技大学全人教育的启示[J].湖北社会科学,2015(6):179-184.

[7]宋振航,黑晓卉.中国大学生人文素质教育改进对策[J].中国石油大学胜利学院学报,2014,28(3):51-53.

[8]杜仕菊.社会主义核心价值体系与大学生人文精神的培养[J].理论学习与探索,2011(5):80-82.

[9]陈恬恬,鲍峥璐,李海燕.新时代大学生人文素养水平现状与培育的探究[J].智库时代,2019(11):246-247.

“由知而信、由信而行”的思政教育路径
——当代大学生礼文化认知与文化自信现状考察

新闻与传播学院　李涵　高一哲

【摘　要】 在文化冲击强烈的当下,考察当代大学生对中国传统礼文化的内容认知、价值认同和实践倾向,揭示大学生整体礼文化认知水平并不理想的现实情况,以及年级、专业等统计学因素对认知水平的影响,并对认知情况与价值认同、实践意向两对关系的正相关性进行验证和说明,据此提出通过增强礼文化认知提升民族认同和文化自信的思政教育路径。

【关键词】 大学生;礼文化;认知;态度;行动

在多种文化纷繁交错的当下,大学生群体接触的文化类型多种多样。礼文化作为中国传统文化的核心要义,体现着中国人的精神气质与民族内涵。大学生如何在多彩的文化传播中认识自身传统文化?对此有多少了解?是否愿意遵循传统礼文化所倡导的价值观念,并视此为民族精神的基础?是否愿意为传承和传播该文化作出自己的贡献?对这些问题进行求解是本研究的初衷。

因此,本研究所要解决的主要问题为:当代大学生对中国传统礼文化的认知情况如何?这种认知多大程度上能够转化为价值认同,能否帮助形成基于本民族价值取向的文化自信?礼文化的传播与传承能否以大学生为主体在当代社会继续进行,延续中国人的立身之本?为了解决上述问题,本研究主要采用问卷调查的方式。

一、研究设计

(一)研究视角与思路

1. 研究视角

根据传播效果的相关研究,传播效果一起发生的逻辑顺序或表现阶段可以分为三个层面:认知层面、心理和态度层面与行动层面。本文参照此理论设置研究路径,考察大学生群体对礼文化由认知到认同,再到践行的过

程,即文化认知、文化认同与文化自信,及自觉维护和传播礼文化的过程,继而发掘基于中华礼文化的文化自信的建立途径与传播渠道。

2. 研究思路

本研究主要通过问卷调查的方式,对大学生礼文化认知情况进行调查,进而探究大学生群体在新媒体时代对中国传统文化的认同感与自豪感。通过对中国礼文化、文化认同等相关概念、理论的梳理,本研究细分了中国礼文化的内涵与意义,以及文化认同考察向度,以便确立可测量的考察变量。

第一,对中国礼文化含义的细分,主要用于形成问卷的具体项目,包括:日常礼仪、节日礼俗、人生仪式、国家礼治、礼文化精神等。

第二,对文化认同的分析,主要用于形成考察的角度。该部分以心理学和传播学中对认同和态度的有关论述为基础。一方面,心理学将认同与态度相联系,将态度分为认知、情感、意向三个方面。另一方面,认同作为一种传播活动的结果,属于传播效果范畴,效果在传播学中被认为发生在认知、态度和行动三个层面。

结合以上两方面,本研究将对中国礼文化划分为礼仪、礼俗、礼治等方面,将文化认同的考察细分为认知情况、情感态度和行为意向三个方面,具体考察当代大学生在中国礼文化不同方面的知行现状。在此基础上,尝试分析影响该现状的可能因素,对其进行相关验证。最后,根据研究结果,提出具体实际的策略,进一步提升当代大学生对中国礼文化的认同。

(二)研究问题与假设

本问卷旨在考察当代大学生对中国礼文化的认同现状,分析影响其认同行为的可能因素,据此提出相应的改善策略,以期在大学生群体中形成学习、践行、传播礼文化的良好氛围。

根据研究问题,本问卷将考察内容细分为下列方面。

第一,人口统计学因素与礼文化认知水平,主要涉及学历、学科门类与礼文化认知的关系。

第二,礼文化认知情况与认同态度之间的关系,对礼文化相关内容的高认知是否意味着高认同。

第三,礼文化认知情况与行为转换的关系,高认知是否能顺利转换为对礼文化的践行与宣传。

第四,礼文化认知水平与获取渠道的关系,多渠道宣传与推广是否能带来礼文化认知水平的提升,哪些渠道在礼文化传播中发挥了更为重要的作用?

根据上述问题,本研究提出如下假设:

假设1:学历与礼文化认知水平成正比。

假设2:文科学生比其他类别学生礼文化认知水平高。

假设3:认知与态度成正比,礼文化认知水平越高,对礼文化的认同度越高。

假设4:认知与行为成正比,礼文化认知水平越高,转化为实践和传播礼文化行动的可能性越大。

假设5:认知与渠道有关,获取礼文化知识的渠道越多,礼文化认知水平越高。

(三)样本抽取与测量

1. 抽样方法

为确保样本具有普遍性和代表性,本研究在全国范围的高校收集样本,兼顾各省市地区,考虑性别、年龄、学历、学科、政治身份等多种人口统计学因素。在实际操作过程中,研究者从身边出发,以郑州大学在校本科生、硕士生和博士生为起点,向外扩散,采用便利抽样和滚雪球推荐等方式向外扩散问卷。

2. 预调查情况

信度与效度测试是衡量问卷质量与可行性的重要指标。本问卷所涉及问题及指标,大部分分析出于相关文献,结合与团队成员的讨论,做出适当修改,最终确定问卷测量项目。

为了检视本问卷相关指标和问题的量化效果,提高调查水平,本研究事先随机发放了50份问卷用以检验信效度。经SPSS软件分析,α系数为0.738 7,问卷设置有效。

3. 正式调查情况

本研究采用网络发放问卷的方式,以郑州大学在校生为中心向外扩散,辐射全国高校,最终共获得827份问卷,剔除无效问卷,如漏答题目在25%以上,所选答案前后矛盾等,得到有效问卷736份,有效率约为89%,达到了预计数量。

(四)指标量化与数据测量

本问卷大体分为五部分:人口统计学因素考察、礼文化认知情况考察、礼文化态度考察、礼文化践行实践考察,及礼文化传播与获取渠道考察。题目设置与赋值如下。

1. 人口统计学因素的确立

人口统计学因素由1~5题考察,为单选题,考察指标有:性别、年级、政治面貌、学科门类、学校省份等。描述样本对象的基本情况。

2. 礼文化认知情况的描述

对礼文化的认知情况由6~15题考察,其中6、7题为多选题,列举礼文

化的基本观点，每选一项计 1 分；8 ~ 15 题为单选题，选取难易程度不等的礼文化知识，考察调查对象对礼文化基本知识的了解情况，每题计分规则为答对计 1 分，答错或未回答计 0 分。

上述 10 题的得分之和，计为调查对象在礼文化认知方面的总分，用以反映其礼文化认知水平。

3. 礼文化观点态度的倾向

对礼文化观点态度的考察由 17 ~ 19 题完成，均为五级量表题。选取礼文化在新媒体时代的几种形式、孝礼文化和总体文化认同三个方面，分别设题，考察调查对象在对礼文化认同态度方面的表现和倾向。

本部分采用计分制，由“完全同意”至“完全不同意”分别计 5 至 1 分，依次递减。各问题得分之和，用以反映调查对象礼文化态度的倾向。

4. 礼文化践行实践的抉择

20 ~ 24 题主要考察调查对象在礼文化践行和行动方面的意向问题。其中，20 题为多选题，每选一项计 1 分；21 ~ 24 题为单选题，由 A 到 C，分别计 3、2、1 分。上述五题得分之和，用以反应被调查者在礼文化践行方面的抉择。

5. 礼文化获取渠道的选择

该方面由 16 题考察，为多选题，每选一项计 1 分，计算总得分，表示调查对象获取礼文化知识和宣传的渠道接触情况。

此外，本问卷在 25 ~ 30 题部分，分别从国家、学校、媒体、家庭等层面，考察了调查对象对礼文化接触和学习的期待渠道，以及影响礼文化传播传承的可能因素，用以对研究问题进行补充。

二、结果分析

（一）描述性统计

本次研究共收回问卷 736 份，所设问题总分为 35 分，多数调查对象得分在 15 ~ 19.9 分区域，为 429 人，可见多数调查对象的得分仅为总分一半；其中得分为 10 ~ 14.9 分区域，有 164 人；20 分以上者为 142 人，可见高分区域人员分布较少；另有 1 人得分在 5 ~ 9.9 的低分区间。现将样本的基本情况做简要描述，结果如下。

1. 人口统计学因素的描述

本次调查所考察的人口统计学因素有性别、年级、政治面貌、专业类别、学校所在省市五项。从结果看，各类群体分布较为合理。其中，性别方面，男性占比 38.72%，女性占比 61.28%；年级方面，大一同学占比最多，为 25%，大一至博士人数占比依次递减；政治面貌方面，共青团员占比接近半

数,这也较为符合现实情况,同时,群众和其他政治面貌的受访者也有涉及,调查对象较为全面;在学科专业方面,文科生在受访者中占41.71%,理工农医各类均有分布;学校所在省市方面,包括港澳台在内的34个省市自治区均有受访学生,样本具有代表性。

2. 不同考察层面的描述

在有效问卷量 $N=736$ 的状态下,礼文化认知、情感态度、行动趋势及接触渠道四个考察层面的得分情况如下。

(1)礼文化认知得分情况

礼文化认知的考察涉及6~15题,得分区间为0~16分。根据相关统计可见,样本得分多集中在5~8分区间,多数被调查对象的得分低于平均分8分。题目的正确率与难度有很大关系,涉及儒家语录、传统节日、四书五经、“五常”等较为常见的礼文化知识的题目正确率较高,但在一些较生疏问题上,例如,“释奠礼是什么”“五礼”的分类与意义等,正确率仅为27.17%和19.29%,得分较低,说明大学生对于礼文化的认知,还停留在较为浅显的尝试层面,并没有深入的了解。

(2)礼文化态度倾向得分

礼文化态度倾向的考察以17~19题考察,得分区间为27~135分。由上述统计可见,多数调查对象得分集中在95~135区间,但53~94得分区间的对象也不在少数,高分区域较少。由此可见,被调查大学生群体对礼文化的认同倾向于正面态度,但也存在情感态度的负面倾向。

(3)礼文化践行抉择得分

对礼文化的践行与传播由20~24题考察,得分区间在0~16分。其中,调查对象得分多集中在9~12分区间,高于平均分8分,可见72.96%的被调查大学生在认同的基础上愿意传播和践行礼文化。但是,高分区间人数占比为20.65%,说明具有强烈行动意愿的调查对象仍然不多。

(4)礼文化接收渠道得分

该部分由16题考察,设置了家人、学校、媒体、书本和政府等礼文化传播渠道可供选择。其中“媒体节目与广告”的选择人数占比为61.96%,超过半数,可见媒体尤其是新媒体对大学生群体的影响之大。紧随其后的是“学校教育与讲座”和“书本知识”两个渠道,均超过了50%。但是,五项渠道全选的调查对象仅为3.8%,可见受众在进行礼文化内容的接收时,存在特定的渠道倾向。

(二)交互影响分析

交互影响分析主要包括对人口统计学因素与礼文化认知情况的分析和对礼文化认知与情感态度、践行可能及接受渠道的分析。具体内容如下。

1. 人口统计学因素与礼文化认知情况的分析

(1)礼文化认知情况与所处年级的差异分析

采用单因素方差检验(one-Way ANOVA),对年级在认知得分上的差异进行分析,见表2-1。

调查问卷将样本年级分为大一、大二、大三、大四、硕士和博士。由表2-1可知,年级在认知得分上的结果(F=45.446,P<0.05),F 检验对应的显著性概率值小于0.05,表明在0.05的显著性水平下,年级在认知得分上存在显著差异。

对存在显著差异的结果进行事后的多重比较分析,可以看出,大一的认知得分分别显著大于大二、大三和大四;硕士的认知得分分别显著大于大二、大三和大四;博士的认知得分分别显著大于大二、大三和大四。

表2-1 年级在认知得分上的差异分析

年级	N	均值	标准差	F	P	事后比较
大一	184	7.82	2.80			
大二	176	6.54	1.88			
大三	133	6.34	1.54			
大四	132	6.21	1.61	45.446	.000	1>2;1>3;1>4;1<5;2<5;3<5;4<5;2<6;3<6;4<6
硕士	97	10.02	3.14			
博士	14	8.79	3.17			
总计	736	7.26	2.60			

(2)礼文化认知情况与专业类别的差异分析

采用单因素方差检验(one-Way ANOVA),对专业类别在认知得分上的差异进行分析,见表2-2。

调查问卷将样本专业类别分为文科、理科、工科、农科和医科。由表2-2可知,专业类别在认知得分上的结果(F=54.036,P<0.05),F 检验对应的显著性概率值小于0.05,表明在0.05的显著性水平下,专业类别在认知得分上存在显著差异。

对存在显著差异的结果进行事后的多重比较分析,可以看出,文科生的认知得分分别显著大于理科生、工科生、农科生和医科生的认知得分。

表 2-2　专业类别在认知得分上的差异分析

专业类别	N	均值	标准差	F	P	事后比较
文科	307	8.73	3.09			
理科	153	6.08	1.43			
工科	114	6.41	1.58	54.036	.000	1>2;1>3; 1>4;1>5
农科	122	6.22	1.33			
医科	40	6.20	1.56			
总计	736	7.26	2.60			

2. 礼文化认知与情感态度、践行可能及接收渠道的分析

由于认知得分、态度得分、行为得分、渠道得分均可看作连续变量,故采用双变量间的 Pearson 相关分析法,分析认知得分、态度得分、行为得分、渠道得分之间的相关性,分析结果如表 2-3 所示。

由表 2-3 可知,认知得分与态度得分、行为得分、渠道得分的显著性值均小于 0.05,且 Pearson 相关性系数均大于 0,表明在 0.05 的显著性水平下,认知得分与态度得分、行为得分、渠道得分均呈显著的正相关,即认知得分越高,态度得分越高;认知得分越高,行为得分越高;认知得分越高,渠道得分越高。

表 2-3　认知得分与态度得分、行为得分、渠道得分的相关性分析

		态度得分	行为得分	渠道得分
认知得分	Pearson 相关性	.204	.478	.197
	显著性(双侧)	.000	.000	.000
	N	736	736	736

三、假设验证与结论

综合上述分析可知,假设均被证实,具体结论如下。

(一)认知、情感、行动的单项验证

首先,在认知层面,大学生的总体表现并不尽如人意。第一,当代大学生对礼文化的认知情况不如想象中的好。对于浅层常识性礼文化较为熟悉,但对于稍微深奥或不常提及的礼文化知识较为陌生,如超过半数的受访者不知何为释奠礼,或不知“五礼”的分类和意义。第二,礼文化认知水平受到年级因素影响较大,具体体现为博士和硕士被访者的礼文化认知水平高

于本科生,这与普遍认知与学历水平基本一致。但是,博士被访者的认知水平稍低于硕士,可能是由于博士所接触学科知识更为专业化、细致化,对通识性教育的礼文化内容关注不够。此外,值得注意的是,在本科生被访群内部,年级与认知水平高并不成正相关,而是大一被访者的礼文化认知水平高于其他三个年级,这可能与大一同学刚刚完成高考,对高中相应文化知识记忆较为明确,也可见大学教育在礼文化和传统文化的传播与传承方面仍存在不足。第三,专业差异对礼文化认知水平影响较大。文科被访者在认知部分的得分表现远高于理、工、农、医等专业,这与预期状况和专业情况基本一致。

其次,在态度与情感层面,当代大学生对以礼文化为代表的中国文化具有较强的认同感与自豪感,但这种情感倾向的极端性并不明显,需要不断强化,且仍存在少部分被访对象对中国传统文化认可度低的现象。

最后,在行为实践层面,多数大学生存在践行礼文化的行动意愿,但是具有强烈意愿的大学生占比不高,且仍存在低参与度和实践度的受访群体。

(二)认知-情感-行动的交互验证

在认知-认同、认知-行为的交互关系和相关转化方面,大学生群体对礼文化由至而信、由信而行的转化较为成功。

第一,认知与态度的交互分析显示,大学生的礼文化认知水平直接影响到其对礼文化的认同程度,且两者成正相关,这为我们通过加强认知教育提升大学生的爱国热情和民族认同等方式提供了依据。第二,认知与行为的交互分析显示,大学生对礼文化的认知水平与其付诸实践的可能性成正相关。可见当代大学生具备将所知所学转化为行动的自觉性,因此加强礼文化认知教育依然处于认知—认同—行动过程的重要环节。此外,接收礼文化内容的渠道也会影响认知水平,渠道越多越广泛,认知水平也会越高。因此,基于礼文化的文化认同与文化自信,也需从上述路径加以提升。

四、文化认同的生成与文化自信的树立

(一)由认同产生到共同体形成

1.认知的同化产生认同

“认同”一词,最初出现在哲学、心理学中,弗洛伊德就是较早使用该词的学者之一。他认为,认同是指个人与他人、群体在感情上、心理上趋同的过程,即社会群体成员在认识和感情上的同化过程。后来,埃里克森进一步指出“认同”实际上是关于“我是谁”这一问题的回答。从个体层面来看,认同是个人对自我的社会身份的理性确认;从社会层面而言,认同是指社会共同体成员对自己所属群体的一定信仰和情感的共有与分享。

文化认同研究始于20世纪70年代的西方,20世纪80年代引入中国。文化认同,指对人们之间或个人同群体之间的共同文化的确认。使用相同的文化符号、遵循共同的文化理念、秉承共有的思维模式和行为规范,是文化认同的依据。认同是文化固有的基本功能之一。拥有共同的文化,往往是民族认同、社会认同的基础。而个人对社会的认同,主要体现在个人的社会化,即对社会所创造和拥有的文化的学习与接受;社会对个人的认同,则体现在社会的基本文化规范在个人中的普及、推广和传播。人们之间在文化上的认同,主要表现为双方相同的文化背景、文化氛围,或对对方文化的承认与接受。

此次研究将大学生的礼文化认知作为基础,由认知出发,进而考察其价值认同和行为趋势,这既符合传播效果中认知-情感-行为的发生逻辑,又符合心理学中由内到外的驱动过程,也体现了"认识的同化产生认同"这一概念界定。由研究结果可见,当代大学生对中国传统礼文化的认知整体处于中等偏上水平,并不如预期的高。这一认知水平是后续形成认同的内容基础,因此在这种意义上,需要加强大学生的礼文化教育,提升其认知水平,为后续价值和情感认同的形成打下基础。

2. 认同为共同体形成提供基础

德国学者滕尼斯在1887年率先从社会学角度定义了"共同体"。他认为,"共同体"旨在强调人与人之间基于情感、恋念和内心倾向的紧密关系,是具有共同精神、较强归属感、认同感的社会团体,是人自主存在和选择的结果,符合人类本身需要的组织化存在形式。共同体是由两个以上的个体构成的既作为一个整体又不能完全丧失每一个体各自的独立性的有序群体,整体统一和个体独立缺一不可。

文化共同体注重不同个体在文化方面的共存、吸收与相对独立。"文化"本身就可以作为动词来理解,意在强调不同个体之间的"文"以"成为主导的、稳定的状态、方式"产生合力,"文"则指"讲究",其实质是超越原始的、自然的、本能的状态。二者相结合,即"讲究"成为主导的、稳定的状态和方式。从本质上说,人类形成国家、民族,其联结纽带或划分依据,正是文化的共同特征、对相同文化的认同,即人们生活中的讲究,包括制度的、宗教的、习俗的。中国礼文化所蕴含的内在力量潜移默化地在中国人心中形成与生俱来的集体无意识,在个体社会化的过程中,这一认知和认同被不断强化,最终形成基于礼文化认同的中华文化共同体。

综上所述,认同的产生,尤其是民族认同的形成,是共同体凝聚与划分的必要条件,也是区分"我"与"他者"的重要标志。这种认同感、归属感,通过共同体这一形式不断得到强化,形成鲜明又强烈的自我意识、集体意识,

从而使大学生产生文化自信,强化群体的向心力。当大学生对中国传统礼文化的价值认同得到不断强化并趋于一致时,他们就形成了这样一个具有强烈自我意识和自我标识的共同体。

(二)由礼文化认同到中华文化自信

在中国人的生活中,"礼"无所不包,规定着生活的方方面面,前人所踏,后人所从,是一种必须遵循的行为规范。一般认为,"礼"是一整套的制度、典章、礼节和价值规范,是依靠国家权力机器推行的教化,是社会制裁力和个人道德修养共同来维持政治、社会秩序的一种治理架构,一个文明的制度体系。根据社会学的研究,一切民风礼俗都起源于人群应付生活条件的努力。礼文化也不例外。它依托于古代农耕文明,与人们的生产生活息息相关。春秋后期战乱不止,出现了礼崩乐坏的现象,孔子作为中国礼文化的集大成者,复兴周礼以维护国家治理和社会秩序,使得礼文化成为古代中国公共生活秩序和教养的根基,以及塑造中华民族性格和精神的文化原型。礼文化融入中华民族的生活方式和生活习惯中,同时,也像血液和骨髓一样流淌在中华文明的躯体之中,构成了中华文明的灵魂与核心。礼文化成为中国传统文化的标志和基础,也是一以贯之的根本特征。

礼文化不仅于中国人是重要的,其所倡导的规则性、有序性、普世性、和谐性等智慧,于当代社会的国际交往也是有益的,在塑造文化认同与自信中也发挥了重要作用。面对"韩流""美剧"等外来文化的影响,我们应反思自身的民族文化与认同在新媒体时代该如何形成与维护,如何充分发扬中华优秀的文化,释放礼文化的力量,真正"由知而信"。

当下是一个技术和媒介高速发展的时代,新兴媒体层出不穷,互联网络无所不在,不同文化间的交流与碰撞也愈发频繁。当代大学生在这样的环境中,面对多样文化的交错和呈现,其价值认同和情感倾向容易被左右拉扯而无法坚定。本研究在一定程度上为强化大学生的价值观念、增进民族认同、形成文化自信提供了一种可能性道路,对礼文化内容认知-价值认同-行动意向这一传播效果的逻辑路径进行了再次验证,也为大学生的思想政治引领提供了有效途径。

参考文献

[1]贺金瑞,燕继荣. 论从民族认同到国家认同[J]. 中央民族大学学报(哲学社会科学版),2008(3):5-12.

[2]王涛,郑建明. 试论中国数字文化共同体的塑造[J]. 数字图书馆论坛,2017(2):40-43.

[3]刘永富. 文化共同体对共同生活的意义[J]. 人文杂志,2004(3):16-

21,1.

[4]张兵娟.传播学视野下的中国礼文化与认同建构研究[J].新闻爱好者,2017(2):31-35.

[5]王冠.论儒家礼乐文化的形成与建构及对当下的意义[J].江苏社会科学,2016(5):141-146.

[6]张咏华.互联网与中华文化的对外传播[J].国际新闻界,2001(4):9-13.

[7]雷默.中国形象:外国学者眼里的中国[M].沈晓雷,等译.北京:社会科学文献出版社,2006.

新时代高校国际学生趋同化管理模式探讨

国际教育学院　董佳羽

【摘　要】 随着我国高等教育的迅速发展和改革开放的不断深入，国际学生规模继续扩大。趋同化管理是目前我国高校普遍认同的国际学生管理模式，然而在实际管理过程中仍面临很多困难。本文探讨了高校国际学生的趋同化管理模式，旨在提高国际学生的教育管理水平和质量，为培养一大批知华、友华、爱华的国际学生提供保障。

【关键词】 新时代；国际学生；趋同化管理模式

2010 年 7 月，《国家中长期教育改革和发展规划纲要（2010-2020 年）》（以下简称《纲要》）提出："加强国际交流与合作，进一步扩大外国留学生规模。实施来华留学预备教育，增加高等学校外语授课的学科专业，不断提高来华留学教育质量。"同年 9 月，为贯彻落实《纲要》，加强中外教育交流与合作，推动来华留学事业持续健康发展，提高我国教育国际化水平，教育部制定了《留学中国计划》（以下简称《计划》）。《计划》的发展目标是："到 2020 年，使我国成为亚洲最大的留学目的地国家。建立与我国国际地位、教育规模和水平相适应的来华留学工作与服务体系；造就出一大批来华留学教育的高水平师资；培养一大批知华、友华的高素质来华留学毕业生。"为了实现这一目标，《计划》明确提出："积极推动来华留学人员与我国学生的管理和服务趋同化。"

2018 年 9 月，教育部发布《来华留学生高等教育质量规范（试行）》，旨以推动高等教育内涵式发展，提高来华留学生高等教育质量。文件中明确要求："高等学校应当建立健全来华留学生教学管理制度，符合国家教育教学标准和相关规定，逐步实现中外学生教学管理的趋同。高等学校应当建立健全来华留学生教育管理体制和工作机制，保障来华留学生教育的健康发展和持续改进，推进中外学生管理和服务的趋同化。"

由此可见，趋同化管理是我国高校国际学生教育管理的必经之路，推进

国际学生的趋同化管理势在必行。

一、趋同化管理的内涵

趋同化管理是我国高校在借鉴国外高校国际学生管理模式的基础上,针对我国国际学生工作的特点,提出的一种管理理念,即“校内管理校园化,校外管理社会化”[1]。趋同化管理要求国际学生与中国学生的管理“趋”而不“同”,不仅要将国际学生纳入全校学生的管理范畴进行规范化管理,还要充分考虑国际学生的特殊性而实行个性化管理[2]。也就是说,趋同管理并非等同管理,它是一种共性与个性相结合的管理模式,在保持“同中有异”的同时,尽量缩小“异”的差距[3]。综合来看,趋同化管理是一种有效地扩大规模、优化结构、规范管理、保证质量的国际学生教育管理模式。

二、趋同化管理现状及面临的困难

(一)趋同化管理现状

就世界范围而言,高校国际学生趋同化管理主要分为以下三种模式:(1)以英国伯明翰大学、美国加州大学等欧美国家高校为代表的专业化、成熟型、菜单式管理模式;(2)以香港大学、台湾大学等我国港台地区高校为代表的专业化、成熟型、综合式管理模式;(3)以北京语言大学、复旦大学等我国内地高校为代表的掌控式、成熟中、综合式管理模式[4]。

近年来,我国内地高校已经广泛接受并重视国际学生趋同化管理理念,并不断进行探索和尝试。当然,相比欧美国家较为成熟的趋同化管理模式,我国内地高校对国际学生的趋同化管理还处在发展过程中,而各高校趋同化管理的发展程度也不尽相同。

(二)趋同化管理面临的困难

虽然趋同化管理是目前我国内地高校普遍认同的国际学生管理模式,然而在实际管理工作中仍面临很多困难。反观欧美高校成熟的趋同化管理模式,无论是在招生、入学、培养、管理或是其他方面,都能达到国际学生和本国学生完全趋同。但对于处在趋同化管理发展过程中的我国内地高校,如果片面地理解或完全复制欧美高校趋同化管理模式,就会导致我国内地高校国际学生管理中的“伪趋同”。为了达到《纲要》中的“进一步扩大外国留学生规模”和“不断提高来华留学教育质量”的要求,高校一方面要主动配合国家的发展战略,不断扩大国际学生规模,实现“量”的突破;另一方面也要积极探索内涵式发展道路,不断提升教育水平,逐步实现由“外延发展”向“内涵发展”的转变[5]。这一要求无疑给我国内地高校在国际学生趋同化管理推进过程中带来了更高的挑战。

1. 语言障碍和文化差异,阻碍了趋同化管理的进度

我国高校国际学生的授课方式主要分为中文授课和英文授课。对于中文授课的国际学生,要求他们与中国学生同班同堂听课,由于他们的汉语水平和理解能力有限,如果遇到诸如“高等数学”“生物化学”等对中国学生来说都难度较大的课程时,国际学生大多都无法跟上教学节奏,感到学习吃力,甚至完全听不懂,学习效果往往不尽人意,还容易导致厌学情绪,产生心理压力。汉语水平及其掌握程度直接影响其学习成效。对于英文授课的国际学生,尤其是母语非英语国家的学生,由于自身英语水平薄弱以及各任课教师英语教学能力的差异,直接影响了其专业知识的理解和学习,对课堂教学产生了沟通障碍,导致课堂教学效果不显著,教学质量不佳。

此外,由于国际学生生源国不同,在社会背景、文化传统、生活习俗、教育水平、宗教信仰等方面具有多样性和差异性的特点,尤其对中国文化缺乏了解,容易导致国际学生出现“文化休克”等不适应现象,往往达不到趋同化管理的要求。这些问题都切实影响着高校国际学生趋同化管理的进度以及学生自身的学习成效。

2. 缺乏统一的培养方案和评价体系,难以保障趋同化管理的质量

《来华留学生高等教育质量规范(试行)》明确提出培养方案的基本要求是:“培养目标、课程体系、教学计划、实践教学等内容,满足相应专业的教育教学标准和规范的要求,符合来华留学生的人才培养目标,适应来华留学生的学习特点。”对于中国学生,高校很早就建立起一套非常成熟、完善、规范的培养方案和评价体系,但对于规模不断壮大、生源地分布在五大洲、社会文化背景迥异、教育基础水平差异显著、个性独特鲜明的国际学生,甚至连入学时间都与中国学生不同,那么如何设定培养目标、制定教学计划、进行课程设置,以及教材的选择、选课系统的操作、成绩录入、学籍异动等一系列问题还有待落实。在国际学生培养过程中,缺乏统一的评价体系、有效的教学质量监控措施、完善的学业评定机制等任何一个环节,都难以保障教学培养质量[6]。由此可见,根据相应层次和专业的教育教学标准和规范,并结合国际学生的培养目标和发展特点,制定明确适用国际学生的培养方案和评价体系在推进趋同化管理过程中非常棘手。

3. 培养过程中职能划分不清晰,难以落实趋同化管理工作

目前,我国高校国际学生管理部门主要分为以下两种模式:第一种模式是由学校国际教育学院负责招生管理,各院(系)负责培养工作;另外一种模式是由学校设立专门的国际学生管理与服务机构。然而,随着高校国际学生规模的不断扩大,由国际教育学院负责招生管理的模式已无法满足其教学发展、日常管理以及服务保障的需求,管理模式应逐渐向学校宏观规划统

等,各招生培养院(系)发挥主体作用的方式转变[7]。但是大部分高校国际学生的教育和管理未能纳入各职能单位,导致国际学生处于边缘化管理状态。国际学生的教育和管理是一项涉及学校众多部门的工作,包含教务处、学工部、研究生院、后勤处、国际教育学院、各培养院(系)等多个部门,因此必须建立“权责明确、分工合理、决策科学、执行顺畅、保障有力的管理工作机制”。

总体来说,面对来自世界各地的不同文化背景、宗教信仰各异、教育水平参差以及生活习惯迥然的国际学生,我国大多数高校面临的国际学生管理问题是“异多同少”,而趋同化管理就是在“同中有异”的原则下,实现“去异求同”的最终目标[8]。“存异”主要是由于组织的制度不同而对其采取的包容态度。具体到国家层面而言,就是因国籍不同而产生的组织结构、规章制度、文化风俗等各方面的差异。而“趋同”则是要求被管理者根据管理者的制度设计,在管理者国度享受同等的“公民待遇”[9]。可见,合理的趋同化管理是今后高校在国际学生教育管理发展过程中努力的方向。趋同化管理的发展规律如图 2-1 所示。

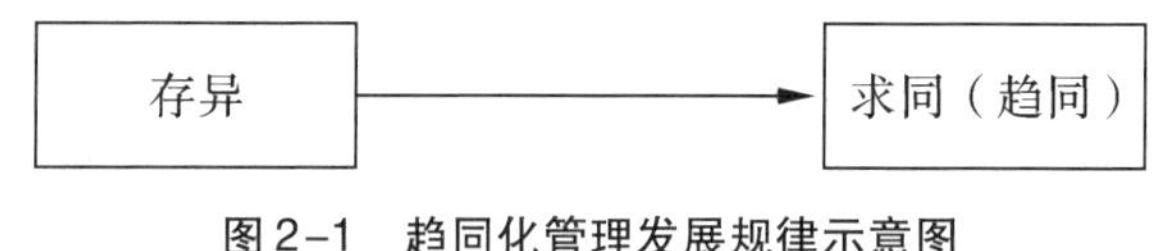

图 2-1 趋同化管理发展规律示意图

三、趋同化管理模式实施路径探索

(一)树立大局意识,增强趋同化管理认识的重要性

习近平总书记强调:“必须牢固树立高度自觉的大局意识,自觉地从大局看问题,把工作放到大局中去思考、定位、摆布,做到正确认识大局、自觉服从大局、坚决维护大局。”2019 年 11 月,教育部在《中共教育部党组关于教育系统学习贯彻党的十九届四中全会精神的通知》中提到:“进一步完善教育对外开放体制机制,提高中外合作办学、来华留学质量,打造新时代教育对外开放新高地。”因此,高校要从学校战略布局出发,把来华留学作为学校国际化战略的重要内容,制定长期工作计划,加快国际学生趋同化管理进程。

(二)建立完善法规制度,为趋同化管理提供理论政策支撑

根据党的十九届四中全会精神,“要把制度建设贯穿到国家现代化战略的各个方面、各个时期,用完善的制度体系和高超的治理能力来保障国家现代化目标的实现”。

在国家层面，2010 年 9 月，教育部印发的《留学中国计划》是我国在来华留学教育方面的第一个战略性指导计划，它的出台适应了新的形势下发展来华留学教育事业的迫切和长远需要，具有重大的现实和战略意义[10]。

2017 年 3 月，教育部、外交部和公安部联合制定的《学校招收和培养国际学生管理办法》明确要求："招收国际学生的学校，应当建立健全国际学生招收、培养、管理和服务制度，具体负责国际学生的招收与培养。"进一步明确了高校的办学主体地位。

2018 年 9 月，教育部印发的《来华留学生高等教育质量规范（试行）》，是首次专门针对来华留学教育制定的质量规范文件，是指导和规范高校开展来华留学教育的全国统一的基本准则，也是开展来华留学内部和外部质量保障活动的基本依据。

在学校层面上，以郑州大学为例，学校制定了《郑州大学学生管理规定》（校学生〔2017〕10 号）、《郑州大学普通本科生学籍管理规定（校教务〔2017〕17 号）》、《郑州大学研究生学籍管理规定》（校研究生〔2017〕5 号）、《郑州大学授予学士学位规定（校教务〔2018〕5 号）》、《郑州大学国际学生管理办法》（校政〔2017〕9 号）等。

在院系层面上，以郑州大学国际教育学院为例，学院制定了《郑州大学国际学生请销假管理办法（试行）》《郑州大学优秀国际本科生评选办法（试行）》《郑州大学校长奖学金年度评审实施办法（试行）》《郑州大学国际学生安全责任书》《郑州大学国际学生公寓管理规定》《郑州大学国际学生消防安全责任书》、《郑州大学国际学生禁毒责任书》等。

因此，"制度建设是依法治教、依规治教的重要保障，把制度优势更好地转化为治理效能是实现教育治理现代化的内在要求。"政策文件和工作细则是高校工作的指导方针和行为参考，依照文件和细则的要求，可以规范高校各职能部门、各院（系）的工作职责和工作方法，保证每项工作有条不紊地开展，做到有法可依，有据可循。

（三）制定协同工作机制，加快推进趋同化管理进程

2019 年 10 月，《教育部关于加强新时代教育科学研究工作的意见》强调："要完善协同创新机制，树立全国教育科研系统一盘棋思想。"教育部党组成员、副部长孙尧在教育部召开学习贯彻党的十九届四中全会精神联学导学会上指出："坚持全国一盘棋，调动各方面积极性，做好教育现代化顶层设计；坚持立德树人根本要求，系统设计新时代教育评价改革体系。"因此，"高等学校应当明确承担国际学生管理职能的工作机构，负责统筹协调国际学生的招收、教学、日常管理和服务以及毕业后的校友联系等工作"。高校要秉承"全国一盘棋"，坚持"全校一盘棋"，各部门、各院（系）要把"你们的

留学生”变成“咱们的留学生”,在国际学生的趋同化管理过程中,建立协同工作机制并出台相关的政策文件和工作细则予以规定指导并贯彻执行。

以郑州大学为例,2017 年郑州大学印发了《郑州大学国际学生管理办法》(校政〔2017〕9 号),文件要求:学校各相关部门要根据“趋同管理、兼顾差异、规范有序、保证质量”的原则,将国际学生的培养工作纳入部门的整体规划和管理系统,并对有关部门和专业培养院(系)明确划分了工作职责。

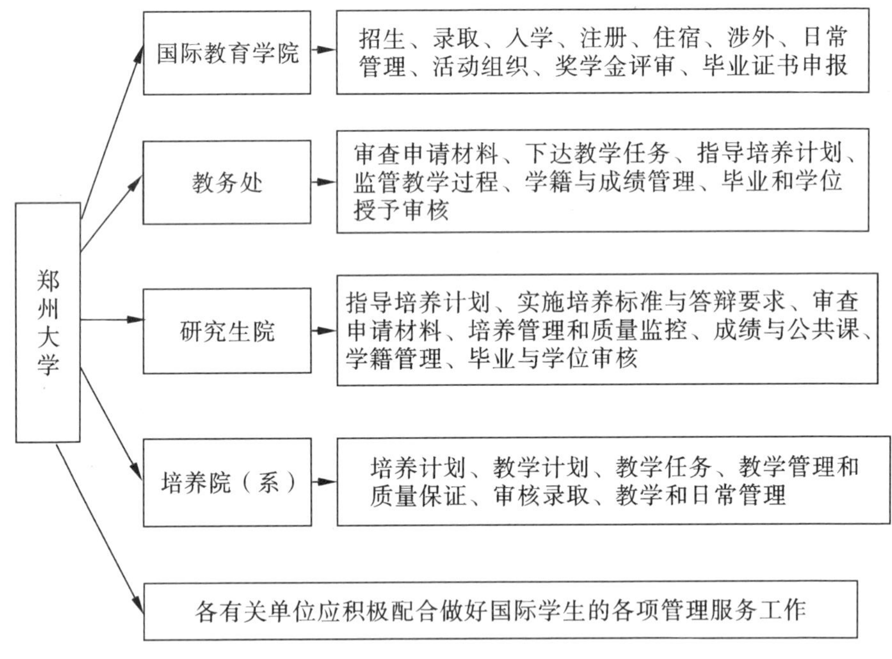

图 3-1　郑州大学国际学生趋同化管理模式示意图

由图 3-1 可看出,郑州大学国际学生趋同化管理的组织架构,兼有职能组织与项目组织的优点,任务明确,分工细化,各部门、各院(系)各司其职、协同合作,充分体现了管理上的优势,提高了管理效率。

国际学生工作是衡量高校综合实力和国际化的一个重要指标,学生数量的增加和培养质量的提高,大大考验了学校的管理体制。因此,高校应积极筹划,推动国际学生管理体制综合改革,逐步推进国际学生趋同化管理的进程[11]。

(四)提高国际学生汉语水平,打造国际化师资团队

《来华留学生高等教育质量规范(试行)》中明确要求:“中文授课的国际学生毕业时中文应达到《国际汉语能力标准》五级,外语授课的国际学生毕业时,本科生的中文至少达到《国际汉语能力标准》四级,硕士、博士研究

生的中文至少达到《国际汉语能力标准》三级。”

提高国际学生的汉语水平成为培养的首要任务。加强国际学生的汉语水平，首先，高校可以开设预科课程对国际学生进行汉语和专业知识的教学，促使学生更快地适应在华的学习和生活。其次，提高国际学生学习汉语和了解中国文化的积极性与主动性。动机是影响第二语言习得的重要因素，因此需要让学生在汉语学习过程中明确动机、建立信心、端正态度和消除焦虑，为有效学习提供保证。再次，提高汉语教学水平。国际学生的教育教学工作应以教学管理为核心，立足教学本位[12]。最后，对于国际学生来说，汉语和中国概况作为高等学历教育的必修课，除了“第一课堂”的常规教学外，学校还应根据国际学生的特点，开展和组织形式多样的“第二课堂”，积极引导学生参加健康有益的课外教育活动，推动实现国际学生增加文化认同，缩小文化差异。

教学质量是吸引国际学生来华留学的关键。高校国际学生的教育质量保障是学校整体教育质量保障体系的一部分。“高等学校应当将国际学生教学计划纳入学校总体教学计划中，选派适合国际学生教学的师资，建立健全教育教学质量保障制度”。首先，提高教师的专业水平和教学能力。高校应当明确规定教师的教学资质、专业水平、外语能力和跨文化能力要求，确保教师能够胜任国际学生教学工作。其次，加强师资队伍建设。高校可以采取考核、激励等措施提高教师承担国际学生教学工作的积极性；以培训、交流等形式提升教师的外语水平和跨文化能力，提高师资队伍国际化水平；应当保障汉语和中国概况等基础课程的师资发展。最后，改进教学研究方法。鼓励和支持教师开展国际学生教学研究、更新教学内容、改进教学方法和技术，更好地适应国际学生的学习特点。综合来讲，“高等学校应当有建设高水平教学师资队伍的总体规划和具体措施，满足保障来华留学生教育质量和推动人才培养国际化的要求”。因此，提高教学工作的国际化、专业化与职业化水平，进而提升学校的教育国际化层次[13]。

（五）加强国际学生辅导员工作队伍建设，增强教育工作的使命和担当

《学校招收和培养国际学生管理办法》明确提出：“高等学校应当设置国际学生辅导员岗位，了解国际学生的学习、生活需求，及时做好信息、咨询、文体活动等方面服务工作。国际学生辅导员配备比例不低于中国学生辅导员比例，与中国学生辅导员享有同等待遇。”《来华留学生高等教育质量规范（试行）》也要求：“应当制定辅导员岗位标准，确保来华留学生辅导员达到综合素质、外语水平、跨文化能力等方面要求，能够针对来华留学生特点提供有效的指导和服务，促进来华留学生的全面发展。”

教育部 2018 年来华留学统计数据显示：“2018 年共有来自 196 个国家

和地区的492 185名各类外国留学人员在全国31个省(区、市)的1 004所高等院校学习,比2017年增加了3 013人,增长比例为0.62%(以上数据均不含港、澳、台地区)。"来华留学教育已经进入加速发展与质量提升的新阶段,规模扩大、层次扩展、形式丰富、需求提高,这些发展特点给国际学生教育管理工作队伍提出了全新的要求和更高的目标,也对国际学生教育管理工作队伍建设标准赋予了新的时代内涵。在这里要明确强调一点,辅导员不是"保姆",而是"开展大学生思想政治教育的骨干力量,是高等学校学生日常思想政治教育和管理工作的组织者、实施者、指导者。高校要坚持把立德树人作为中心环节,把辅导员队伍建设作为教师队伍和管理队伍建设的重要内容,整体规划、统筹安排,不断提高队伍的专业水平和职业能力,保证辅导员工作有条件、干事有平台、待遇有保障、发展有空间"。

国际学生辅导员是来华教育管理的一线队伍,同时作为国际学生事务管理工作的直接参与者和实践者,是国际学生事务管理工作的主体力量。这就要求国际学生辅导员要具备政治素质、跨文化交流、国际学生事务管理以及科研创新等能力。同时,也需要积极探索构建国际学生辅导员准入、成长、评价及发展保障等机制,为国际学生辅导员队伍建设提供全程保障[14]。此外,高校还应建立相应的专业理论体系,完善培养与发展机制,构建专业化、职业化的工作范式,对国际学生辅导员专业化职业化建设发展进行有益探索,提高国际学生辅导员专业化和职业化水平[15]。可见,高校国际学生辅导员是在学校党政领导和外事部门指导下,专门从事国际学生日常事务管理服务和思想教育工作的一支特殊的教师队伍,是高校国际学生教育管理工作中非常重要的力量[16]。

2019年9月,教育部党组书记、部长陈宝生在全国高校辅导员优秀骨干培训班开班仪式上强调,高校辅导员要落实立德树人根本任务,在高校思想政治工作领域和学生健康成长中肩负着神圣使命。要做好思想政治工作的主攻手、学生管理的主导者、学生成长的主心骨。要加强政治领导、思想引导、情感疏导、学习辅导、行为教导、就业指导。要在"两个一百年"奋斗目标的历史交汇期,在推进教育现代化、建设教育强国、办好人民满意教育的进程中,培养能够担负民族复兴大任的时代新人。

(六)重视国际学生的思想政治教育和心理健康教育

1. 重视国际学生的思想政治教育

2016年12月,习近平总书记在全国高校思想政治工作会议上强调:"要坚持把立德树人作为中心环节,把思想政治工作贯穿教育教学全过程,实现全程育人、全方位育人,努力开创我国高等教育事业发展新局面。"来华留学事业是我国教育事业的重要组成部分,来华留学工作是发挥大国影响、传播中国文化、树立中国形象、推动世界认同的奠基工程。同时,来华留学工作也是建设教育强国、实现“两个一百年”目标和实现中华民族伟大复兴的战略举措。《学校招收和培养国际学生管理办法》指出:“高等学校应当对国际学生开展中国法律法规、校纪校规、国情校情、中华优秀传统文化和风俗习惯等方面内容的教育,帮助其尽快熟悉和适应学习、生活环境。”《来华留学生高等教育质量规范(试行)》要求:“来华留学生应当熟悉中国历史、地理、社会、经济等中国国情和文化基本知识,了解中国政治制度和外交政策,理解中国社会主流价值观和公共道德观念,形成良好的法治观念和道德意识。”上述文件精神是对国际学生进行思想政治教育的理论支撑,旨以培养知华、友华、爱华的高素质国际学生。

习近平总书记指出,一些人对中国有偏见,主要是源于陌生、隔阂和不了解。了解中国,不能只看一个点、一个面,切忌盲人摸象。介绍中国,既要介绍特色的中国,也要介绍全面的中国;既要介绍古老的中国,也要介绍当代的中国;既要介绍中国的经济社会发展,也要介绍中国的人和文化。中华优秀文化传统已经成为中国文化的基因,根植在中国人内心,潜移默化影响着中国人的行为方式。由于国际学生具有独特性和多元性的特点,这就要求教育内容要具有代表性和时代性,教育方式要兼顾体验性和柔和性,教育任务也具有艰巨性和复杂性[17]。

就国际学生而言,思想政治教育内容主要包括以下三个方面:首先,把中国优秀传统文化渗入国际学生的思想政治教育之中。通过对中国思想、文化、风俗等知识的学习,有助于引导国际学生客观、理性地正视文化差异,促进国际学生更快地融入来华留学生活中,加强跨文化交际能力。其次,培养国际学生对中国社会主义核心价值观的理解与认同。十九大报告指出:“社会主义核心价值观是当代中国精神的集中体现,凝结着全体人民共同的价值追求,要把社会主义核心价值观融入社会发展各方面。”培养国际学生对中国社会主义核心价值观的理解与认同,是提升中国国际地位和国际影响力的有效途径。最后,把中国当代的发展全貌展示给国际学生。消除他们对中国的偏见,重塑中国良好的国际形象,让国际社会更好地了解真实、立体、全面的中国。与此同时,国际学生思想政治教育也可以通过以下三种途径来进行:首先,以课堂学习为主。“知华”教育是开展来华留学教育的基础,构建一个科学、合理、有效的汉语、中国文化和国情教育平台是重要且必要的。其次,以“感知中国”为辅,通过感知中国文化、走近中国企业、走进中国社区等渠道,向世界展示一个全面、真实、积极进取、文明向上的中国国家形象。最后,“讲好中国故事”。习近平总书记多次表示,加强国际传播能力建设,要“讲好中国故事,传播好中国声音,阐释好中国特色”。引导国际学

生讲好中国故事的路径可概括为:通过感知中国,进而认同中国,最后讲述自己的中国故事,向世界传递属于他们自己的“中国梦”[18]。

总体而言,国际学生的思想政治教育,客观上可以说是一种“隐性教育”,这种教育不是抽象的理论说教与简单的观点灌输,而是通过潜移默化、耳濡目染,将理想信念、道德观念、科学思维方式等思想精髓贯穿于学生教育、教学、管理和服务的全过程,促进学生综合素质的全面发展,培养学生“知华、友华、爱华”的情怀,加快中国教育国际化发展进程,推动中国成为留学生教育的大国和强国[19]。

2. 开展国际学生心理健康教育

习近平总书记在2016年8月举行的全国卫生与健康大会上的讲话中提出:“要加大心理健康问题基础性研究。”这为高校的心理健康工作指明了方向和道路。随着我国高等教育国际化的不断推进,国际学生的规模迅速扩大,其心理健康问题也成为日常管理中的重要内容。心理健康教育的重中之重则是在心理问题产生之前进行有效的预防和干预,防止心理问题的形成[20]。相关研究表明,国际学生的适应不良主要表现在社会文化、生活环境、学业困难等几个方面,学生容易出现恐惧、紧张、敌意、思乡等情绪,在没有得到有效疏导时,会进一步出现焦虑、自闭、抑郁等心理问题,更为严重的会发展成精神疾病[21]。

辅导员作为国际学生的一线管理者,除了要负责学生的报到、注册、住宿、体检、保险、签证、活动及日常管理等事务性工作,更要去关注其心理健康。针对国际学生开展心理健康教育可以通过以下几个方面:首先,对国际学生进行入学教育,主要包括国情法治、传统文化、校情校史、规章制度、心理适应、生活指导和职业规划等方面,培养国际学生对不同制度和文化的认同,使其尽快适应校园文化和生活学习环境[22]。其次,增强国际学生的社会支持。社会支持是一种以个体或群体为中心,由人际交往与社会互动关系构成的资源结点,它可以表现为情感、物质、信息、行为等多种手段。社会支持既可以是个体或群体从各种互动过程中获得或感知的亲密关系,也可以是其外部可利用的主客观资源[23]。有研究表明,社会支持程度越高,心理健康水平也就越高,社会支持在一定程度上可以预测心理健康水平[24]。最后,为国际学生提供心理咨询。根据文化适应U型理论,进入新文化需要经历四段适应过程:蜜月期,表现为对新鲜事物的好奇;危机期,即文化休克,表现为在日常生活中感到迷茫与失落;恢复期,即逐渐适应新环境,行为习惯慢慢融入;适应期,在此阶段能高效处理日常事务。其中,“文化休克”是指人们突然失去了熟悉的社会交往符号和标志所导致的一种精神焦虑,而“文化休克”是每位国际学生都会经历的心理过程。通过心理咨询与干预,帮助

国际学生渡过蜜月期和危机期，平稳地进入恢复期和适应期。同时，心理咨询还可以预防学生其他心理问题的产生，对于已经形成的心理问题，通过治疗和干预能够有效地得到缓解和帮助，促进学生的心理健康水平。

（七）“互联网+”背景下，运用多媒体信息化手段

“互联网+”时代，信息、体验、知识等都具有开放性和共享性等特点。在这个时代，高校管理人员要用互联网思维去考虑和探究，利用信息化手段对高校业务流程进行梳理和再造，达到信息共享、互通，流程清晰、明了，以实现高质、高效的管理模式。因此，高校应该在“互联网+”时代抓住机遇，通过信息化手段，将互联网与国际学生管理进行深度融合来提升管理和服务质量[25]。首先，可以通过数字校园整合国际学生管理系统。这样可以及时对在校生及离校生进行多维度的统计，包括人数、基本信息、学籍信息、相关证明等，通过“一张表”工程对国际学生进行集中管理，这样既节约了大量的人力和时间，也保证了数据的完整性、及时性和准确性，实现了学校全面高效的管理。其次，运用现代化教学手段，提高教学管理的效率和质量。近年来，各大高校纷纷开展了网络课堂，通过“视频公开课”“慕课”等方式进行网络教学，这些作为“互联网+教育”的产物，是实现现代化教学管理的重要手段，并为国际学生的趋同管理提供了实施平台。将“互联网+”与国际学生教育管理工作进行深度融合，势必能加快国际学生趋同化管理进程。

综上所述，趋同化管理是新时代我国高等教育国际化发展的必然趋势，也是实现“扩大规模、提高层次、保证质量、规范管理”的重要举措。国际学生作为“国之交在于民相亲”的重要载体，趋同化管理不仅能够促进中外学生的沟通和融合，同时还能提升国际学生的归属感和幸福感，改善其来华留学体验，有利于提高国际化教育质量。因此，高校应充分结合本校办学优势，探索具有自身特色的趋同化管理模式，为来华留学教育事业的稳步发展提供重要保障，培养出一大批“知华”“友华”“爱华”的高素质国际人才。

参考文献

[1]胡志平. 大力发展来华留学生教育提高我国高校国际交流水平[J]. 中国高教研究，2000(3):32-35.

[2]吴舒程，张轮，刘欣. 我国高校留学生趋同化管理存在的问题及对策研究[J]. 科教文汇，2017，380(3):1-3，16.

[3]张坤. 高校中外学生趋同管理模式探索[J]. 教育评论，2014(12):71-73.

[4]黄展，刘晶. 高校国际学生趋同化教育管理理论与实践探析[J]. 国家教育行政学院学报，2014(6):68-71.

[5]杨大伟，杨升荣，刘俭. 新时期高校发展来华留学生教育的对策研究[J].

高教探索,2016(5):97-101.

[6]甘琬滢.高校留学生教学培养趋同化管理的问题和对策[J].皖西学院学报,2018,34(5):22-25,57.

[7]赵奇栋,曹丽丽.国内高校国际学生趋同管理制约因素探析[J].南京理工大学学报(社会科学版),2019,32(3):56-59.

[8]徐艳春,李文武,鲁玲.高校来华留学生趋同化管理的研究[J].教育教学论坛,2016(43):11-12.

[9]伊鸿慧.高校来华留学生趋同化管理的思考与实践[J].教育文化论坛,2015(38):8-9.

[10]刘宝存,张继桥.改革开放四十年来华留学教育政策的演进与走向[J].西北师大学报(社会科学版),2018,55(6):91-97.

[11]黄凯锋,印超慧.高校留学生趋同化管理机制研究[J].教育教学论坛,2018(12):4-6.

[12]杨建慧,肖媛."一带一路"背景下留学生教育的困境与对策研究:以江苏高职院校为例[J].轻工科技,2019,35(11):178-179.

[13]颜庭星.新时期对外开放形势下高校国际学生管理问题与对策[J].文化创新比较究,2018(26):154-155.

[14]贾兆义,赵立英.国际学生专职辅导员队伍建设的思考[J].宁波大学学报(教育科学版),2018,40(3):93-97.

[15]赵阳子.国际学生辅导员专业化职业化发展瓶颈与应对[J].教育评论,2018(5):110-113.

[16]郑春龙.国际学生辅导员队伍建设若干思考[J].宁波大学学报(教育科学版),2016,38(5):70-74.

[17]李宝贵,李博文.新时代国际学生思想政治教育:意义、特点、内容与路径[J].辽宁师范大学学报(社会科版),2018,41(4):14-23.

[18]李冰.来华留学生思想教育路径研究[J].教育评论,2019(2):86-89.

[19]何正英.趋同管理背景下来华留学生思想教育工作问题及对策[J].学校党建与思想教育,2018(14):78-79,82.

[20]袁丽梅.基于文化冲击早期干预视角的来华留学生心理健康研究[J].曲靖师范学院学报,2019,38(4):100-103.

[21]刘书菡.跨文化背景下来华留学生心理问题疏导及教育对策[J].智库时代,2019(40):99,101.

[22]全春花.外国留学生入学教育工作实施策略:以浙江农林大学为例[J].高等教育,2018(8):155-156.

[23]谭敏.社会支持理论在教育研究中的应用[J].教育评论,2019(3):

9-14.

[24]朱丛杉. 社会支持对大学生心理健康的影响：人际疏离感的调节作用[J]. 锦州医科大学学报(社会科学版)，2019，17(5)：53-56，60.

[25]田晓芳. "互联网+"时代国际学生管理模式探究[J]. 中国教育信息化，2017(7)：72-73.

团组织助力高校新兴青年成长的路径探索

土木工程学院　赵　明

【摘　要】 通过分析新兴领域青年大学生的成长背景、现实状况,归纳出四类新兴领域青年的成长特征,并提出具有针对性和实效性的培养路径,为团组织在青年思想政治引领和成长成才服务上提供新思路、新方法,助力广大青年成为国家栋梁之材。

【关键词】 新兴领域青年;团组织;成长成才

在新时代的背景下,新兴领域青年呈现出思想日益多元、视野更加开阔的趋势,且其数量、规模明显呈上升趋势。作为当代青年的一分子,越来越多的大学生在校期间就表现出新兴领域青年的部分特点,不少人进入社会之后也会自主选择踏入新兴领域从业。他们"里面有很多有本事的人,有的甚至可以一呼百应",把他们的工作做好,才会使其成为正能量的传播者。

参与做好高校思想政治工作,是高校共青团的核心使命任务。团组织必须在高校新兴青年培养过程中肩负重任,积极研究他们的成长现状、成长需要,转变传统工作理念、思路和作风,思考如何有效服务新兴青年群体的发展需求,充分发挥团组织作用引领他们,助力新兴青年健康成长实现人生目标,是团建设工作创新的重要课题。

一、高校新兴青年的成长概况

走进新兴职业领域的青年,简称"新兴青年",主要包括非公有制经济组织从业人员、新社会组织从业人员、新媒体从业人员、自由职业者、新生代农民工、青年文艺者和归国留学青年各类青年群体。通过调研归纳,高校教育阶段主要有转型青年、创业青年、数媒青年和另类青年等四类新兴青年。他们在所处阶段、兴趣爱好、价值追求、行为习惯方面有别于其他普通大学生,呈现出特殊的成长特点和需求。

（一）高校新兴青年的成长背景

1. 信息网络化快速发展

互联网技术的不断创新及迅速应用，改变了高校大学生的认知与交流方式。特别是新媒体的普及，大学生们视野更加开阔、认知更丰富、自我意识更强，思想上更加多元化。但这也给青年大学生们的认知、良好价值观的形成等造成一定的困扰。比如，鱼龙混杂的网络信息和错综复杂的网络环境考验着学生的自制力和判断力，一旦误入歧途，就会在心理感知、认同上发生迷失，影响其健康发展。

2. 教育应试化痕迹明显

我国长期的应试教育体制未从根本上改变，长期存在偏重认知，轻视情感，强调科学，忽视道德等现象。就中小学教育来说，"唯分是图"，教学内容和方式限制了学生个性化的充分发挥。就高等教育来说，严进宽出，导致部分学生在自由的环境中贪图享受；思想政治教育针对性、时效性和实效性不强，存在不深入、缺位现象；高校存在人才培养模式与社会需求脱节现象。

3. 社会和家庭环境变迁

我国目前经济发展迅速，文化繁荣，国际影响力与日俱增，这要求大学生必须跟得上社会需求变化。然而很多大学生的知识结构、综合素质和就业能力明显跟不上时代的步伐。更存在一些大学生受到社会不良风气、扭曲价值观的影响，在学习生活中表现出"拜金主义""享乐主义"和"利己主义"倾向。

由于时代变迁和国家经济转型，许多"95 后""00 后"大学生的父母面临巨大的现实压力，不得不将时间、精力更多地放在工作上，疏于对孩子的教育和引导；单亲或再婚家庭的学生比例上升，他们几乎都经历过感情和心理上的波动，易出现心理健康方面的问题。

（二）高校新兴青年的成长特征

根据调研归纳，高校新兴青年大致分为四类：转型青年、创业青年、数媒青年、另类青年。不同类别青年有着不同的境遇状况和成长特征。

1. 转型青年

转型青年主要是指在临近毕业或者刚毕业的大学生中，尚未有清晰的职业发展方向和就业去向的人群。他们崇尚自由，追求自我价值实现，但阅历少，认识问题的角度单一片面，自制力、抗压力较差，缺乏奋斗精神和社会价值追求。这一群体存在的原因多样，有的学生家庭条件好，没有经济压力；有的学生知识、能力不足，缺乏主动就业意识；有的学生对就业形势、个人能力、价值利益认知不到位，过分在意工作薪资、地域、性质，导致就业期望与现实落差大而不愿就业；有的学生因自身兴趣、爱好和特长希望去新兴

领域工作,但由于职业新潮、收入不稳定、社会认可度低,因家庭和社会等方面的压力而不能自主择业。

2. 创业青年

近年来,“大众创业、万众创新”浪潮兴起,大学生创新创业计划、创新创业大赛等普遍开展并持续推进,学生了解、接触和参与创新创业的机会增多,创业青年群体就此形成。他们更具冒险精神、市场意识,学习能力、社会心理承受力更强,认为创业更能提升个人素质和能力,从事自己喜欢或专长的工作能获得更多自由与广阔的发挥空间,更能实现个人价值。这一群体以技术专长、家庭背景、兴趣爱好和新商机为切入点,以团队形式分工合作,多从事低成本、低风险、见效快、回报率高的行业。

3. 数媒青年

随着自媒体的发展,部分大学生有了新的网络身份——网络草根、网络作家、网络主播、自媒体人、网游玩家等。数媒青年能够熟练运用网络技术,用吸引眼球的形式或内容引起注意;他们思维活跃、行为大胆,敢于展示自我、张扬个性,渴望通过网络释放自己,获得存在感。网络促使其成长,但也对其心理、思维和行为产生不良影响:信息爆炸拓宽了眼界,也造成浮躁功利心态;在虚拟空间尽情徜徉,也影响到体验真实人生;上网消耗了大量的时间和精力必然会消磨学习意愿和兴趣;网络不良信息、网络道德失范或者违法犯罪行为也有可能对他们造成身心伤害。

4. 另类青年

另类青年往往强调与众不同,追求特立独行,突出表现为语言另类、着装另类、消费另类、情感另类,喜欢时尚、新奇、个性的事物,看重物质享受和精神娱乐。他们以“与别人不一样”的想法行事,无心学习、不忧未来,喜欢上网,追求过度消费、娱乐至上、喜好攀比。这类人群要么独来独往,要么有自己的特定朋友圈子。他们不与“大众”交流,漠视他人,渐渐成为集体组织中的“边缘人”。

二、团组织助力高校新兴青年成长路径

新兴青年已逐渐成为当代青年的主体构成部分,其从成长成熟到成才成功很大程度上离不开高校的教育和培养。高校团组织要肩负责任、明确中心、转变工作方式、扩宽工作思路,按照《中长期青年发展规划(2016—2025年)》要求,牢牢把握“联系、服务、引导”三大工作理念,探索有效服务新兴青年群体的成长发展需求的路径,加强对新兴青年的吸引力、凝聚力和影响力,助力高校新兴青年树立信心、坚定理想、提升自我,在新时代展现出新青年的新作为。

（一）转变团建模式，打造“双线”平台教育服务

以“大团建”为指引，按照“找得到、联系紧、服务实、引导好”的目标，转变工作思路，采用灵活多样的组织形式，实现“共青团就在青年身边”的组织全面覆盖。一方面，建立“线上”沟通。利用网络打破地域空间限制的优势，打造“线上”沟通平台，让具有共同群体特征、共同兴趣爱好和共同情感渴求的新兴青年在网上聚集。充分利用网络媒介的便捷性、及时性和交互性，用平等对话、求同存异的态度积极参与新兴青年的网上讨论，听取心声，及时回应诉求，增进共青团和新兴青年的情感交流。将富有正能量、主导性的价值观融入网络直播、微博微信和视频作品等新兴青年喜闻乐见的形式中，发挥网络的正面教育功能，引导他们向上向善。另一方面，开展“线下”活动。面对面的“线下”活动带来的真实情感体验是网络无法比拟的。借助咖啡馆、阅读室等青年人常去的场所建设实体“青年空间”，打造凝聚引导青年的团属阵地。让他们享受到团务咨询、交友娱乐、志愿公益、助学帮困、创业指导、法律维权和心理疏导等服务，推动逐步建立起稳定的组织化渠道。

（二）遵循规律特点，针对不同群体分层培养

习近平总书记对共青团工作做重要批示时指出，“要深入研究当代青年成长的新特点和新规律，把准方向，摸准脉搏”。只有把握好新兴青年的特点和成长规律，实施重点明确的培养方案，才能有效地进行分层培养。

1. 转型青年需要就业能力培养

转型青年因个人或家庭原因，存在就业意识淡薄、缺乏就业主动性，知识结构不合理、职业适应能力差，市场认知模糊、职业定位错误等问题。他们需要高校加强思想引领，帮助树立正确的职业发展观；需要全方位精细化的就业服务，为他们提供方法指导、发展咨询和实践实习平台；需要相应的教育环境和文化氛围，激发他们提升职业能力的内在动力。

2. 创业青年需要创业平台搭建

大学生创业面临的现实困难不仅仅是资金、人脉、资源、经验、能力等方面制约，他们还存在心理素质不强、创业知识技能欠缺和环境支持不足等问题。这些因素造成当前大学生创业成功率低，创新满足度低的“双低”局面。他们需要政府和高校协同整合社会各方资源，在技能提升、导师辅导、项目遴选、资金帮扶等方面为其加速助力；需要通过创业交流平台、产业孵化平台、资源共享平台等得到更多的创业支持。

3. 数媒青年需要媒介素养提升

网络的开放性、平等性、隐匿性和虚拟性对数媒青年的影响是双重的。数媒青年因涉世未深，自身判断能力、自我调适能力和道德标准还不成熟等因素，在受到海量信息和多元价值的冲击时，容易出现网络道德迷失、盲目

跟风、真假不分、遭受舆论暴力等非理性行为。数媒青年需要提升媒介素养,在灵活运用新媒体技术的基础上,增强价值评判能力,遵守网络使用规范,自觉追求崇高、远离低级;需要政府、高校和社会各界弘扬主旋律、传播正能量,努力为青年群体营造风清气正的网络环境。

4. 另类青年需要心理健康关怀

另类青年群体的奇装异服、怪异举止实际上是他们价值观念、思维习惯、情感冲动、性格叛逆、内心焦虑等很多心理状态的外在表现,展现着个性与差异,也体现出偏激与消极。另类青年需要人们的尊重和关注。在这一前提下,有针对性地开展心理健康教育和主流价值引领工作,使他们了解健康个性标准,增强自控力、承受力,学会与人和谐相处,积极适应环境,自觉抵制非主流行为方式和价值观念,从而正确认识自我、合理展示自我,丰富心理世界、明晰生活目标,树立正确的人生观、世界观、价值观。

(三)实施领袖计划,形成人才队伍良性循环

“青年骨干是带动青年、凝聚青年的重要群体,也是项目设计、活动开展、提供服务、满足需求的重要参照目标与核心力量”,是高校组织新兴领域青年的主要依靠力量。青年骨干培养,一方面可以遴选出一批政治强、素质高、业务精的团干,经过系统培训进一步提升他们的综合能力。贯彻实施“团干与新兴青年结对”制度,每个团干联系3~5名新兴青年,通过座谈、沙龙、互动活动、实地考察等形式,加强沟通交流,落实团组织的服务与引导职责。另一方面,注重发现新兴青年群体中各层次人才。在建立互信关系的基础上,因材施教,进行针对性培养,充分挖掘其特长和潜能,将其吸收为青年组织中的骨干力量,把工作对象转化为工作力量,成为新兴青年群体的卓越领袖、先进典型。团组织还要“充分整合共青团的典型推荐、人才选拔、评选表彰、对外交流、组织吸纳等资源,切实为新兴领域青年普遍打开向上成长的通道,”不断壮大青年骨干队伍,实现人才培养的良性循环,引领和带动其他青年向典型学习、向榜样看齐,促进新兴青年群体健康成长发展。

三、结语

新兴领域青年已经成为青年群体的主体构成部分,是当今经济社会转型发展的重要生力军。赢得青年才能赢得未来,塑造青年才能塑造未来,促进青年更好成长、更快发展,是国家的基础性、战略性工程。高校团组织要把握新时代、新青年、新组织的特征,发挥自身的优势和特色,努力扩大共青团工作覆盖面,不断巩固和扩大党执政的青年群众基础,满足新兴青年对美好生活的需要,让他们在大学期间练就一身本领,实现素质提升、职业发展、社会融入,成为有政治觉悟、有社会责任、有使命担当、有人格魅力的新青

年，为中华民族伟大复兴中国梦的实现注入强劲、持久的青春动力。

参考文献

[1]中共中央文献研究室. 习近平关于青少年和共青团工作论述摘编[M]. 北京:中央文献出版社,2017.

[2]申明远. 新兴领域青年在校期间成长需要探究[J]. 海南广播电视大学学报,2019,20(3):109-114.

[3]王毅,等. 新兴领域青年群体工作机制研究:基于重庆市的调查[J]. 中国青年社会科学,2018,37(5):27-33.

[4]田戈燕,范亚锋. 新兴领域青年工作路径探析:以青岛市为例[J]. 青少年研究(山东省团校学报),2012(6):53-55.

[5]赵雷鹰,郭园庚. 网络新兴青年群体现状及共青团引导工作[J]. 中国青年社会科学,2018,37(3):53-59.

[6]肖长华. 大数据背景下共青团组织引领"线上新兴领域"青年工作策略研究[J]. 山东农业工程学院学报,2017,34(6):120-121.

以卓越护理人才培养为导向的学生管理工作思考与创新

护理与健康学院　王　飞

【摘　要】 本科护理教育属于高等护理教育层次，是高素质护理人才培养的基础和关键。学生管理工作作为高校人才培养体系的重要组成部分，主要涵盖学生思想政治教育、学风建设以及创新能力培养等工作领域，对学生全面成长、成才具有重要的作用。因此，辅导员和班主任作为学生管理工作的主要承担者和日常培养过程的重要参与者，必须针对学生思想政治教育、素质养成教育和专业引导教育等学生管理工作进行探索和创新，增强学生的德育素质和专业能力，为卓越护理人才培养贡献力量。

【关键词】 卓越护理人才；人才培养；学生管理

本科护理教育属于高等护理教育层次，是我国医学教育的重要组成部分，也是培养高质量护理专业人才的重要环节，学生培养质量直接决定着未来护理事业的发展。随着《“健康中国 2030”规划纲要》的发布与实施，未来对于护理人才的专业技术和综合素质提出了更高的要求。在此背景下，如何培养适应社会需求和发展的高素质卓越护理人才，是护理高等教育应当予以重视的关键问题。

一、改革背景及工作要求

从国家层面的要求来说，2018 年 6 月 21 日，陈宝生部长在新时代全国高等学校本科教育工作会上提出了“四个回归”的工作原则，在学生培养层面明确了激发学生的学习动力和专业志趣，以及坚持正确政治方向的具体要求。从护理专业发展的需要来说，随着“生物-心理-社会”医学模式的建立，护理模式也从“以疾病为中心”的传统模式转变为“以健康为中心”的整体护理模式，这对于护理从业人员的专业素养和综合能力提出了更高的要求。从医学高等教育改革导向来说，参考 2018 年 9 月 17 日教育部等部委发布的《关于加强医教协同实施卓越医生教育培养计划 2.0 的意见》，明确了

在医学人才培养过程中全面加强德医双修的素质能力培养和强化学生创新能力培养的改革导向。围绕国家、专业发展和教育改革的具体要求，辅导员和班主任应当着重在思想政治教育、党团和班级建设、学业指导等方面开展工作创新，提高工作水平，引导学生树立正确的理想信念，营造积极向上的班风学风，增强学生的政治素养、道德修养和专业水平，推进卓越护理人才培养的教育教学改革。

二、主要问题及具体分析

（一）思想政治教育效果不佳，与国家要求不相符合

随着网络信息技术的发展，学生信息来源日趋广泛，特别是网络环境中各种非主流意识形态观点的泛滥，对于学生树立正确的价值观念造成了极为不利的影响。在目前高校思想政治教育工作中，普遍存在理论教育缺乏认同感，网络舆论宣传缺失话语权，思想政治教育工作缺乏吸引力的共性问题。针对护理专业来说，由于女生比例较大、专业课程任务繁重等因素影响，学生对于思想政治领域的关注度和敏感度不足，存在较为严重的从众心理，具体表现为学生在思想政治课堂上经常学习专业书籍，对于部分价值导向暧昧的公众号、微博等内容盲从于网络意见领袖或朋友看法，对价值导向明显错误的言论或网络文章不敢亮明态度，勇于发声，存在学生理想信念不够牢固，报效祖国、服务社会等价值观念不够明确，整体思想政治教育的效果亟待提高的共性问题。

（二）班级学风建设相对滞后，与改革导向不相匹配

班级是大学生发展、成长的基本组织形式，是辅导员进行思想政治教育和日常学生管理的主要阵地，也是党团建设的重要基础。良好的班风学风是大学生提高学习兴趣、优化学习效率、养成良好行为习惯的基本前提与条件。就目前护理专业学生整体状态而言，由于入校成绩相对较低、人才培养方案设置等客观原因，相对于临床医学等其他医科类院系，学生在理论学习内容的广度上覆盖不足、深度上有所欠缺，存在重记忆、轻理解的倾向，学生群体中存在明显的两极分化现象，同时由于部分护理院校存在文理兼收的情况，进一步加重了分化程度，由此造成学生整体学习动力不足的现象。并且由于护理专业学生多数来自农村家庭，对于护理专业社会地位和认可度相对较低，多数学生存在转专业的想法，转专业学生比例相对于其他专业偏高，学生专业自信心和认可度均有待提高，这些都给班风学风建设造成了不利的影响。

（三）创新能力培养相对有限，与学生需要不相协调

创新能力是学生能力体系的重要组成部分，对于学生将工作实践中的

问题有效转化为理论研究创新的成果具有重要的作用，是学生实现终身学习和职业发展的基础。由于在校学习时间较短(在校时间仅有三年，第四年在外实习)、护理类专科竞赛覆盖面有限和创新能力培养途径匮乏等原因，护理专业与基础医学、公共卫生等其他医学类专业相比，学生的专利申请数量、论文发表数量和各类学科竞赛获奖数量均存在较大差距，参与学科创新的学生人数占学生总人数的比例严重不足，学生创新能力与素质培养存在明显短板，这与学生发展的需要不相协调，需要在学业指导方面创新工作方法予以弥补和解决。

三、方法改革及工作建议

(一)统筹兼顾，拓展思想政治教育途径

针对护理专业学生思想特点和群体特征，在开展思想政治教育的过程中，辅导员和班主任应当主动拓展思想政治教育的工作途径，在目前以理论教学和讲座讲授为主开展教育的基础上，综合网络教育、社会实践教育和榜样引领等手段，做好“三个结合”，创新教育思路和方法，增强教育效果。

1. 线下教育与线上引导相结合

目前，以“两微一端”为代表的新媒体已经深入到学生学习的各个方面，成为他们获得资讯的首选渠道，深刻地影响着他们的思想意识和行为习惯。辅导员教师在开展思想政治教育的工作中，可以考虑通过线下教育着重提高学生对于网络信息的辨别能力，增强对于网络谣言和错误价值导向的防范意识，通过线上平台向学生分享优质的思想政治教育资源，打破传统教育空间和时间的限制，增强思想政治教育工作对于学生的吸引力，帮助学生树立正确的价值观念。

2. 理论教育与课外实践相结合

在工作中充分利用护理专业学生社会实践较多的有利条件，鼓励学生积极参加敬老院护理、医院服务等实践活动，着力推动思想政治理论教育与课外实践相结合，引导学生在实践中体会个人价值，巩固理论教育的效果，在学生群体上实现“知行合一”。

3. 教师引导和榜样引领相结合

运用朋辈教育理论，加强对于学生干部和党员的管理和教育，切实发挥他们的榜样引领的作用。特别是面对网络空间中错误的言论和价值导向时，能够勇于发声，在朋友圈、微博等网络阵地亮明正确的观点和态度，形成工作合力，营造积极向上的网络氛围，继而对身边的同学产生正面影响。

(二)分类施策，完善班风学风建设体系

在班风学风建设方面，辅导员和班主任可以遵循“能级对应、动态调节、

分类施策”的工作原则，综合考虑学生高中学习背景、学习成绩和个人性格等因素，将学生发展划分为“跟跑”“并跑”和“领跑”三个阶段，建立基于分类指导思想的工作机制。

1. 给跟跑者以帮扶

充分发挥学生党员、学生干部等工作骨干的作用，可以通过建立学生骨干帮扶制度，对部分学习存在困难的学生进行“一对一”帮扶，对学习习惯不良的学生进行监督。同时配套建立学业总结报告制度，即要求班级学习委员、学生骨干和被帮扶学生三者定期提交包括作业完成情况、课堂学习情况等在内的帮扶报告，对于帮扶效果不佳的学生及时进行有针对性的指导和干预，确保帮扶机制取得实效。

2. 给并跑者以激励

对于成绩处于中游的学生普遍存在的学习动机不明确和动力不足的共性问题，应当充分运用学校综合测评、奖学金评定等途径，根据学生未来发展需要对评价内容和体系进行梯度设置，帮助学生由易至难地完成任务并获得激励，激发他们学习的自觉性和主动性。例如，在学生每学年综合测评项目中加入专业能力认证加分制度，即将四、六级证书和医护英语等级证书等体现护理专业学生能力的证书纳入加分范围，并根据证书获取的难度设置不同的分值，引导学生在完成任务的过程中确立学习目标，增强自信心和就业竞争力，激发他们主动学习的热情。

3. 给领跑者以空间

对于学习成绩优异的学生，定期开展经验交流会、科研专题讲座等活动，根据个人特长和专业兴趣设置开放性研究课题，引导学生在确保学业成绩的前提下，开展学科创新活动，培养科研能力和素质。同时鼓励绩优生积极参与社团服务、社会实践和后进学生帮扶等活动，在丰富并完善大学履历的同时强化奉献意识和社会责任感，实现个人能力的突破，增强综合素质。

（三）注重引导，优化创新能力培养机制

在学生创新能力培养机制建设方面，辅导员和班主任（包括本科生导师）应当加强联系，充分发挥班主任和本科生导师在专业上的指导作用，形成工作合力。在工作中注重对于学生的鼓励和引导，积极组织学生形成创新团队，充分利用大学生创新实验项目、各类竞赛等锻炼途径，实现创新能力的提高。

1. 工作思路上注重引导

在前期的工作调查当中发现，阻碍学生参加学科创新活动的主要原因是缺乏有效指导，很多学生不了解论文写作、专利申请和参加竞赛的要求以及需要做的准备。因此，班主任和辅导员在工作中应当及时总结本专业创

新活动的特点以及要求,引导学生克服畏难情绪,由易入难地开展创新实践,逐步提高创新能力。

2. 工作渠道上注重合作

目前,多数本科院校均在低年级配备班主任,在高年级配备临床导师或本科生导师,因此辅导员、班主任和临床导师应当加强沟通,分别发挥辅导员在学生组织,班主任在学业指导和临床导师在实践指导中的优势,建立行之有效的合作沟通机制,形成创新能力培养工作的合力。

3. 具体实施上注重督促

在开展创新实践的过程中,由于存在各种困难,学生难免产生放弃的想法,因此在日常工作中,班主任和本科生导师应当加强对于学生开展科研创新活动的检查和督促,针对学生存在的问题及时进行指导和帮扶,引导学生突破科研“瓶颈”。以大学生创新创业训练计划项目实施为例,班主任或本科生导师应当把握学生团队组建、项目申报、开题、中期检查等重点环节,加强对于关键节点的进度监控,对于学生中存在的共性问题进行解答或推荐教师进行指导,确保工作取得实效。

四、成效与小结

以上工作探索与创新自 2016 年在郑州大学护理与健康学院进行应用与实践以来,在思想政治教育、学风建设和创新能力培养等方面均取得了一定的成效。在思想素质方面,学生在积极参加党史知识竞赛、红色经典阅读等活动的基础上,还主动建立了“史光小屋”微信公众号,主要推送党史知识等学习内容,在学生中取得了良好的反响。2016 级 15 班团支部荣获河南省 2018 年“活力团支部”荣誉称号,取得团建工作新的突破。在志愿服务方面,学生志愿者注册率连续三年保持在 100%,每年开展各类志愿服务活动 50 余次,学生在志愿服务中展现出的精神面貌和专业素质得到郑州大学附属儿童医院等单位一致好评;2018 年,学院荣获“郑州大学优秀青年志愿者协会”荣誉称号,2019 年由学生组建的“护使之路,精准扶卢”爱心医疗服务团在暑期社会实践活动得到了共青团卢氏县委员会的表彰。在学风建设和创新能力培养方面,学生六级总体通过率由 2013 级的 27.4% 增长到 2016 级的 45.2%,2016 年至 2018 年,学院大学生创新创业训练计划项目立项数量由每年 18 项增长至每年 70 项,专利授权数量由每年 7 项增长至每年 24 项,发表论文数量由每年 36 篇增长至每年 61 篇。另外,以学院 2015 级学生武晓雪为核心的创新团队设计的多功能保健轮椅,荣获第十一届 iCAN 国际创新创业大赛全国二等奖,并代表学校参加 2018 年《最强大脑》全国总决赛的角逐。学生管理各项工作均取得显著的成效。

在教育部推进“卓越计划”(2.0)和新医科教育的背景下,以辅导员和班主任为代表的高校学生工作者还需要不断探索工作的有效方法,进一步融入“三全育人”的工作体系,切实推进学生德育素质、专业素养和创新能力的提高,为推进学校“双一流”建设和卓越护理人才培养贡献力量,为满足人民医疗需求提供坚实的人才保障。

参考文献

[1]“健康中国2030”规划纲要[N].人民日报,2016-10-26(1).

[2]穆荣红,李琼,李娜娜.高等护理教育中人文素质教育改革的思考[J].中华护理教育,2014,11(2):149-151.

[3]龙妮娜.新媒体时代大学生思想政治教育工作创新路径探析[J].学校党建与思想教育,2013(11):13-15.

[4]崔海英.网络思想政治教育话语权探析[J].思想理论教育,2017(8):85-90.

[5]宋胜强.关于我国高校班级发展现状与建设管理的研究[J].科技视界,2017(33):138-140.

[6]秦佳曦.浅议高校班级团支部在学风建设方面的探索与实践[J].高教学刊,2019(7):133-135.

[7]李玉媛,等.282名本科护生学习倦怠现状及影响因素分析[J].护理学报,2017,24(2):57-60.

[8]林森.大学生科技创新能力培养体系的构建与实施[J].学校党建与思想教育,2016(1):76-77.

[9]廖泽容,等.基于“两微一端”的大学生思想政治教育路径创新研究[J].新媒体研究,2018,4(24):36-39.

[10]李璟璐,王道明.朋辈榜样促进高校学风建设的实践探索[J].学校党建与思想教育,2019(10):65-67.

[11]郑展鹏.本科生导师制人才培养模式的认识误区及改革创新[J].河南教育(高教),2019(8):88-93.

国际化人才培养的影响因素及对策研究

历史学院　司晓洁

【摘　要】 随着全球化进程的进一步发展,中国“双一流”高校建设人才培养逐渐迈入国际化。在此背景下,通过研究国际化人才培养模式的影响因素,发现我国高校国际化人才培养目前存在文化根植与接纳、所开展国际化项目受众面较窄和语言掌握与应用水平较弱三个主要影响因素。对此,文章中探讨了提高国际化人才培养的对策——构建配套的国际化人才培养机制保障体系、提高师资国际化水平,调动教师积极性并重视学生语言的培养与运用,以期落实高校立德树人根本任务,助力“双一流”高校发展,为我国参与国际竞争和进行国际合作培养高水平的国际化人才。

【关键词】 国际化人才培养;“双一流”建设;对策

一、国际化人才培养的背景

(一)全球化背景下国家发展的现实需要

全球化进程已成为时代发展的巨大推动力,经济市场和劳动力市场的全球化都对各国发展提出国际化的要求,其中高等教育的国际化成为影响国家财政、外交和社会文化的重要因素。随着我国综合国力的进一步提升,在国际社会中的作用和影响也越来越突出,这就势必要求我国在国际舞台上扮演更加重要的角色,积极参与到国际事务中,展现中国魅力,提供中国方案。然而目前,我国仍面临着国际化人才缺乏的困境。因此,培养一批具有国际竞争力的优秀人才是推动我国经济发展的内在动力,同时也是我国参与全球和地区事务,提升话语权和影响力的重要保障。

2015 年,中共中央国务院发布了关于统筹推进世界一流大学和一流学科建设的总体方案。方案要求:中国的各高校应该坚持以中国特色、世界一流为核心,以立德树人为根本,以支撑创新驱动发展战略、服务经济社会发展为导向,坚持“以一流为目标、以学科为基础、以绩效为杠杆、以改革为动力”的基本原则,加快建成一批世界一流大学和一流学科。在此背景下,国内高校的国际化人才培养工作迈入新台阶。

(二)“双一流”背景下对学校发展的新要求

2017年9月21日,随着“双一流”建设高校名单和“双一流”建设学科方案名单的公布,我国的高等教育发展进入一个新时代。该方案对世界一流大学和一流学科建设实行建设与改革并重,确定了建设一流师资队伍、培养拔尖创新人才、提升科学研究水平、传承创新优秀文化、着力推进成果转化等五项建设任务;明确了加强和改进党对高校的领导、完善内部治理结构、实现关键环节突破、构建社会参与机制、推进国际交流合作等五项改革任务。

院校教育是高素质专业化人才培养的主渠道,2017年12月10日发布的《国家教育十二五教育规划纲要》中更是明确指出:要提高我国高等学校培养质量,将国际交流与合作贯穿于人才培养的全过程。因此,在“双一流”学校的建设与发展的背景下,面对国家对高校的国际化人才培养提出的更高要求,国内高校只有吸收借鉴世界各国高校先进的教育教学理念,融入教育国家化的发展浪潮中,以全球化的眼光来评价本校在人才培养中的标准、内容、层次和机制,不断改进教学形式和课程体系,从而增强自身的竞争力、影响力,才能使培养出的人才无论是在国内还是国际上都具有很好的适应生存能力。

二、国际化人才培养面临的影响因素

纵观国内学界研究现状,可以发现目前我国高校国际化人才培养普遍存在一定的制约因素,从宏观和微观层面分别来看的话,有国际形势、国家政策等宏观层面因素的影响;学校国际化发展程度、个人条件等微观层面因素的影响。现结合郑州大学历史学院近三年国际化人才培养的工作开展情况归纳出以下几点具体影响因素。

(一)文化根植与接纳问题

国际化人才培养,首先要厚植立德树人的文化基因。目前,历史学院的国际化人才培养存在根植的文化传统与国际化文化碰撞的问题,文化植根是国际化人才培养的根本问题,即在他国文化和本国文化之间微妙的关系中,如何做到传统文化坚守和国际文化接纳的问题。高等教育国际化问题研究专家阿尔特巴赫在《全球化与大学:不平等世界的现实》一文中,用“中心—边缘理论”细致地阐述了北半球国家通过知识生产传播和先进科学技术,成功地向发展中国家导入英语、文化,甚至思维模式和价值观。在这种

避无可避的国际趋势下,如何做到在国际化人才的培养过程中,教育学生在学习和包容他国文化的同时,保有我国自身的文化精髓,是国际化人才培养面临的首要的,也是最重要的问题。

(二)所开展国际化项目受众面较窄

通过对郑州大学历史学院2018年、2019年开展的国际化人才培养工作进行分析,发现国际化人才培养存在受众面较窄的问题。具体原因可归结为以下三点。

1.学生基数较大

学生人数较多是实施大规模的国际化人才培养的主要制约因素。郑州大学历史学院已经属于郑州大学人数较少的院系,本科生四个年级共有600余人,实行普及的国际化人才培养方案,经费受到严重制约。相比较厦门大学、中山大学等国内知名高校,因其学生规模较小,可轻易实现国际化人才培养普及化的方案。

2.国际交流项目的局限性

2019年历史学院开展两项学生赴国外交流项目,分别前往以色列希伯来大学与美国加州理工大学。经了解,因这两项访学项目时间均处于2019年暑期阶段,此时2016级(准大四)学生或忙于备战考研或忙于暑期夏令营,因此不得不放弃宝贵的访学机会。最后,访学项目的内容设置对学生缺乏较大的吸引力。赴以色列希伯来大学的交流项目主要内容为考古相关知识,这对历史学院除考古专业之外的学生对访学知识的接受与学习构成一定难度。而赴美国加州理工大学访学项目中因加州理工大学作为理工名校,相对缺乏人文专业所对口的知识,因此并未引起学院师生较大兴趣,最终参与该项访学项目人数仅11人。此外,交流访学项目时间较短,学生难以深入学习也是制约国际化人才培养规模扩大的重要原因。

3.交流项目费用的制约

虽然历史学院多数本科生希望能留学深造,但是目前历史学院的在校大学生中,有海外留学经历的人数所占不多。我国普通家庭一般为中等收入家庭,而交流项目费用较高,如果参与交流项目,这些家庭或许还不具备承担的能力。历史学院开展的国际化交流项目实施“1+1+1”的费用方案,即车旅费用预计三万余元,学校、学院、学生分别承担三分之一,但在访学过程中学生所消费的其他费用均由自己承担,所以为期一至两周访学项目预计花费学生两万余元。这笔数字使得大部分中低等收入水平家庭的学生望而却步。

(三)学生语言应用水平较弱

外语是通向世界的桥梁,是进行国际交流的重要工具,对于外语的重视

和掌握是反映高校国际化程度的一项重要指标。克拉克·科尔在对阻碍国际化的因素进行分析时认为:“语言是第一个因素,数学家、科学家是较为有利的群体,因为在语言方面他们的要求较之人文科学家要少得多。”美国教育家欧内斯特·博耶认为:“语言是实现联系的重要方式,是人类的共同经验之一。借助语言,人类可以超越种族、地域、文化观念交流信息,相互表达思想。”郑州大学历史学院本科生英语水平大多依旧停留在高中英语的应试水平,而随着大学期间对英语的忽视,水平会进一步下降。此外,选择报考托福、雅思或通过其他方式坚持锻炼提高自身英语水平的同学更是少数,因此在国际化人才培养中,语言首先成为制约同学们参与其中的关键因素。

三、加强国际化人才培养的策略和措施

(一)构建配套的国际化人才培养机制保障体系

国际化人才培养是一项复杂的系统工程,其顺利开展离不开学校内部的管理与服务制度。随着学生国际化人才培养的不断推进,各高校应建立健全教学管理体制,科学制定和完善各项规章制度,明确管理职责,为培养国际化人才创造有利条件和提供持久动力。首先是加强制度建设,建立并完善教学管理制度、学籍管理制度、国际交流奖助机制、学分转化政策等管理规范和鼓励性政策,为学生参与国际交流活动及海外学习项目提供保障,提升学生的积极性和主动性。其次,完善资金支持,不断扩大国际化人才培养受众面。政府和高校在教育经费投入中应该根据实际需要加大对对外交流学习活动的投入,这是我国高校本科生留学教育的基本保障,解决学生参与国际化人才培养过程中的后顾之忧。此外,与基金会、非政府组织和企业等社会组织达成合作,积极引导社会资本投入到国际化人才培养过程中来也是推动教育国际化的有效思路。

(二)以跨文化教育作为连接传统文化与他国文化的桥梁

以跨文化教育作为连接他国文化和传统文化的桥梁。即在深入把握和认识自身的主体文化的同时,充分认识和理解客体文化,即习得他国文化。以求同存异的胸怀,保留一个自己的主体文化,又能很好地接纳和包容其他国家的文化。中国培养的国际化人才要以中国文化为主体,游走于几种文化之间,理解和尊重他国文化,以及在生活和工作中用他国文化方式来处理事务。同时,不断深入学习传统文化精髓,站在多国文化的国际视角反观传统文化精神,感受传统文化魅力,树立文化自信。只有到达跨文化认知与理解,才能把客体文化运用自如,才能在未来国际舞台上进一步弘扬优秀传统文化,才能成为真正意义上的国际化人才。通过构建具有中原历史文化特色的大学生思想政治教育平台,建设具有中原历史文化特色的校园文化育

人环境,对拓宽校园人文精神,提升校园文化建设的文化品位、增强校园文化建设的价值引领,激发中华优秀传统文化的生机与活力,增强文化自觉和文化自信有着重要的意义。

(三)以思政教育作为人才软实力培养的重要基石

思想政治教育有助于优化国际化人才成长的环境。思想政治教育主要是营造有利于国际化人才成长的软环境,通过消除不和谐、不稳定因素,营造国际化人才成长所必需的稳定、和谐的校园环境;积极宣传国际化教育观念、人才标准、成才观念,形成师生自觉,产生培养国际化人才的合力;举办丰富多彩的校园文化活动,进一步强化学生对国际化人才的认识,拓展学生综合素质;通过新传媒平台的合理运用,营造有利于国际化人才成长的良好舆论氛围。

国际化人才的培养都特别强调一些"软能力"的培养。在"硬能力"相对标准化的情况下,决定国际化人才水平与层次的,更多是一些没有标准化的"软能力"。它们的内涵是多方面,比如,强调国际化的思维方式、观念;强调远大理想;强调价值信念,将价值观转换成学生思考问题的一种思维方式;强调领导能力和团队合作能力;强调创新精神;强调健全人格塑造和健康心理素质的培育;强调各方面素质的均衡发展等。

(四)深刻意识到基础教育在国际化人才培养中的作用

要清楚地认识到基础教育在国际化人才培养中的作用。其主要角色是为所有学生打下接受国际化高等教育的基础,以培养学生"国际化素质"为目标,而并非是国际化人才早产的基地。诚然,经过大学入学考试的筛选后,有一部分学生能够发展成为国际化专门人才,但绝大部分学生应是具有"国际化素质"的各行各业的专业技术人才。

(五)重视第二语言的培养与运用

针对学生语言掌握与运用上存在的问题,各高校应积极寻求与之对应的解决办法。首先,高校应把语言课程与本科的专业课程内容结合起来。具体措施可表现为通过把外语课程与本科生专业课程内容结合起来以提高学生的外语水平。国内首都师范大学历史学院本科生培养方案中创新性地将对学生的语言培养与专业培养巧妙地结合起来。历史学院通过与外国语学院达成合作,在学生的培养计划中,将语言的学习作为专业素养的必备条件,设置选课学分制,学生只有将语言课程修够四年培养计划中的一半学分,才算完成计划,单单对历史学专业知识的学习与掌握并不能使学生完成培养任务。毕业时,首师大历史学院学生将获得双学位,即主修学位是历史学,辅修学位是语言学。这项培养方案既巧妙地解决了学生的语言问题,又能再无形中提高学生的国际化人才培养水平，可谓一举两得。

其次，开设多个语种的国际化课程。当前我国外语教学课程的设置比较单一，主要是英语，这在一定程度上限制了我国高校课程国际化程度和水平的发展。英语虽然是极其重要的国际通用语言，但是一些非英语国家和地区也具有非常发达的高等教育水平，要了解和学习这些国家的办学经验与成果，首先就要习得该国语言，具备与之交流的能力。所以，高校在针对本科生开设语言教学课程时，应注重内容和形式的多样性。

最后，可利用高校中的留学生，通过构建留学生交流平台，提高学生语言运用水平。随着学生的国际流动性不断增强，目前各大高校都拥有一定规模的留学生数量。留学生与国内学生年纪相仿，兴趣相近，对学校举办的国际交流活动表现出极大的热情。国内高校可以将这些外来留学生组织起来，与未能出国留学的本校学生一起，举办各式各类的交流活动。与本校出国留学的学生相比，留在学校的本科生可以接触到更多不同国家的外来留学生，这样对于扩大国际视野的广泛性更加有利。

四、结语

在教育国际化与“双一流”高校建设的新时代背景之下，国际化人才培养工作的重要性日益凸显。以郑州大学历史学院为例，对当前我国高校内部国际化人才培养的影响因素进行分析，使我们意识到国际化人才培养之路依旧存在一定问题，如高校国际化人才培养目前存在文化根植与接纳、所开展国际化项目受众面较窄和语言掌握与应用水平较弱等制约因素。通过对这些制约因素的解决对策的研究，我们意识到国际化人才培养之路任重而道远，但只要能构建起配套的国际化人才培养机制保障体系、提高师资国际化水平，坚持把立德树人作为院校人才培养中心环节，并重视学生语言的培养与运用，我国的“双一流”高校建设将深入落实立德树人根本任务，为我国的经济社会发展以及参与国际竞争和进行国际合作培养高素质、高水平、专业化的国际化人才。

参考文献

[1]王琪，程莹，刘念才．世界一流大学：国家战略与大学实践[M]．上海：上海交通大学出版社，2011.

[2]“大学战略规划与管理”课题组．大学战略规划与管理[M]．北京：高等教育出版社，2007.

[3]阿特巴赫，等．高等教育国际化的前景展望：动因与现实[J]．高等教育研究，2006(1)：12-21.

[4]刘献君. 大学校长与战略:我国大学战略管理中需要研究的几个问题[J]. 高等教育研究,2006(6):1-7.

[5]陈学飞. 高等教育国际化:从历史到理论到策略[J]. 上海高教研究,1997(11):59-63.

[6]冯倬林,刘念才. 世界一流大学国际化战略的特征分析[J]. 高等教育研究,2013,34(6):1-8.

[7]李贝,梁志扬. 国际化人才培养的影响因素及对策研究[J]. 北京教育(高教),2017(5):19-21.

[8]程健维,赵刚. 本土学生的国际化教育培养研究[J]. 黑龙江教育(高教研究与评估),2019(8):21-22.

[9]顾秉林. 建设世界一流大学的战略与政策建议[J]. 中国高等教育,2009(10):4-6.

[10]彭雨. 普通高校本科生国际化人才培养对策研究[D]. 武汉:武汉理工大学,2016.

[11]周升铭. 高等教育国际化对我国高校人才培养模式的影响及对策研究[D]. 南昌:南昌大学,2007.

创新创业核心素质的质性研究

——以扎根理论为主要方法

软件学院　刘洪建　白晓虎

【摘　要】 为了更为深入地探究创新创业人才所需的核心素质，同时也避免由于主试效应引起的先入为主，采用从下到上的扎根理论为主要方法，通过访谈和问卷收集原始素材，再进行归纳总结和抽象提升，提炼出创新创业人才所需的核心素质。这些核心素质主要为个人能力、个性特质两个方向，同时还受到一些外部因素，如团队因素、整体环境因素和文化因素等的影响。

【关键词】 创新创业；核心素质；质性分析；扎根理论

一、引言

近年来，随着政策的鼓励和支持，创新创业大潮浩浩荡荡，越来越多的人投身其中。这不仅有利于国家经济社会的进步，也能帮助个体更好地实现自我价值，寻求更符合自身能力和兴趣的职业。但同时，相对于创业大军而言，创新创业人才却为数不多，面对滚滚而来的市场洪流，很多创新创业者都遇到了不少的困难。由此可见，并非所有人都适合成为一个创新创业者，或者说为了成为一个成功的创新创业人才，还需要做一些针对性的提升。

如果能总结归纳成功者的经验，而且是其经验中具有共性的点，提炼出创新创业人才的核心素质，那么不仅对于创新创业者来说，可以明确自己的前进方向，进行针对性的提升；对于高校而言，可以完善创新型人才的培养标准；而对于国家而言，能更快地培养出一支"规模宏大、结构合理、素质优良的创新型人才"。

二、质性研究的方法及结果

由于创新创业人才的能力素质是一种内隐状态能力，难以完全用定量的研究方法进行外显表征。因此，本研究采用问卷法和质性研究方法相结合的手段,通过结构性访谈等方法收集典型创新创业人才真实的资料,借助扎根理论对资料进行类属分析,最终从16位典型成功创业者的访谈资料中提炼他们的能力素质元素。

(一)研究方法

1. 问卷法

本研究首先总结归纳了各个行业及职业所需要的各种能力,对各行业及职业所需核心能力进行了分析,整理修订了21项各职业核心能力测评问卷,以便对创业者的能力倾向进行研究。

2. 访谈法

通过对典型创新创业人才进行半结构化访谈,利用“行为事件访谈法”规范对创业者的访谈结构,并基于素质进行提问,以便观察和评估创业者各方面的素质。

3. 扎根理论进行质性分析

扎根理论是一种定性研究的方式,其主要宗旨是从经验资料的基础上建立理论。研究者在研究开始之前一般没有理论假设,直接从实际观察入手,从原始资料中归纳出经验概括,然后上升到系统的理论,是一种从下往上建立实质理论的方法。即在系统性收集资料的基础上寻找反映事物现象本质的核心概念,然后通过这些概念之间的联系建构相关的社会理论。

表1　扎根理论分析方法示例

一级:开放编码	二级:轴心编码		
	类属	属性	维度
一步步梳理自己的项目,逐渐微调公司未来的发展方向	计划性	类属1目标明确 类属1安排合理	任务计划
客户提出具体要求,我们来实现他的要求,而不是开发一款产品再推荐给客户	服务意识	类属2尊重他人 类属2听取建议 类属2回馈处理	人际关系
紧急完善公司的管理制度,同时对存在问题的人员进行严格的处置	监控能力	类属3监督他人 类属3绩效严格 类属3善用权利	人际关系

(二)质性分析结果

项目在对16位创新创业人才深度访谈的原始资料借助扎根理论进行类

属分析，提炼出双创人才的关键能力元素之后，又经过多轮、多方验证分析，提炼出核心概念与关键类属，从而构建出了双创人才的能力素质结构。

通过对访谈材料的归纳分析，我们将影响创新创业者成功的因素分为五个维度，分别是个人的能力、个人的个性特质、团队因素、外部因素和其他文化因素。

本文对个性特质、个人能力、团队因素、外部因素及其他文化因素进行了整合，主要释义如表2。他们的具体频次分布可以从图1看出，其中个人能力和个性特质是影响双创结果的核心素质，团队因素和外部因素也有较为重要的影响，而企业文化和品牌知名度等其他文化因素的影响稍弱一些。

表2　创新创业影响因素释义

影响因素	释义
个人能力	主要是那些可以随着练习或者经验得到较大提升的，后天获得的能力
个性特质	指的是与个人的人格特质相关的，较为稳定的一些行为倾向
团队因素	其他团队成员以及团队之间的成员关系、分工以及利益分配等
外部因素	是指创业团队之外的一些影响因素，如经济形式、行业发展态势和投资等
文化因素	与企业文化以及品牌等有关

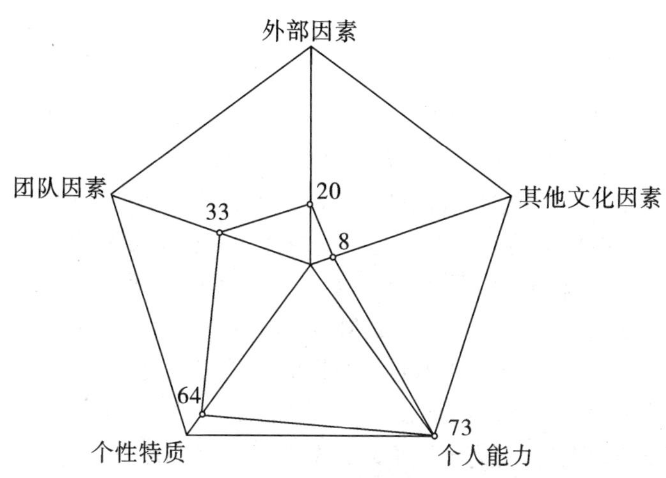

图1　创新创业影响因素频次分布图

1. 个人能力

在本研究中,通过对访谈资料进行质性分析,发现监控能力、沟通能力、经验总结、学习能力、执行能力、领导力、知识技术、机会识别、信息收集、创新能力、规划能力、策划能力、管理能力、问题解决能力和预见性的高低均与创新创业的成功与否有关。具体频次可见图2。由于图幅限制,在个人能力频次分布图中没有体现频次为1的各因素。

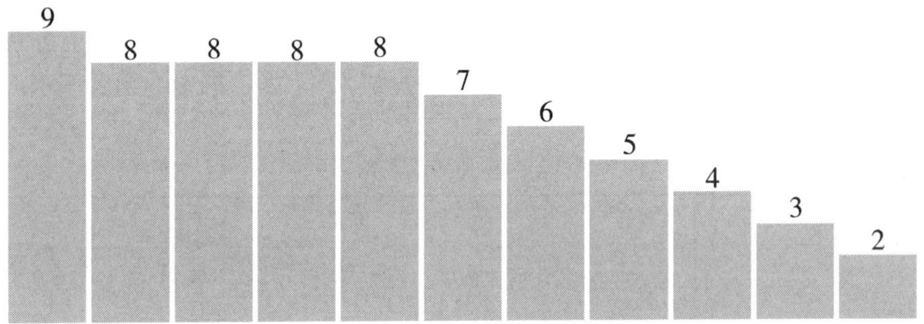

图2　个人能力频次分布图

监控能力指的是个人能根据自己的目标和任务现状,对计划做出调整和改变,坚持完成既定目标的能力。在访谈中,曾有来访者这样描述他们的情况:"在公司融资不利,项目进展停滞的情况下,大家仍坚持产品的开发,保证产品上线的时间节点。"这就很好地体现了监控能力。

沟通能力指的是在双创项目的过程中,与团队内外各方沟通交流所需要的技巧和方法。沟通能力强的个体,更容易高质量、高效率地完成目标。一位从事专利知识产权领域的双创人表述他们曾为了一个项目"跟很多家审计公司去沟通,保证双方合作时是一体地为客户服务。"

经验总结和学习能力则比较好理解,在创新和创业的过程中,经常会遇到自身知识和技能不足以应付当前任务的情况。这就需要我们从试错中发现规律,避免重蹈覆辙,积累经验,也要求我们在短时间内消化吸收新的知识和技能。而这些经验和学习的成果也会在知识技术这一维度得到体现。相应的,本身知识技术较硬的双创人员同时也具有较强的学习和总结能力。

领导力和执行能力常出现在同一个个体的身上,领导力的一大要求就是掌控全局,合理分配任务,组织团队成员顺利完成任务。这需要监测、分配、协调、沟通都一一落实才能完成,可以说领导力是一项非常复杂的复合能力。

信息收集和机会识别能力也总是同时出现。只有在有足够多的信息作

为判断依据的情况下，双创人员才能更好地对机会和挑战进行判断。

最后还有部分双创个体提及了创新能力和规划能力，它们在创新创业中也非常重要。

2. 个性特质

与双创能力相关的个性特质，主要有以下几种：情绪管理、坚持性、计划性、决断力、细致高效、积极乐观、服务精神、成就导向、开放性、人文关怀、真诚、责任心、精力、严格、主动性、准备充分、自信心。同样，为了避免偶然性，在图3统计中，省略了频次为1的经历、严格、主动性、准备充分和自信心等因素。具体频次见图3。

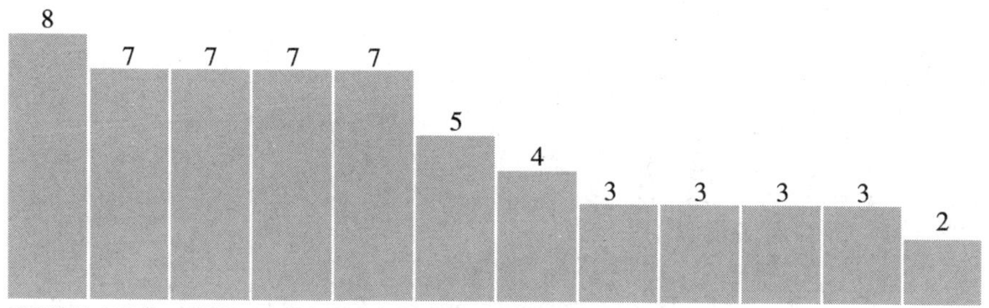

图3　个性特质分布频次图

在个性特质方面，双创人才们最看重的是情绪管理，在他们看来能控制好自己的情绪，能承受较大压力是成功的重要原因之一。有访谈对象这样解释："心情都是一时的，我觉得最重要的是你需要把沮丧的心情转化为解决问题的动力。"

除此之外，坚持性、计划性、决断力以及细致高效也受到了很多双创人才的重视。坚持性指在遇到阻碍时，个人也会坚持不懈，能体现出双创人才往往需要较高的意志品质；计划性指在任务开始之前，个人已经对它有了比较充分的认识和计划，并且会努力遵循计划去完成；决断力则是指在遇到一些两难问题，或者是不确定后果的情景时，个人能坚持初心，勇于抓住时机做出决定，并愿意承担其后果；细致高效是指在任务的整体过程中，投入充分的耐心和细心，认真对待每一个细节。

同时，积极乐观也被不少双创人才提到。创新创业过程就像是摸着石头过河，顺利是其中最为幸运的偶然情况，各种意外和艰难险阻总是不可避免的。如果双创人才情绪敏感，抗挫折能力又较低，很可能半途而废。有一个来访者曾描述，遇到挫折的时候是他带领着其他合伙人一起憧憬公司未来上市的前景，才挨过了最艰难的日子。

另外,开放性、人文关怀、真诚和责任心也对塑造适宜的工作环境和人际关系有非常重要的作用。

3. 团队因素

在本研究中,双创的成功与否与以下这些团队因素有关,即制度规范、团队合作、人际关系、团队建设、凝聚力、团队精神、人才培养、重视员工,具体数据如图4所示。

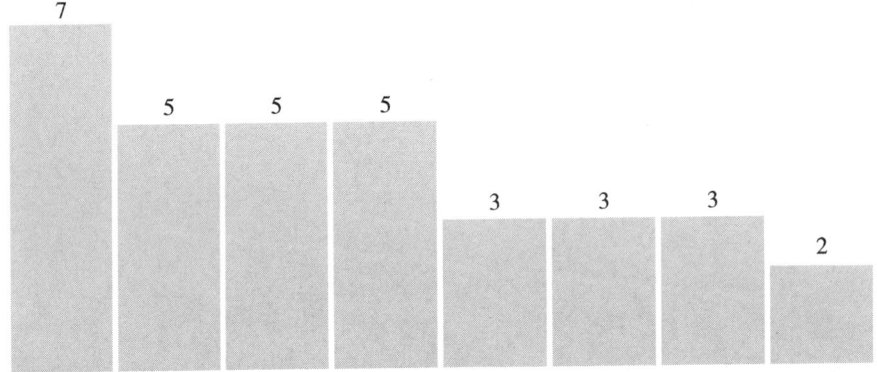

图4　团队因素频次分布图

团队因素可以被分成三个方面,一是团队整体规划和分工;二是团队人际和谐;三是团队中的个体发展。

在团队的整体规划和分工上,首先,需要做到的是建立合理的制度规范,这样才能保证团队的长期发展。

其次,团队成员的搭建与分工也非常重要,大家各司其职,一起向目标努力。曾有访谈对象这样描述:“我们设立了一整套关于公司内部的股权激励制度,对股东制度不断地完善,使公司的这一制度一直坚持到现在。”完善的制度也有利于团队精神和团队凝聚力的产生。

在团队的人际关系上,因为是创新创业型企业,往往规模较小,更经不起团队之间的内部损耗,需要所有成员向着同一方向努力。这就对团队合作和人际关系有很高的要求,尤其是在创始阶段,合伙人往往都是有想法的人,如果此时没有磨合好,可能对后期的发展会产生不可忽视的影响。从一个受访者的描述中我们也能看出团队人际关系的重要性:“成立初期,由于公司规模较小,并没有明确的分工和管理,前期主要是我们四名创始人的磨合阶段。”

最后,所有的团队其实都是由单个个体组成的,如果团队中的个体没有足够的发展空间,感受不到组织带来的关爱和归属感,组织最后也会分崩离析,因此组织中的人才培养和对员工的人文关怀也非常重要。

4. 外部因素及其他文化因素

另外,与双创能力相关的外部因素及其他文化,如图 5 和图 6 所示。其中,外部因素可以分为鼓励认可、支持帮助、政策制度、行业行情和机遇;其他文化因素可以分为企业文化和品牌知名度两项。

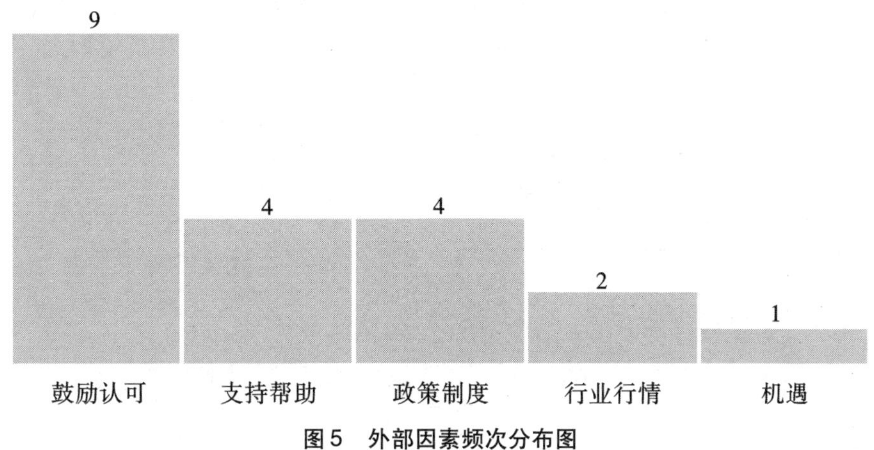

图 5　外部因素频次分布图

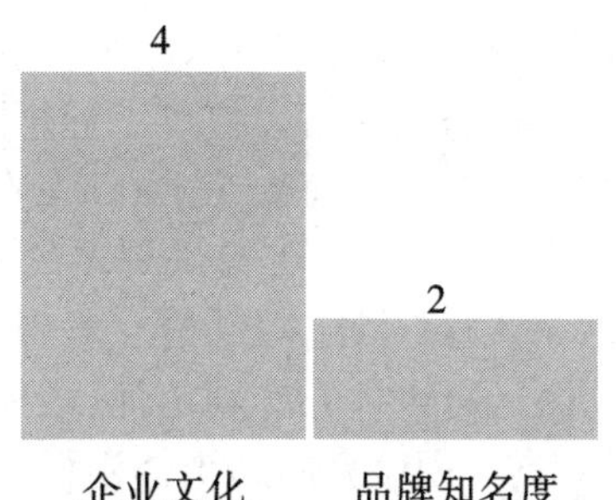

图 6　其他文化因素频次分布图

在外部因素中,被提及频次最多的其实是来自外界的鼓励和认可。这对发展中的创新创业团队来说,很可能是挫折中的一点曙光,是坚持他们发展下去的动力。这一阶段的初创企业可能还没有盈利,甚至面临着朝不保夕的窘境,但不管是来自用户还是来自投资人,甚至是一些亲友的鼓励支持,在这个时候就显得尤为珍贵,可以点亮创业者的初心。同时,各方投以的支持帮助,以及政府的政策制度优惠对于这一阶段的初创团队也有很大的帮助作用,有很多创业者就是受到了政策的帮助,从而渡过了难关。如我们的一个受访者表示:“最后我们的项目被推荐到了河南省国家大学科技园,分到了一间80多平的房子。”

而在其他文化因素中,企业文化和品牌知名度也在其中起到了非常重要的作用。

三、结论

在本研究中,我们通过扎根理论对双创人才的访谈材料进行质性分析,突出了个人能力特点中与创业相关的因素,优化了双创人才素质模型,如图7所示。

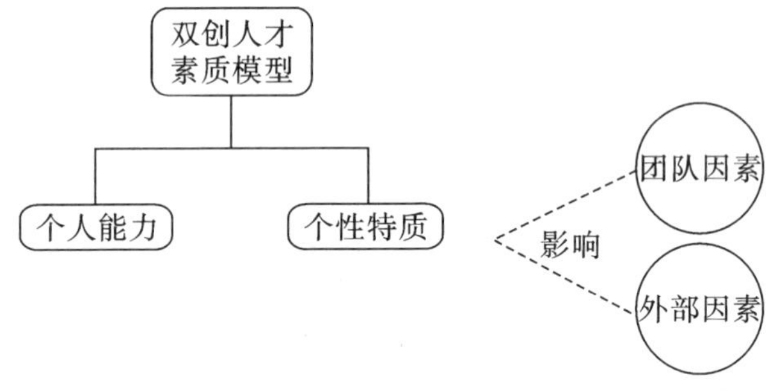

图7　创新创业人才素质模型

双创人才的能力素质构成及相关特征,为立志创新创业的人士提供了理想的发展方向,也为高校优秀人才培养提供了理想的目标,结合我们多年从事学生工作的经验,本研究对我国高校人才培养工作提供了以下启示:

从学校方面考虑,首先,可以为学生提供更多的平台,增加创新创业的实践机会,增强学生的创业体验;其次,规划建立双创素质培养课程,培养创新创业人才所需素质;同时还可以举办专题培训,增加学生对目标行业的认识;最后,最重要的是针对具有创业意向的个体进行个性化辅导与创新创业跟踪扶持。

从社会角度考虑,政府可以加大宣传引导力度,提供更多的创新创业政府政策支持,引导更多的人投入创新创业的活动,同时对于创业项目要加强把控,把更多的政策应用到切实需要的项目上。

从个人角度来分析,创新创业的个体首先要明确自己的目标,创新创业是一项有目的性的行为,而非为了逃避就业的保底选项。同时,“知己知彼百战不殆”,双创个体都需要了解自己的能力素养,对照自己的目标行业所需的特质做针对性提高。另外,在创新创业过程中,树立风险意识,建立良好的人际关系也是必不可少的。

参考文献

[1]费英秋.首都高校大学生创业素质调查[J].教育与职业,2009(25):46-48.

[2]邓成超.大学生创新素质的量质化评价[J].重庆理工大学学报(自然科学),2004,18(6):164-168.

[3]李小红.文化经济背景下的高职院校大学生创业素质培养研究[J].职教论坛,2016(2):31-33.

[4]拜格雷夫.企业家实务[M].陈宪,等译.上海:上海译文出版社,1998.

浅析经典阅读在学生思想政治工作中的作用

文学院　郑瑞娟　贾　策

【摘　要】 经典作品曾参与人类历史和文明的塑造,经典作品中蕴含着丰富的人生哲理。阅读经典,可以完善当代大学生的思想教育体系。特别是在培养工匠教育的今天,通过阅读经典,可有效解决大学生面临的精神、道德危机,促进学生本体树立坚定的社会主义核心价值观,提升大学生人文素养,改善大学生心理危机现状,有效提升学习能力,促进社会责任感的养成,培养创新精神,完成从自然人到文化人的转变,实现从自在到自为的精神蜕变。

【关键词】 经典阅读;思想政治教育;作用

2017 年 5 月 3 日,习近平总书记在中国政法大学考察时强调,青年处于人生积累阶段,需要像海绵汲水一样汲取知识。广大青年抓学习,既要惜时如金、孜孜不倦,下一番心无旁骛、静谧自怡的功夫,又要突出主干,择其精要,努力做到又博又专、愈博愈专。特别是要克服浮躁之气,静下来多读经典,多知其所以然。

一、何为经典

"经典"旧指作为典范的儒家载籍。《汉书·孙宝传》云:"周公上圣,召公大贤。尚犹有不相说,著于经典,两不相损。"唐刘知几《史通·叙事》云:"自圣贤述作,是曰经典。"《汉代汉语词典》第七版中对经典的第一条解释为:传统的具有权威性的著作。中国有着悠久的历史,在传统文化中,人们对待经典的态度极为虔诚,经典具有神圣不可侵犯的地位。孔子曾说,"君子有三畏:畏天命,畏大人,畏圣人之言。"主张人们对于经典要保持敬畏态度。经典阅读是后人对经典著作的再度了解,是对本民族文化的记忆。思想政治教育的核心理念在于树立社会人正确的三观,提高社会人的道德修养。大学生通过阅读经典,可以从经典著作中汲取优质养料,提高学生思辨的能力,培养大学生的人文素养,树立正确的价值观,提升个人核心能力。

二、为何要阅读经典

今日学校教育的设计,基本上是为了供应工业革命以后的人工需要,强调的是生产效率,简而言之,这是一种培养工匠而非培养领袖的教育。现代社会过分强调竞争,大学生在进入大学以前,从幼儿园开始,就面临着应试的压力,经历了小学、初中、高中阶段每个阶段短期大量的灌输式记忆。这种教育是以应试为目的,而非长期细致的思辨式教育。受教育者在进入大学以后,根据所选的专业而进一步进行专业化教育。这种教育模式,从灌输式教育到专业化教育,从大量知识的灌输到专业知识的浇灌,在教育的过程中忽视了精神(思想、情感、道德、品格)的教育,很难培养出博学宏观的领袖人才。所谓的"领袖人才",不仅仅是的一国或一社会之领袖,更应是做自己的领袖。受教育者在担起社会责任之前,首先应该做的是了解自己,做自己的精神领袖。不少学生在集体中有很强的领导能力,但是面对自身,却无法真正做到成为自己的领袖。应试教育培养出来的学生,不缺乏"领袖"人才,不少学生在班级、年级或者学生社团中,担任主要干部,甚至在这种目的性教育下,学生们很好地知道如何达到自己的目的,从入学开始,就凡事以综合素质测评为依据,有选择性地参加活动,但是不少学生会面临着精神困惑:对学习的意义和价值、生存的意义和价值的怀疑。对于一些更为敏感的学生,就自然会引发精神的饥渴感,对病态社会的病态心理的不满,从而隐隐产生突破现有生活的内在要求。课堂里弥漫着空虚和无意义的气氛,凡事只求标准答案,却放弃思辨能力。当学习成绩下降或者受挫,产生自我怀疑,进而否定自己,甚至走极端。这样的学习,是被知识所仆役,大量灌输式的教育,受教育者只是被迫接受或者主观上认为应该接受,却没有从内心深处认识到知识灌输的意义和价值何在,长此以往,当受教育者没有达到外界界定的"成功"的目的时,受教育者很容易产生挫败感甚或极端情绪。受教育的过程,他们是被迫接收,缺乏自身的思辨能力,没有成为知识的主人,他们有很强的专业技能,却缺乏人文素养,面临着精神、道德的危机。要改变这样的情况,必须恢复真正有用的经典阅读。在阅读经典过程中,带领大学生走进自己的精神世界,进而使得学生完成从自然人到文化人的转变,实现从自在到自为的精神蜕变。

三、阅读经典的意义

(一)阅读经典,能够启发智慧

明代朱用纯《治家格言》:"子孙虽愚,经书不可不读。"今天的经典,不仅包括经书,古今中外都得到肯定的好书都叫经典。阅读经典,可以启发智慧。现在社会中不乏聪明之人,但是聪明不等于智慧。钱理群教授曾尖锐地批判了"精致的利己主义者",这些精致的利己主义者,不乏聪明之人,他们能很好地利用规则达到自己的目的,社会上很多人都在奋发做人上人,争取出人头地,这本无可厚非。《史记·太史公自序》中言及:且夫孝始于事亲,中于事君,终于立身。扬名于后世,以显父母,此孝之大者。孝顺的最高境界是立身扬名于后世,以显父母,中国传统文化重视个人的价值,但是在自我目的实现的道路上,如果将自我人格向上作为可有可无的装饰品,以投机钻营为能,在这种功利化的泥沼里,很难实现人格的独立、思想的自由。教育的根本目的是实现人的自由全面发展,而以实用性为目的的教育,不免培养出表面上取义实际上取利的精致的利己主义之人。而读经典,可以"稽其兴、坏、成、败之理",在阅读的过程中,可以启发人的智慧,提升个人的道德素养。

(二)阅读经典,能让人很好地了解人性

熊十力曾说过:"经者,真、常、久、大之谓也。"要了解人性,就要读经典,特别是史学经典。如《史记》,记录了上至帝王将相,下到凡夫走俗、游侠刺客的故事,在阅读《史记》的过程中,我们能看到人生百态,更好地了解人性。从长远来看,历史最大的特点是变,通过阅读经典,可以看到历史中的人生百态,但是在读经典的过程中,我们又会发现历史总是惊人的相似,而这种相似,源于推动历史发展的动力的人身上存在的普遍的人性。人性不变,历史就难免重演的冲动。《史记》虽然是一部成书于两千多年前的中国文史著作,但它描述了上至黄帝下至汉武帝的历史演变过程以及其中的历史重演冲动,书中把人性的各个方面加以彻底揭示。阅读《史记》,可以超越生命的极限,大幅度拓展个人的经验世界。人生不过百年,而通读像《史记》这样一部涉及上下数千年历史的明珠,可以在个人有限的生命里,体验古人的生活环境和生涯百态,客观上延展了个体的生命长度,也拓展了阅读者的人生视野。读《史记》之类的经典作品,会使学生对人性有更好的体会,在阅读经典后再重新回归到现实社会中,可能会促使学生对现实生活更有预见性,更有智慧和定力,不至于因为个人的得失或者对社会的理想期待有落差时,产生极端的报复心理。

(三)阅读经典,可以提升自我

了解外在世界难,但是更难的是了解自我。大学生更多的时间都在忙于外在的提升,但是大部分人很少有时间能静下来了解自我,特别是受网络的冲击,在课业之外,大学生大部分时间都被手机、电脑侵占,纸质阅读、经典阅读日趋减少,视觉化、刺激性的阅读不断博人眼球。对于经典,很少有时间、有精力去静下心来阅读,大学生对文学经典的习得,大部分是来自于

影视作品，这种视觉化的学习，往往是浮光掠影，不能深入理解经典的内涵，有的经典作品甚至被编剧改得面目全非，这样的习得方式会误导学生对经典的理解。视听时代的阅读固然有其实效性、有趣性等优点，但是经常性的“浅阅读”，很难使学生们搭建起系统的知识结构，加大深度思考等能力。而阅读经典，可以有效提升个人能力和素质。特别是在面临着自身的精神困惑时，能从经典中找到答案，在经典阅读中，看百态人生，将历史与自身对比，在现实中面临自我抉择时，能突破人性的弱点，向榜样看齐。清代名臣左宗棠曾谈及怎么读历史：读书时，须细看古人处一事，接一物，是如何思量？如何气象？及自己处事接物时，又细心将古人比拟。设若古人当比，其措置之法，当是如何？我自己任性为之，又当如何？然后自己过错始见，古人道理始出。断不可以古人之书，与自己处事接物为两事。《论语·季氏》中颜渊曰：“舜何？人也。予何？人也。有为者亦若是。”即通过阅读，加强自我修养，任何一个人都可以成为像尧舜一样的贤达之人。2014 年 12 月 20 日，习近平总书记在考察澳门大学横琴校区时表示，自己在青少年时代也非常喜欢阅读中华文化典籍，坚持一点一滴学。直到现在，一有空就会拿起一本翻一翻，每次都觉得开卷有益。通过经典阅读，加强对学生思想层面的引导，铸造学生的意义世界的教育，增强学生的人文素养，培养和谐发展的人，使学生真正做到知行合一。

（四）阅读经典，有助于培养通达的人生观

大学生在大学期间，还处于学习阶段，不可能接触更为广阔的社会环境。在这样的情况下，阅读就成为沟通大学生本身和世界的主要渠道，而经典的文本更是积淀了人类文明的意义成果。在人生的价值观尚未定型阶段，大学生的意义世界孕育着巨大的可能性，在这个阶段加强经典阅读，有利于大学生树立正确的三观，培养通达的人生观。不少大学生出现心理问题，很多情况下都是因为容易钻牛角尖，看问题不够通透造成的。人生不可能重来，而通过阅读，历史却可以回顾。这种回顾的最大的好处，就是可以延展生命的维度，开阔人的心胸。知晓人生无常，因此更珍惜当下；理解人性的复杂，所以更向往纯真。凡事都从一定长度或深度的历史视角考虑，观察世界与剖析人生时，也会取一种理性并且不失人性的立场，既不放大个人得失，也不蔑视渺小的生灵。

（五）阅读经典，有助于锻炼学生的学术能力

经典，尤其是中国传统文化典籍，因为时间久远，需要阅读者有相关的文字功底和能力，如能看懂繁体字，掌握基本的目录学、考据学、训诂学等方法，在科学方法的支撑下，才能更好地走入传统文化。通过对原典的解读，利用出土文献考证，才能不断接近事实，而这一阅读过程，能很好地锻炼学

生的学术能力。通过细致地分析,会由此及彼,意识到汉语历史悠久,任何一个现存的历史文本,包括由某人的讲话转写成的文本,都不只有表面的单一层意思,其中甚至还可能叠加着其他人的笔墨。因此,会使同学们养成一种不轻信来历不明的文字、说辞,喜欢追根寻源的思维方式。

(六)阅读经典,能凝聚民族信念,激发爱国热情

自周公制礼作乐到春秋幽、厉之后,“王道缺、礼乐衰”。在这种背景下,孔子“修旧起废”,“论《诗》《书》,作《春秋》”。孔子“修旧起废”,不仅是对传统文化的一次系统化梳理,更是在中国文化中衰之际,自觉担负起传承文化的使命,而孔子修“六经”,客观上完成了传统文化经典化的过程。到汉代,董仲舒“罢黜百家,独尊儒术”,儒学开始成为官方哲学并被历代统治者奉为主导思想。任何事物都须辩证看待,几千年的传统文化,有其精华,也有糟粕。但是中华民族之所以能够经历数千年发展,其中中华文化和民族精神是唤起民族认同感的重要纽带。中国优秀传统文化典籍,就是潜存在民族心理中的文化之根。大力推行经典阅读,可以唤起民族记忆,团结全国各族人民,为实现中华民族伟大复兴助力。

经典阅读可以引导大学生树立坚定的社会主义核心价值观,提升大学生的人文素养,改善大学生心理危机现状,有效提升学习能力,促进社会责任感的养成,培养创新精神。如果长期坚持经典阅读,可以加强知识、技能的协调性,有助于大学生形成支撑其可持续发展的核心能力。

四、大学开展经典阅读的有效途径

开展经典阅读的途径可归纳为以下7点。

(1)将经典阅读纳入“三全育人”体系。坚持“全员全程全方位育人”的要求,努力构建课程、科研、实践、文化、网络、心理、管理、服务等方面工作的育人一体化新模式。

(2)营造经典阅读的校园文化氛围,发挥其隐性思想政治教育的作用。隐性教育是指不为受教育者自身所意识到的一种教育方式。隐性教育由于把教育目的隐藏在某种载体上,使教育者在不知不觉中接受教育内容。这种教育载体的选择多是雅俗共赏、喜闻乐见的活动,在获得美的享受的同时,也使教育对象的思想隐性走向教育者所希望达到的境界。如在教学区设置名人名言,以隐性的方式,调动起学生阅读的积极性,达到“润物细无声”的目的。

(3)利用新媒体,搭建经典阅读平台,吸引大学生走进经典,阅读经典,分享经典。2013年12月30日,习近平总书记在十八届中央政治局第十二次集体学习时提到,对中国人民和中华民族的优秀文化和光荣历史,要加大

正面宣传力度，通过学校教育、理论研究、历史研究、影视作品、文学作品等多种方式，加强爱国主义、集体主义、社会主义教育，引导我国人民树立和坚持正确的历史观、民族观、国家观、文化观，增强做中国人的骨气和底气。利用三微一端，分享经典，利用新媒体亲民、阅读量大的特点，将经典阅读与新媒体结合，让大学生能利用碎片化时间，进行经典阅读，既能有效解决新媒体内容驳杂等弊病，又能使经典走下正襟危坐的神坛，以深入浅出、平易近人、生动活泼的方式走入大学生的日常生活。

(4)开展经典导读讲座：邀请相关领域的著名专家学者，针对普及性和兴趣性，引导学生阅读经典。在校园网、“郑州大学学生工作”等相关阅读量较大的网站、微信平台，及时推送讲座预告，引导学生主动参加。

(5)进一步完善人才培养方案，开展经典导读课程。无论是文科、理科、工科，还是医科专业，都要优化培养方案，将国学经典纳入学校教育体系考核范围，强化学生经典阅读意识，并加强制度建设，避免形式主义。

(6)加强优秀教师队伍建设，培养学生经典阅读习惯，做好传统文化教育工作。增设专职大学语文教师，对大学语文教师纳入考核层面，加强对大学语文教师的选拔和培养。加强学生工作第一线工作者的专题培训，定期对辅导员进行专业能力提升培训，鼓励不同专业背景的辅导员交流学习，以制度化手段督促辅导员以学促教，以学促用，真正实现立德树人的工作职责。

(7)与相关单位达成校企合作，将专业与就业结合。如与相关出版单位合作，选拔推荐不同专业的学生利用寒暑假去相关单位学习，编撰古籍或者经典文本，让学生参与到经典书籍的传播过程中，既增强学生的专业素养，又有利于提高学生的实践能力。

参考文献

[1]班固. 汉书：卷七十七[M]. 北京：中华书局，1962.

[2]刘知几撰，浦起龙通释，吕思勉评. 史通[M]. 上海：上海古籍出版社，2009.

[3]阮元校刻. 十三经注疏(清嘉庆刊本)[M]. 北京：中华书局，2009.

[4]朱柏庐著，李新路编. 治家格言[M]. 郑州：河南人民出版社，2009.

[5]司马迁撰，郭逸，郭曼标点. 史记[M]. 上海：上海古籍出版社，1997.

新时代社会主要矛盾视域下高校辅导员工作:定位、困境与对策

水利科学与工程学院　张贺祥　张晓田

【摘　要】 党的十九大对我国社会主要矛盾重新定位,随着这一重要政治论断改变,也引导着党和国家的大政方针和长远战略为之改变。教育领域中高等学校作为学校与社会的过渡场所,辅导员就在学生工作培养出适应社会进步的人才中有着不可替代的作用。鉴于高校辅导员工作对象的特殊性,工作环境和方式等发生变化时,找对工作方法非常必要。

【关键词】 新时代;社会主要矛盾;高校辅导员;定位、困境与对策

党的十九大对我国社会主要矛盾重新定位,即“中国特色社会主义进入新时代,我国社会主要矛盾已经转化为人民日益增长的美好生活需要和不平衡不充分的发展之间的矛盾”。在当前高校,日益充满诱惑的环境和社会对大学生素质水平的要求形成了当前的学生工作的主要矛盾,作为新时代的大学生对美好生活的追求却与为实现美好生活做出的努力不成正比。高等学校学生工作的主力军是辅导员,而辅导员是除专业知识教授之外,引导大学生克服各方面的障碍、成长为符合社会需要的合格人才的人生导师和知心朋友,并全方位、全过程关注大学生健康成长的关键人物。因此,研究新时代社会主要矛盾视域下高校辅导员工作的困境与对策意义重大。

一、追根溯源:高校辅导员工作定位

(一)高校辅导员工作的发展历程

我国高校辅导员制度是具有中国特色的高校学生管理制度。相对国外其他高校,高校辅导员是独特的职业,受党和国家的高度重视,其发展有 70 多年历史。先后经历了萌芽时期、初步建立时期、瘫痪停滞时期、恢复改进时期、全面发展时期。中华人民共和国成立之前借鉴苏联经验建立政治指导制度,中华人民共和国成立之后,高校辅导员制度才正式确立。随着国家

对高等教育的重视，高校思想政治工作也引起党和国家的高度重视，相继出台数项关于高等学校思想政治工作的政策，对加强和改进高校思想政治教育工作作了进一步强调，我国高校辅导员制度逐渐完善并全面发展，辅导员专业化、职业化、专家化建设路径畅通。

（二）高校辅导员工作重点变化

1981 年 8 月，教育部时任部长蒋南翔在全国学校思想政治教育工作会议上明确指出："学生思想政治教育也是一门科学。"此后的几十年，思想政治教育学科不断改革、不断完善、不断科学化，最终形成了以习近平新时代中国特色社会主义理论体系为主体的思想政治教育内容，成为新时代高校辅导员工作的指导思想。

每个时期高校的思想政治教育都具有中国时代特色，与国家的发展、国家社会主要矛盾、国家的战略思想和时代主题相符合，每个时期的思想政治教育的困境又都需要结合时代发展与时俱进地寻找突破口，且需要抓住时代给予的机遇创造更适合大学生主体的思想政治教育方法。

（三）辅导员工作的主要职责

《教育部关于加强高等学校辅导员班主任队伍建设的意见》明确指出，"辅导员班主任是高等学校从事德育工作，开展大学生思政教育的骨干力量，是大学生健康成长的指导者和引路人"，也明确指出"辅导员工作的主要职责：思想理论教育和价值引领、党团和班级建设、学风建设、学生日常事务管理、心理健康教育与咨询工作、网络思想政治教育、校园危机事件应对、职业规划与就业创业指导、理论和实践研究"。工作职责的明确促进了高校辅导员工作能够更好地尊重思政教育客观规律，准确把握各个领域中的工作要领，有助于推动辅导员成长为专业化、职业化和专家化的思政工作人才。

二、寻医问诊：新时代高校辅导员工作的困境

辩证看才能务实办，当前辅导员工作的困境是一定时期的社会经济发展下的结果，这也是辅导员工作发展过程中必然要面临的发展瓶颈。从哲学视角分析其困境，表现在辅导员主观意识与客观存在之间的矛盾；从思想政治教育学视角分析就是在思想政治教育过程中没有处理好几种矛盾关系；从教育学视角分析就是教育者与受教育者成长成才的客观规律不好把握。

（一）辅导员主观意识与客观存在之间的矛盾

1. 辅导员的工作存在主客观矛盾

辅导员作为高校大学生健康成长成才过程中的知心朋友和人生导师，

日常化学习习近平新时代中国特色社会主义理论体系知识和教育尤其是与高等教育、思政教育相关的政策和讲话,主观上认为自身理论素养、心理素质等综合素质过硬,能够胜任新时代大学生的思想政治教育等各方面的工作。然而,“95 后”大学生以及“00 后”大学生的关注重心压根并不在枯燥的理论和离自己很远的国家政策上,受网络影响深远且以自我为中心,现实情况是绞尽脑汁举办的团日活动和社团活动,一旦主题、内容和形式不够吸引眼球,大多数同学会“走面不走心,过眼不过脑”,“精神营养大餐”无法真正地被大学生吸收,不确定知识内化于心的有多少,更谈不上用内化于心的知识指导自己的言行。用传统的方式方法已经无法满足新时代大学生的需要,师生信息输送不畅通是辅导员工作过程中遇到的主客观矛盾。

2. 辅导员自身的成长存在主客观矛盾

教育部于 2006 年颁布实施了《普通高等学校辅导员队伍建设规定》,以法律法规的形式进一步明确了高校辅导员队伍的人员组成和职业化、专业化、专家化的发展要求。也要求各地高校结合实际情况探索和完善辅导员职业化、专业化、专家化的路径,努力落实辅导员的双重身份、双重待遇、双线晋升的要求。然而,随着网络信息化的普及、高等教育爆发式发展、招生规模的扩大、就业形势的严峻,辅导员队伍准入门槛不断提高、工作强度日益加大、工作难度逐步增加、工作挑战逐年升级、工作压力逐渐加强,辅导员的双重身份和双线晋升并没有实际“落地”,“上面千条线,下面一根针”“白加黑,5+2”的辅导员日常现实写照与主观上期待“加薪、晋升”的矛盾突出,辅导员日益增长的对美好生活的追求与客观发展的矛盾是当前辅导员自身的主要困境。

(二)辅导员在日常工作过程中矛盾处理不当

辅导员作为高校学生思想政治教育的主力军,与大学生的日常生活、学习成长、就业指导、心理辅导等各方面息息相关,因此也会产生更多的矛盾。

1. 辅导员自身与社会要求之间的矛盾

首先,具有个体差异的辅导员,其思想水平、工作能力、思维方式与知识背景等因素不同,对社会要求的大学生应该拥有什么样的素质的把握就不一致,甚至曲解社会要求,把理解不彻底、掌握不熟练的理论知识传输给大学生,这个矛盾就比较突出。其次,辅导员因个人人格因素和职业素养不高等原因不认同社会的要求,这样就容易引起师生之间的不协调、不和谐,从而影响正常的工作和学生正常的成长成才进度。学习意识不强、进步不快的辅导员面对新时代的大学生,沟通有“代沟”和“本领恐慌”是其面临的主要问题。

2. 社会环境对新时代大学生思想的影响

新时代大学生面临的社会环境不仅是社会主要矛盾变化，还有全球化、国际化、信息化。社会主要矛盾变化也是个过程，伴随这个过程成长的新一代大学生拥有国际化的便捷生活，信息化生活对他们的影响深远。新时代大学生享受舒适便捷的生活之余，接受着多元文化和丰富资源信息，安逸的生活消磨奋斗的意志，未经甄辨的信息改变着不稳定的世界观、人生观和价值观，一分为二看这个问题，虽然“双一流”建设目标要求开放包容的国际化视野，便捷的网络信息化可以提高工作效率，对成长中的大学生而言有利有弊，如何引导大学生从复杂的信息中“去粗取精、去伪存真、由此及彼、由表及里”尤为重要，社会环境对大学生的影响使得辅导员工作更有难度，也更具有挑战。

（三）辅导员与新时代大学生成长规律不好把握

1. 辅导员专业化、职业化、专家化的成长之路不可复制

教育部以及各高校都要求辅导员走专业化、职业化、专家化的成长道路。近年来，辅导员年度人物、辅导员职业素养大赛等多个渠道涌现出多个优秀辅导员典型，但每个优秀典型的擅长领域、成长历程和发展规律不可复制。国内有学者认为辅导员队伍可以依托大数据分析等现代化技术手段构建出优秀辅导员成长模型，笔者认为不够严谨。

2. 辅导员对新时代大学生成长成才的规律把握不准

教育的规律在一定程度上就是教育者对受教育者的客观情况、接受程度、接受能力以及社会要求受教育者应该拥有什么样的素养等各方面的综合把握。当国际视野下的文化多元化、网络信息时代下的生活多样化遇上自我意识强、价值观不成熟的新时代大学生，价值冲突和文化侵略的情况不可避免。

三、把脉开方：新时代高校辅导员工作的方法

积极培养出能与社会发展相适应的人才是大学教育的根本，大学发展的方向也要同国家的大政方针政策相一致，同我国国家发展和方向相一致。面对国家政治、经济和科技文化等社会环境的变迁，以及国家时代主题与国家社会主要矛盾的转变，以及由此引发的一系列高校大学生道德教育问题，新时代高校辅导员对科学工作方法的探索迫在眉睫。做好新时代辅导员工作，创新方法是关键。

（一）适应社会发展趋势

1. 把握宏观方向

思想政治教育的目的受多重因素的影响，对思想政治教育目的起决定

作用的是社会发展的客观要求和教育对象精神世界发展的需求及思想实际。随着当前科学技术和经济的发展、物质生活水平的提高、社会主要矛盾的转变,人们的精神面貌尤其是高校大学生的思想道德水平却与社会对其的要求相差甚远,这就要求辅导员将当前大学生思想道德水平的培养和国家发展的人才需求培养结合起来,积极学习习近平关于加强和改进高校思想政治工作提出的新理念、新思路和新战略,从国家环境、学校层面和家庭教育角度健全道德教育体制,通过灵活多样化的形式、创新多元化的路径以及理论与实践相结合的理念,成立以辅导员为主体的思想道德教育研究工作室等,借鉴西方发达国家思想道德教育的成功经验,从宏观上为新时代大学生的思政教育掌舵。

2. 遵循微观规律

“大禹治水,堵不如疏”,辅导员对新时代大学生的思政教育也不能因为自身素养不够或者对教育对象把握不全面就只讲思想灌输。准确定位新时代大学生的特点,全方位了解其成长成才规律,建立个体道德思维、引导道德行为和践行道德品质相结合的思路,将社会化的要求与个性化的思维、超越自我与自觉自愿结合起来,用大学生喜闻乐见的方式、逆向思维的方法引导大学生认识到提高大学生思想道德素养不仅是社会要求社会主义接班人应该有的基本素质,更是在走向社会、走入职场前提升个人软实力和竞争力的体现。

(二)增强自身综合素质

1. 转变教育理念

任何时代的教育与受教育者总会遇到当下随着社会发展带来的一系列矛盾,加之“双一流”高校建设的国际化标准,而辅导员作为高校学生思想政治教育工作的主力军,要有“四个意识”和国际视野,面对逐渐“具有挑战性”的群体需要客观认识矛盾的客观存在,认识到教育人要先受教育,接受社会这所大学对教育者综合素养的教育。同时,也有必要实时依据当下需要的教育的内容和目标要求,以及新时代大学生的个性特点,有针对性地、创造性地、艺术性地运用合适的方法提高辅导员工作的实效性。与时俱进的修改教育方法和教育理念。

2. 提升自我综合素养

专业化、职业化、专家化的辅导员作为优秀的典型,往往各方面综合素养都比较优秀。但作为一线辅导员,也要养成终身学习的思维模式来应对管理难度不断升级的学生,并通过工作经验逐渐锻炼成具有合格的政治素质、科学的思想素质、良好的道德素质、全面的知识素质、较强的能力素质、健康的心理素质的业务突出的人才。另外,当前辅导员队伍准入门槛要求不仅要有多元化的专业背景，还要求更高、更专业的受教育经历。而在职辅导员在面对职业瓶颈时，也可以通过“引进来、走出去”打破时空界限，加强培训、学习和交流，也可以通过继续教育方式克服“本领恐慌”、解决职称晋升瓶颈。

（三）引导大学生吸取富有中国特色的心灵营养

1. 重视社会主义核心价值观的教育

党的十八大提出社会主义核心价值观之后到党的十九大，党中央一直高度重视核心价值观教育，作为高校辅导员也积极响应国家号召，带动学生积极学习。从多个层面、多个角度明确新时代大学生应该拥有什么样的精神状态；多元化、多样化的学习方式强化教育引导大学生理论与实践相结合；多渠道、多领域发挥主流媒体平台和自媒体相结合加强大学生核心价值观教育，比如通过高校思政理论课、主题团日活动、辅导员主题班会等方面把社会主义核心价值观融入大学生生活、学习的各个角落，深入中学生成长成才的全过程、全方位，期待通过学习内化为大学生的情感认同和行为习惯，明确自己作为新时代大学生肩负的责任和使命，明白在实现中国梦的过程中自己的方向和动力。

2. 弘扬优秀传统文化教育理念

《中华人民共和国教育法》第一章总则的第 7 条指出：“教育应该继承和弘扬中华民族优秀的历史文化传统，吸收人类文明发展的一切优秀成果。”世界上大部分国家和地区，都把重视民族传统文化教育，作为当前家庭教育和学校德育的核心内容。因此，想要加大优秀传统文化对新时代大学生的影响，就需要教授或者成立传统文化宣传平台将优秀传统文化学习和传统美德教育相结合、优秀传统文化与时代精神相结合、优秀传统文化推广与个人成长成才相结合。统编内容规范化、系统化且大学生容易吸引的教材。

3. 回归教育本初的培养目的

人的社会属性是其本质属性，在教育学目的界定时也考虑到了社会化意义，教育最终回归的落脚点依然是培养适合社会发展并能推动社会进步的人才。辅导员作为教育者工作在高校学生工作的一线，培养目的依然是要培养为社会发展和进步服务的优秀人才。这也促使辅导员多效并举，努力提高人才培养能力，帮助学生树立理念信念，引导学生形成积极健康的精神状态，培养学生良好的道德品质，增强学生的法制纪律观念，促使学生养成重视教育的态度，将新时代大学生培养成具有自我发展能力且与社会发展相一致的社会主义合格建设者和可靠接班人。

四、结语

通过研究前辈面对工作困境时的做法,笔者也试图重新审视当前工作时面临的问题,探索出高效且适合的工作方法。辅导员工作贯穿于大学生的全过程,是任何专业教师都不可替代的,面对全方位需要引导的新时代大学生,辅导员要有“四个意识”,把坚定的政治信仰和理想信念融入工作,坚持继承优秀传统文化与发展相统一,将守正与创新相结合,与时俱进改善工作方法和工作思路;有必要客观认识新时代社会主要矛盾下大学生的客观状态,把握自身和大学生的成长规律,引导大学生将时代发展与自身发展结合起来;客观看待辅导员专业化、职业化、专家化的成长,将理论素养、实践经验与继续教育、培训学习结合起来。多维并举提升工作艺术性,与时俱进创新工作方法,为“双一流”大学建设和伟大复兴的中国梦培养更多优秀的人才。

参考文献

[1]董卓宁,吕经纬,邵明英.“双一流”视域下创新型辅导员队伍建设[J].思想理论教育导刊,2017(3):145.

[2]谢康成,王长华.国际化视野下大学生思想政治教育创新发展研究[M].北京:人民出版,2014:140-151.

[3]苏振芳.思想道德教育比较研究[M].北京:社会科学文献出版社,2011.

[4]张秀荣.高校思想政治教育研究热点问题[M].北京:北京师范大学出版社,2010.

[5]陈万柏,张耀灿.思想政治教育学原理[M].北京:高等教育出版社,2009.

新时代“三全育人”理念下高校学生工作精品项目培育机制研究

生命科学学院　戚敬渊

【摘　要】“三全育人”的提出为新时代加强思想政治工作，推进教育改革，加快补齐教育短板指明了方向，也为高校学生工作带来了机遇和挑战。在此理念下，如何加强学生工作精品项目的培育，并建立健全培育机制，是目前高校学生工作管理部门面临的重要课题。本文以中部某农业类院校“点亮校园”学生工作精品项目为例，从新时代社会主义教育以及青年大学生的基本特点出发，提出在新时代“三全育人”理念下，高校要培育学生工作精品项目需要把握政治方向，从创新工作方式、汇聚办学特色、弘扬优秀传统文化等方面入手，构筑“三全育人”理念下高校学生工作精品项目培育的机制。

【关键词】　三全育人；学生工作；精品项目培育；建设机制

全国高校思想政治工作会议确立了“立德树人”的教育理念，将其作为高校思想政治工作的中心环节，并要求将思想政治工作贯穿教育教学全过程，实现全程育人、全方位育人，推动新时代背景下我国高等教育事业继续向前发展。党的十九大以来，我国教育部门和科研院校围绕实现全员全过程全方位育人，不断探索形成新方法、新思路、新理念，打开了“三全育人”工作的局面，并取得了初步成就。基于思想政治教育工作的重要地位，探索构建新时代“三全育人”理念下高校学生工作精品项目培育机制，对于高校学生工作队伍明确自身定位，创新工作方式方法，增强“三全育人”实效，具有重要意义。

一、新时代“三全育人”理念下高校学生工作精品项目培育的SWOT分析

本文研究的主要对象是高校基层学生工作项目的培育及其机制，运用参与式观察的方法，调研高校学生工作项目实施情况，分析研究其运行现

状、教育效果以及面临问题,总结出新时代"三全育人"理念下高校学生工作精品项目培育机制面临的优势、劣势、机遇和挑战,并从现象上升至理论层次,提出新时代高校"三全育人"理念下高校学生工作精品项目培育机制和路径。

(一)优势(Strength)分析

新时代高校"三全育人"理念下高校学生工作精品项目培育机制的建立完善拥有组织保障这一关键优势。改革开放以来,我国大学生群体总体知识水平和文化素养在不断提高,思想活力和精神需求明显提升,对于学生工作队伍的水平也提出了更高的要求。为了适应这一要求,我国高校学生工作管理部门牢固树立以人民为中心的工作理念,坚持立德树人根本任务,根据青年学生的特点科学规划、合理发展,已形成一套完善的管理组织系统,拥有强大的组织培养优势的高校学生工作队伍,具有较好的政策环境和高效的执行力,在组织运作和经费使用方面较为规范,可以为高校学生工作精品项目培育提供良好的组织保障。

(二)劣势(Weakness)分析

目前,我国高校学生工作队伍存在"缺编制、缺人员"等情况,加之新时代下传统管理方式已不再适用学生管理的要求,以及高校学生工作人员事务性工作任务重,无法抽出时间沉下心做研究和总结,导致高校学生工作精品项目培育面临一定的劣势。我国社会主义教育的目的是培养合格的社会主义建设者和接班人,在此过程中,高校学生工作队伍坚持立德树人,服务学生全面发展,承担了服务青年、教育青年的重要职责。科学配备高校学生工作队伍,加强学生工作队伍技能培训和思政教育,是提升学工队伍专业化水平、增强学生教育效果的重要途径。但是在实际调研中,高校学生工作队伍普遍存在缺少编制和人员的问题,如中部某省211院校公共卫生学院目前未配备专职辅导员,学生日常管理工作仅依靠研究生兼职辅导员完成,另有多个学院专职辅导员配备数量未达到教育部专职辅导员按师生比不低于1∶200比例设置的标准。同时,部分高校学生工作队伍身份多元化,承担了大量非学生管理之外的事务工作,组织凝聚力下降,身份定位不明晰,进而对学生工作项目的培育缺乏精力和主动关注。

(三)机遇(opportunity)分析

高校学生工作精品项目培育正在享受着国家政策机遇和改革红利。在全国教育改革逐步深化的浪潮下,高校教育改革也备受关注,不断完善高等教育质量、加强大学生思想政治教育的诉求愈发突出。全国高校思想政治工作会议、全国教育大会等对高校思想政治等教育教学工作给予极大关注,

说明党和国家对青年教育和培养工作高度重视，决心凝聚共识、下大力气打开我国高等教育事业发展新的局面。《高校思想政治工作质量提升工程实施纲要》《教育部办公厅关于开展“三全育人”综合改革试点工作的通知》等提出，充分发挥中国特色社会主义教育的育人优势，把立德树人作为根本任务，不断增强高校思想政治工作的有效性和针对性，社会各界对于教育改革寄予厚望和大力支持。在此背景下，高校学生工作精品项目培育迎来改革发展的重大机遇，国家层面的政策支持和科学规划，将给予包括学生工作精品项目在内的高校教育改革注入强劲、持久的动力。

（四）威胁（threat）分析

在社会转型的时代背景下，高校学生工作精品项目培育面临自身定位不明确、工作对象个性突出等挑战。在时代和社会环境正经历巨大转变的背景下，学生工作队伍一方面需要明确自身定位和使命，对学生工作精品项目培育方向和理念适时调整，尤其需要深入学习贯彻全国高校思政会议、全国教育大会等新的战略理念，做好新时代“三全育人”工作；另一方面也需要创新工作思路，转型工作方法，顺应现代社会发展规律，推动学生工作队伍在组织形态上的有益创新，探索新形势下的学生工作精品项目培育路径，更好地顺应社会转型这一大趋势，充分发挥出应有职能。例如，蓬勃发展的新媒体网络环境复杂，其消极的言论以及不健康的内容会以更快的速度和更大的范围进行传播，大学生群体因此产生许多新的选择和困惑，高校学生工作队伍应该加强对新媒体等新生事物的研究分析，促进青年教育的研究和总结，构建学生工作精品项目这一教育载体。另外，随着“00后”逐渐成为在校大学生主要组成人群，如何与时俱进地开展学生工作精品项目培育，增强学生管理教育实效，也需引起高校学生工作队伍的认真思考。

二、新时代“三全育人”理念下高校学生工作精品项目培育的内涵

培养什么人，是教育的首要问题。培养德智体美劳全面发展的社会主义建设者和接班人是我们兴办社会主义教育的目的，我们必须加快推进教育现代化，努力建设教育强国，办好人民满意的教育。因此，学校的所有工作都要从立德树人出发，将其作为根本出发点和落脚点，把立德树人作为工作的中心环节给予重视，充分发挥大学培养德才兼备、全面发展人才的重要职能，牢固树立育人为本的教育评价观、教师职业观和共同育人观，将人财物各方面资源回归育人本位，增强教育效果。高校学生工作精品项目是加强工作研究、提升理论素养的需要，更是深入学习贯彻习近平新时代中国特色社会主义思想，全面贯彻落实全国高校思想政治工作会议、全国教育大会精神的重要表现。新时代背景下，不断建立健全高校学生工作精品项目培

育机制,对于有效推动大学生思想政治工作高质量发展具有重要意义。

三、高校学生工作精品项目培育机制的探讨

(一)坚持立德树人任务,把握政治方向

“三全育人”的出发点是培养人。习近平总书记在全国教育大会上指出,我国是中国共产党领导的社会主义国家,这就决定了培养社会主义建设者和接班人是我们教育的根本任务。在发展高等教育的历史过程中,我们必须回答好“培养什么人”“为谁培养人”的问题。教育青年大学生拥护中国共产党领导和我国的社会主义制度,为中华民族的发展进步做出自己应有的贡献,这是兴办社会主义教育的根本任务,也是实现教育现代化的必要保障。在高校学生工作精品项目培育机制的建立和实施中,必须深入学习“三全育人”的深刻内涵,以“三全育人”的具体特点和要求确定高校学生工作精品项目培育的方向,坚守立德树人的根本任务。不断加强党的领导,做好党建和思政工作体系的建设,是培养高素质人才的重要保证。培育高校学生工作精品项目,就要深刻理解和把握这一重要论述,在理想信念、品德修养、增长知识等方面下功夫,教育引导学生胸怀大志、砥砺报国、求真力行。

(二)创新工作方式方法,落实责任保证实施

高校学生工作精品项目的培育需要创新工作方式方法,依据新时代新特点和学校实际情况,找好突破点和切入口,并以规章制度来保证实施和落实责任。新时代“三全育人”理念下高校学生工作精品项目培育相比较于传统的学生工作项目,在组织方式和理念上需要做出创新性设计。例如,校级层面,学生工作管理部门应当成为学生工作精品项目培育的“联络员”“督察员”与“服务员”,为高校学生工作精品项目的培育提供必要的指导和支持;学院层面,学生工作办公室作为学生工作精品项目培育的实施者与践行者,应当明确自身责任,不断创新工作方式方法,在学生管理实践中建立健全高校学生工作精品项目,在高校学生工作精品项目培育过程中增强学生管理和教育的有效性。同时,校院学生工作部门以及教育部门之间要加强沟通和合作,不断为高校学生工作精品项目的培育提供便利,切实推动系列精品项目培育活动的进行。此外,还需要坚持将学生工作精品项目日常管理制度化、规范化,不断完善培育流程,并加强网络信息化建设,实现校院学生工作精品项目培育建设的双赢。

(三)立足特色抓住契机,打造精品项目载体

学生工作精品项目从青年学生中来,也必须回到青年学生中去。一般来说,学院学生工作办公室是高校学生工作精品项目培育战线的一线部队,

其成果应当落地于基层学院,发芽于各学生班级,并绽放于青年大学生心中。各高校以及基层学院因为学科分布、专业设计等差异,形成了各具特色的办学风格。立足学校和基层学院特色,打造学生工作精品项目的载体,是做好新时代"三全育人"理念下高校学生工作精品项目培育的重要途径。例如,通过高校学生工作精品项目的立项和实施,校院两级学生工作部门都可以调动自身资源,积极传播志愿服务理念和公益精神,培养青年学子的社会担当。同时,形成具有专业特色的学生工作精品项目,对于凝聚青年、教育青年有着重要的促进作用。以中部某农业类院校为例,以点亮校园学生工作项目展示为平台举办弘农欢乐汇之小麦进城、"关注动物福利,倡导人宠和谐"为主题的"宠物嘉年华","创艺林苑"模型作品展等专业特色浓郁的学生工作项目研究,发挥了各自的专业特色,实现了"第一课堂"和"第二课堂"的良好融合,为学生工作精品项目构建了有效载体。

(四)弘扬优秀传统文化,发掘引领社会思潮

各级学生工作管理部门必须清醒地意识到,学生工作精品项目是学生工作的一项重要内容,作为一种文化形态的学生工作精品项目,具有十分丰富的内涵。也正是通过这种内涵的诠释和宣传,对大学生的人生观、价值观和世界观的形成和发展产生深远的影响。社会主义核心价值观集中体现了当代中国精神,是我国全体人民共同价值追求的高度凝结。作为青年大学生思想引领的学生工作精品项目,必须立足中华优秀传统文化,通过各种方式发扬主流文化,发掘引领社会思潮。首先,学生工作精品项目需要弘扬社会主旋律,倡导积极、向上、健康的社会思潮,例如,爱国主义、集体主义、社会主义等当今社会主流形态以及团结、奉献、礼仪等道德情怀,以春风化雨的教育方式浸润青年、教育青年。

参考文献

[1]陈亮."三全育人"模式下的学生工作体制创新研究[J].长春师范大学学报,2018(9):130-133.

[2]祝李杨."三全育人"理念对高校思想政治教育的指导意义[J].轻纺工业与技术,2019,48(11):137-138.

[3]王倩."三全育人"视角下辅导员育人工作路径探析[J].智库时代,2019(46):95-96.

[4]杨晓茹,亢升.网络空间治理视阈下大学生思想政治教育的审思[J].学校党建与思想教育,2019(8):8-11.

[5]孙熹,张宪林,方立琴.浅谈基于专业特色的校园文化活动的作用[J].教育教学论坛,2012(32):31-32.

基于生涯教育的大一新生管理方法探索

水利环境与工程学院　张晓田

【摘　要】 思想政治辅导员是高等教育体系的重要成员之一,生涯教育作为思想政治教育体系的重要环节,将成为思想政治教育有效的管理方法。鉴于成果导向教育思维、大一新生的学习生活现状、对大学生成长成才规律和国家对大学生寄予的厚望等综合因素的考量,对大一新生采取生涯教育显得尤为重要。

【关键词】 生涯教育;大一新生;管理方法;探索

生涯教育与个人成长成才呈正相关且严重影响着新时代大学生的思想稳定情况。作为思想政治辅导员,其重要的一项工作就是结合学生学习的专业知识和技能、个人性格特点和专业发展前景,帮助学生确立职业目标、人生目标。目前,受就业形势、学生自身特点以及成果导向教育理念影响,辅导员在管理学生过程中前置生涯规划、明确人才培养方案设计是助力大学生成长成才的必要方法之一,这也是"三全育人"的充分体现。因此,大一阶段的生涯规划教育至关重要,也需要通过有效的职业生涯规划教育帮助大一新生确定发展方向,逐渐形成大一新生强大的能量蓄积站和高校思政育人管理新方法。

一、高校新生生涯规划现状调查

在大数据时代,数据往往更具有说服力。以中部某大学大一新生为例,共下发调查问卷495份,收回495份,有效问卷482份,有效率97.9%。发现没有做学业规划的学生占27%,学业规划模糊的学生占60%,有短期学业规划的学生占10%,长期学业规划清晰的学生仅占3%。对于学科认知不够的学生占47%,对学科认知较模糊的学生占23%,对学科认知熟悉的学生占11%。

(一)新生缺乏大学生涯规划意识

初入大学不仅使学生面临环境变化带来的心理变化,还要面对人际交往的挑战。而教育模式也与高中基础教育模式相差甚远。加上对专业发展、技能拓展、人生规划等方面鲜有考虑,导致大学生缺乏生涯规划意识。缺乏生涯规划意识会导致学生缺乏上进心,学习目标不明确,学习动力不足等一系列隐患。

(二)新生生涯规划知识有限

调查结果分析,对于专业认知与职业认知模糊情况突出,学生专业与被动调剂志愿或非第一志愿情况较明显,达到47%。填报志愿、专业选择、职业定位等兴趣不够,仅有的专业认知来自学生的专业教育。学生普遍的不愿通过自主探索的方式了解专业知识相关的领域,对专任专业课教师教授相关课程的认识也仅限于课堂学习,学生自主学习、自主管理情况不容乐观。规划知识有限和被动执行会导致盲目跟风,执行力不足等情况。

(三)新生职业规划中自我认知不客观

自我认知不客观包括不能客观评估自己在学生群体中的位置,导致过高或者过低评价自己,形成盲目自信和过度自卑、眼高手低和不敢尝试的情况。还有一种"鱼与熊掌兼得"的心理,不愿做取舍,职业目标与职业能力冲突等情况。据调查结果分析,选择继续深造的占72%,选择就业的占4%,出国的占6%,未考虑的占14%,父母安排的占2%,学生选择并未结合自身真实特点和需求进行职业规划。自我认知不客观还体现在认为思想引领和生涯规划没有必要,处于"佛系"状态。

二、高校新生生涯规划育人效果

高校生涯规划的育人效果不可估量,从宏观、中观、微观三方面分析,宏观上影响国家育人的方向、社会就业的民生问题,中观上影响高校教育教学改革的大局和高校就业指导工作的开展,微观上可以影响大学生的人生方向和价值追求。因此,高校生涯教育在大学生成长成才过程中必不可少。

(一)宏观影响:国家育人方向、社会就业情况

在思想政治理论座谈会上,习近平总书记引导广大教育工作者要全面贯彻党的教育方针,落实立德树人的根本任务,努力培养担当民族复兴大任的时代新人。做好生涯教育有利于国家人力资源合理配置,把国家培养的社会需要的知识分子通过合理、科学、有效的统筹安排,使个人的才能、兴趣与所从事的工作相吻合,人事相配,职能相称,人尽其才,人尽其用。

生涯教育使大学毕业生充分地了解社会发展对人才的需求,正确认识社会竞争和自身在社会中的价值,从而找到最能发挥自己才能的位置,促进社会的发展和进步。生涯规划就是在抛开专业知识背景下的思想引领,从大一开始坚持以国家育人为导向,坚持结果导向思维,培养出有理想、有道

德、有文化、有纪律的新时代大学生。

(二)中观影响:高校教育教学成效、高校就业指导工作的开展

在对大学生进行职业生涯教育的过程中,学校开始关注市场需要什么样的人才,结合市场需求,学校对专业和课程设置从入学时就及时调整,对课程内容进行相应的更新,促进了教学的针对性和时效性。生涯教育也在一定程度上提高了学生的综合素质,使学生得到了全面发展。在"立德树人"的教育理念下有针对性地培养出更多符合社会需求的人才。

生涯规划放在低年级,可以更具有实践性和针对性,效果也明显。可以把大学期间遇到的问题前置,早日明确方向,确立目标,调动学习的积极性,充分挖掘自身潜能,提高自己的竞争,从而有利于减轻高校就业指导工作的难度,促进就业指导工作的开展。

(三)微观影响:大学生的工作方向和价值追求

从入学时就进行生涯教育,也是全方位育人、全过程育人的体现。作为贯穿大学生整个大学阶段的生涯教育,更符合大学生发展需要。高等教育区别于中学教育的被动性,生涯教育可以使大一新生更好地明白每个阶段每个年级应该学习什么以及怎样努力,大学生也就有了较为清晰的发展方向和目标,对自己的价值进行全面客观的定位,合理规避了大学生成长成才过程中的一些不切实际、高不成低不就的误区。

生涯教育可以让大学生充分了解和认识自己的兴趣、优势、期望值,通过系统学习科学的方法、参加各种相关培训、学习和实践,培养和锻炼自身能力,充分发挥个人长处,努力克服弱点,全面提升就业的综合实力。

三、高校尊重生涯教育方法探索

在现代大学生活中,每个学生都会面临制定自己大学规划的问题,制定"大学规划"是一个理想与现实相结合的过程,成才不是一朝一夕就能完成的事情,客观上要求学生不要急于求成,要不断坚持和努力。

(一)引导大一新生客观认知自己

专业选择和职业展望是大一新生在生涯规划时面临的必然选择,结合自己的兴趣和专业职业兴趣测试可以分析出适合自己职业体验的范围,再结合专业相近、能力匹配等,可以更好地规划好职业生涯并取得职业生涯的成功。尤其是针对当前初入高校的学生,对生涯教育和职业展望关注度不高的基本情况。

通过生涯教育中专业的个体评估方法,可以明确学生的择业态度、成长需求、能力特长、价值观倾向、生理特征、教育背景,从而更具有针对性地为

同学们提供“一人一策”的成长成才发展规划。当然,引导学生“择己所爱,择己所长,择世所需”,以社会需求为目标。

(二)完善课程体系

马克思所指的“人的全面发展”是指社会中德、智、体、美、劳全面发展的人;既有主观能动性自由发展的人,又有创新意识充分发展的人,把握人与自然和谐发展的人,这样就必须在学习专业知识之余,做好用发展的眼光规划自己的大学生涯。

生涯规划应该分布在大学四年的不同阶段,不同的阶段又有不同的学习目标,通过一系列完善、全方位的课程学习,可以独立有效地完成生涯规划,管理好学习时间之余能做到激发自身潜力,加强团队协作能力和实践能力、心理健康水平和自我管理能力。

(三)打造专业化的生涯教育队伍

基于成果导向教育思维,在拥有内在生涯规划需求的新生和完善的生涯教育课程体系的前提下,培育出专业化的生涯教育队伍也是学校重点常项工作。团队不仅拥有专业的职业生涯规划教育知识和资质认证,还要有经验丰富的职场精英、杰出专家校友等成为授课团队成员,理论与实践相结合,加强校企合作。通过集体备课和教学研究活动,科学的培养方法、良好的师德师风、优质的课堂、实践教学质量、精锐的软硬件条件共同打造出专业化、多元化的生涯教育队伍。

(四)优化生涯帮扶政策

大学生良好的就业素质和就业成绩离不开行之有效的帮扶政策。通过学生内在需求生涯辅导、生涯教育和生涯咨询,可以形成跟踪成长式的“一人一策”,更具有针对性和有效性;通过网络技术平台提供免费的可操作性的程式化测试和咨询,可以有效评估学生择业方向和范围;通过前置生涯规划时间和系统学习,可以有针对性地选择继续深造、出国留学、就业创业,避免不必要的盲目跟风;通过校企合作成立实习培训基地,可以拓宽课堂领域,提升就业亲历式认知和实践效果;通过大学生创新创业项目化申报,可以有效借助社会力量孵化商业项目,化知识为财富。学校的帮扶政策是大学生实现人生目标的动力源泉。

四、结语

习近平总书记强调“人才资源是第一资源”。高校作为培养人才的摇篮,在指导学生生涯规划方面还停留在执行行政事务上,单纯依靠学生工作队伍思想引导,存在政策不完善、课程不系统、队伍不专业的缺点,导致高校人才培养与社会需求不相符。因此,针对大一新生,作为思想政治辅导员,把生涯教育作为思想政治教育的方法之一、内容之一,坚持立德树人教育目标,以引导、培养德、智、体、美、劳全面发展的时代新人为方向,结合大一新生的实际情况,增强学生生涯规划意识,通过课程教授和政策帮扶助力大学生成长成才。

参考文献

[1]黄炳超,蔡茂.大学生非智力因素培养与职业生涯发展[M].北京:光明日报出版社,2016.

[2]李九丽.大学生职业生涯规划理论与实践[M].北京:知识产权出版社,2011.

[3]傅华丽.中国梦是对马克思主义人的全面发展理论的新发展[J].党建,2017(5):32-33.

[4]李强.基于成果导向教育的专业人才培养效果评价研究[J].黑龙江工业学院学报(综合版),2019,19(10):1-7.

[5]孙静月.高校全过程全方位开展大学生职业规划教育的思考[J].湖北经济学院学报(人文社会科学版),2019,6(2):151-152.

以“全国大学生数学竞赛”为抓手，培养创新型人才

数学与统计学院　刘红生　钮兰芬

【摘　要】 进入知识经济时代以来，数学在各个领域的应用层面不断拓展，数学思维开始扮演着越来越重要的角色，数学知识也成为科技发展、科技创新、科技革命的先导和支柱。因此，这个时代需要一大批适应社会发展的具有较高数学能力的创新型人才，而如何培养学生的数学能力则成为数学教育工作者所面临的迫切任务。本文将从“全国大学生数学竞赛”视阈出发，利用数学院系的学科优势，探索如何以赛促学，选拔数学优秀人才，从而推进新时代创新型科技人才的培养。

【关键词】 全国大学生数学竞赛；数学思维；数学教育；创新型人才

2018 年 9 月 10 日，全国教育大会在北京召开。李克强总理强调，要增强教育服务创新发展能力，培养更多适应高质量发展的各类人才。优化高校区域布局、学科结构、专业设置，坚持以教学为中心，突出创新意识和实践能力，培养更多的创新人才、高素质人才。而数学作为诸多理工学科及部分社会科学的基础，将对中国梦的实现有着举足轻重的作用，高校的全国大学生数学竞赛正是推动数学教育建设的有力一环。

一、大学生数学竞赛的内涵和现状

（一）大学生数学竞赛的内涵

大学生数学竞赛是由中国数学会面向本科生的全国性高水平学科竞赛。该项赛事的组织对于推动数学教育改革和提升数学教学质量都起到了一定的作用。高水平的数学竞赛，有助于激发高校理科学生对高等数学、线性代数、高等代数、数学分析、解析几何、常微分方程等基础学科的兴趣，形成较为浓厚的数学研究氛围。

(二)大学生数学竞赛的现状

大学生数学竞赛目前已成为全国影响最大、参加人数最多的学科竞赛之一。与此同时,政府部门为推动创新驱动发展战略的实施,也在不断深化改革科技体制。2018 年 1 月 3 日的国务院常务会议上,李克强总理就曾突出强调理论数学等基础学科对提升原始创新能力的重要意义。

二、开展大学生数学竞赛价值性分析

(一)数学学科对于现代科技发展的基石作用

张恭庆院士在应邀为中央办公厅“科技大课堂”活动授课时,如是说道:“数学实力往往影响着国家实力,世界强国必然是数学强国。数学对于一个国家的发展至关重要,发达国家常常把保持数学领先地位作为他们的战略需求。”

在这个科技突飞猛进的时代里,可以说数学之作用居功甚伟,在历次科技革命中,数学都起到举足轻重的作用。数学语言在其他科学的框架下构建数学模型,例如,在生物、化学、经济、管理等诸多学科的应用,由数学的推演进而探索其他学科的规律,推动时代的创新发展。

《论语·学而》有言:“君子务本,本立而道生。”而数学学科恰恰是科技发展的“本”。数学学科所具有的逻辑性、严谨性,也就造就了数学的唯一性、必然性,没有“是非之间”,只有“是非分明”,即便所有的“随机”与“不确定”也有着确定的界限和定义,从而也就能通过数学的推演寻求正确而唯一的结论,以实事求是的态度探索科技创新中的客观规律性,进而为推动时代的发展画上浓墨重彩的一笔。

(二)以赛促学,推动高校数学教育改革

从微观个体层面而言,大学生数学竞赛的开展有助于高校本科学生对于基础专业课程的夯实和钻研。将课堂所学知识与竞赛知识相互补充、相互配合、相互渗透、相互挖掘、相互促进,进而形成“以赛促学、以学备赛”的良性循环的学习过程。同时,数学竞赛中蕴含了课堂中难以企及的发散性思维,有助于拓宽学生视野,增强知识运用,提高逻辑推理能力,为优秀数学人才提供了展示个人数学基本功和数学发散性思维的平台。

从宏观的层面而言,数学竞赛激发了学生们对于数学学习的主动性,并促进高校数学学科教育建设的改革和发展。与此同时,有助于学生们将数学基础知识同其他专业知识相联系,更好地将数学基础知识应用于更高精尖的领域中,使数学成为推动科技发展甚至科技革命的先导和支柱,从而增强国家实力早日实现中国梦。

（三）发现选拔数学创新型人才

大学生数学竞赛为优秀数学人才提供展示个人数学水平的同时，也为社会和国家提供了选拔数学创新型人才的契机。数学竞赛的开展，提高了学生学习数学的主动性，推动学生在解题的过程中夯实知识，通过对基础知识的运用、发散、交叉，更好地领悟数学的真谛。

大学生数学竞赛不同于其他学科专业，不是将数学语言直接应用于实践，而是体现学生较高的数学能力，并且能够将高水平的数学能力应用于更精进、更广泛的专业领域中，来解决更实际的问题，得到更精确的结果。

因此，大学生数学竞赛考察的是学生们对于数学的基本功及数学知识的发散性思维，选拔更优秀的数学人才，促进高等学校数学课程的改革和建设。这表明以“全国大学生数学竞赛”为抓手，选拔数学人才，培养创新型人才，这一人才培养模式具有实际意义和重要的战略意义。

三、以“全国大学生数学竞赛”为抓手，培养创新型人才可行性分析及优势

（一）可行性分析

党的十八大首次提出“创新驱动发展战略”，这也意味着为提高我国的核心竞争力，数学等基础学科对于提升创新能力开始发挥重要的作用。与此同时，国内一流高校正处在“双一流”建设和跃升发展的关键时期，数学学科必然要求培养科学领先的、卓越拔尖的创新型人才。在这样的大环境影响下，在以数学专业为主的相关院系试行“以‘全国大学生数学竞赛’为抓手，培养创新型人才”的人才培养模式更具可行性。

（二）数学院系的优势

同时，以数学专业为主的相关院系具有独到优势。数学学院的教师学科底蕴深厚、学术精湛，通过教学与竞赛有机结合，能够提升学院的教学质量和教学效果，从而为学生日后向数学各个领域的深造奠定了基础。

四、提高数学学科竞赛创新能力的有效措施

（一）构建良好的学习氛围，召开推广全国大学生数学竞赛宣讲会

良好的学习氛围对学生能够起到熏陶和制约的作用，学生个体与良好学习氛围的关系是互相促进的，学习氛围的良好建设往往存在着巨大的历史惯性，其中包括了学生个体学习状态的惯性、学生集体的学习氛围惯性、教师对过去学习氛围的惯性，因此在这个时候则需要通过外力的注入，以构建、优化更为良好的学习氛围。召开推广大学生数学竞赛的宣讲会，将数学

学科的优势、大学生数学竞赛的益处等积极因素推而广之,动员学生积极参与数学竞赛。广泛发动数学院系、其他理工科院系以及运用数学的各院系学生积极报名参加全国大学生数学竞赛,将自身所学施展于竞赛考场之上。

(二)构建课内课外联动教学方式,组织竞赛培训

充分发挥数学院系的学科优势,以“全国大学生数学竞赛”为载体,利用数学竞赛的先天优势,结合课堂教学,开拓学生的学习视野。在备赛阶段,本着自愿参加的原则,对参赛学生组织赛前培训,加大培训力度,提高培训质量,优化培训效果。

(三)加强培训师资力量

充分发挥数学院系在师资教学方面的优势,让数学院系资深的专家教授参与竞赛培训活动,为本院取得良好的竞赛成绩出谋划策、排忧解难。同时,对于为学科竞赛做出贡献的相关教师进行表彰及适当补贴。

(四)对参赛学生给予适当奖励

对于参赛的获奖学生,应由学院通报表扬并给予适当的奖学金;将学科竞赛与综合素质测评、保研等政策型奖励挂钩;对于未获奖学生,为提高学生参与竞赛的积极性,也应当在综合素质测评中给予适当的加分奖励。

(五)赛后总结

通过对“全国大学生数学竞赛”的总结和反思,寻找基础学科学习的漏洞,巩固基础知识,形成更加系统全面的理论体系,促进数学思维的开拓。推动建立合理完善的数学人才培养机制,并开展以教学与竞赛有机结合的培养模式,为党和国家培养出更多创新型、专业型、高素质的人才。

参考文献

[1]张恭庆. 数学与国家实力[J]. 数理天地(高中版),2015(5):1-3.
[2]李秀菊,于颖,樊剑武. 浅谈大学生数学竞赛在《高等数学》课程教学中的作用[J]. 亚太教育,2015(30):120.
[3]王艺萌,马众. 学科竞赛对大学生创新能力培养的影响研究及相关对策[J]. 山东青年,2019(1):27,29.
[4]李苏北. 以学科竞赛为载体推动课程建设与学生创新能力培养[J]. 大学数学,2009(5):8-10.
[5]阎慧臻,刘燕. 以数学竞赛为载体,培养高素质创新人才[J]. 教育教学论坛,2014(45):48-50.
[6]姚元金. 依托大学生数学竞赛培养实践创新人才[J]. 考试周刊,2015(23):47,68.

[7]冯志明.数学竞赛与数学基础课教学[J].乐山师范学院学报,2010,25(11):86-88.
[8]郑苏娟,朱永忠.高等数学竞赛的相关策划[J].高等数学研究,2014,17(5):22-24.

一流大学建设中本科生拔尖创新人才培养机制的探析

——以机械与动力工程学院拔尖创新人才培养为例

机械与动力工程学院　崔　超　张海鹏

【摘　要】 在一流大学建设背景下,拔尖创新人才就是促进学校发展的一张明信片,探索建立拔尖创新人才培养的有效机制,对于国家发展和一流大学建设具有重要意义。

【关键词】 一流大学建设;拔尖创新人才;有效机制

探索并建立高校拔尖创新人才培养的有效机制,发现并选拔有潜质的创新人才着力培养,对国家而言,是我国创新型国家建设,加速实现中华民族伟大复习和社会主义现代化建设的历史要求;对我校而言,是学校“世界一流大学”建设中拔尖人才培养、提升学校知名度、促进学校快速发展的重要环节,同时也是当前教育改革的迫切要求。

一、“一流大学”建设中拔尖创新人才的含义

“拔尖创新人才”重点在于“拔尖”“创新”两个词,关键在于“拔尖”,拔尖创新人才的培养应着重体现在“拔尖”和“创新”上,是优中选优,以“精”“顶尖”培养为目标,而不是以“多”“泛”为优。在“一流大学”建设中,拔尖创新人才可以定义为对学校一流大学发展起到重大的积极宣传作用,具有一定的贡献度,能与其他“一流大学”建设高校拔尖创新人才相提并论,主要体现在政治素质过硬、品行特优、学习成绩优异、创新科研能力极为突出等方面,进入社会后能够对社会发展提供一定的智力支撑,能够为国家发展做出重大贡献,甚至成为国内外研究领域的带头人和杰出人才[1]。

二、目前高校拔尖人才培养现状及存在的一些问题

习近平总书记在欧美同学会成立一百周年庆祝大会上讲道:“创新是一个民族进步的灵魂,是一个国家兴旺发达的不竭动力,也是中华民族最深沉的民族禀赋。在激烈的国际竞争中,唯创新者进,唯创新者强,唯创新者

胜。”鉴于高校拔尖人才培养对国家和学校发展的重要地位，目前众多高校实行了多样化的高校拔尖创新人才培养机制，但在体制、模式、机制等内涵方面发展存在不足[2]。主要体现在以下几个方面。

（1）仅以教师、教材、课堂为中心的教学模式依然存在，高水平、高素质的拔尖创新人才匮乏，培养出的“拔尖”学生少之又少，对社会和学校发展贡献度不够显著。目前，我校正处在“一流大学”建设攻坚阶段，由综合性大学向研究型大学转型，更需要培养出一批宣传力高的“拔尖”创新型人才。

（2）众多高校通过建立创新实验班、教育实验性学院、创新人才培养学校等多种方式进行拔尖创新人才培养模式改革试点。此种培养方式在创新人才培养上能够取得一定的效果，但仍然存在以创新讲座、授课为主，没有实践平台的劣势，学生在培养过程中虽有一定程度的提高，但难以体现出“拔尖”。

（3）大学生科技创新中自主探索意识薄弱，引导机制欠缺。对大一新生的一项调研发现，调研对象中 70% 的同学对科技创新感兴趣，但仅有不到 10% 的学生对如何实践科技创新及提高自己的科技创新水平比较清晰。

（4）现有机制难以尽早发现有潜质培养为“拔尖创新人才”的学生并加以着重培养。目前，许多高校在创新人才选拔方面逐步形成了一些有效机制，有的也取得了实质性进展。但“拔尖创新人才”的培养还属于新生事物，影响因素涉及较多，理论基础的研究还不成熟，具体实践中还面临着许多新问题和新矛盾。

三、“一流大学”建设中拔尖创新人才培养的主要途径

为促进“一流大学”建设，提升学校知名度和整体实力，既要靠学校全体学生的整体水平，又要着重侧重拔尖创新人才选拔和培养。拔尖创新人才培养，着重体现在“拔尖”二字，这类学生的数量及对学校在“一流大学”建设中的整体提升是成倒“金字塔”形式的。如图 1-1 所示。

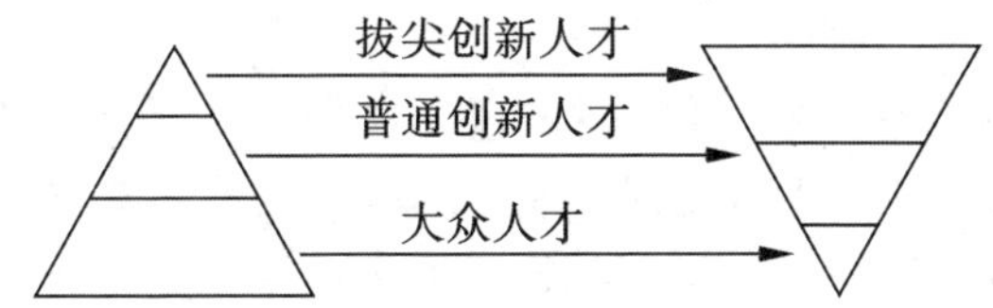

图 1-1　不同类型学生在“一流大学”建设中的影响力

目前机械与动力工程学院在拔尖人才培养方面设立了一系列的措施，努力培养出了一批批德才兼备、创新性强、学习优异，对学校“一流大学”发

展起到积极促进作用的“拔尖”创新人才。例如,我院最近8年9人获得国家宝钢优秀学生奖学金,其中8人为本科生拔尖创新人才,刘安同学获得河南省“最美大学生”并保研清华大学,王凯甬同学获得2018年度“中国大学生十佳年度人物”并保研清华大学,也创造了郑州大学首次获得“中国大学生年度人物”的历史。这些成绩的背后离不开同学们的辛勤付出,同时也得益于机械与动力工程学院拔尖创新人才的良好机制。

(一)具有良好的创新人才选拔及淘汰机制

机械与动力工程学院建立了完善的创新人才选拔、培养及淘汰机制,在刚进入大学的新生中通过创新型试题笔试、面试选拔一批具有创新思维、热爱创新的同学进行专项培养。在大一上学期结束后,对于未选入但是在大一期间有一定科创成果且成绩较优的同学再次选拔吸纳;对于学习出现问题的同学及时地淘汰、协助他们把精力放在学习上并持续关注其发展,以确保他们能够在大学期间顺利完成学习。创新人才苗子的选拔和淘汰机制为后期拔尖创新人才培养奠定了人才基础[3]。如图1–2所示。

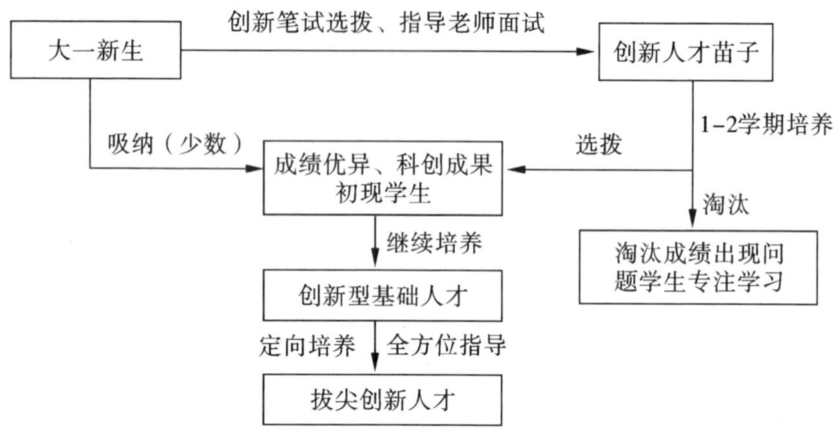

图1–2　拔尖创新人才选拔、淘汰培养机制

(二)具有完善的拔尖创新人才政策引导机制

我院不断完善对学生科技创新成果的激励政策。建立了一系列具有一定激励作用的政策措施,在学生科技创新中起到了重要的引导作用。学生在考虑是否参与科技创新时,一是与自身的兴趣爱好有关,二是会考虑科创活动带给自己的“利益”,学生会考虑科创活动在大学发展中的利弊,这个“利”往往体现在评优评先中,比如奖学金、保研评定等政策。我院将科技创新成果与评优评先挂钩并趋于合理,大大提高了学生科技创新的兴趣和参与度。除此之外,学校学生处的奖励政策及创新资金支持政策也大大提高

了我院学生科技创新积极性。

（三）具有完善的拔尖创新人才培养机制

机械与动力工程学院建立了完善的创新人才培养机制，主要体现在4个方面。

1. 以“深蓝科技部”为创新平台，建立“以老带新”的科创带头人运行机制

机械与动力工程学院“深蓝科技部”是院团委直管的学生科技创新组织，主要是培养一批成绩优异、科技创新能力突出的科技创新优秀人才。该组织经过15年的发展，形成了一套比较成熟的“以老带新”的科创带头人运行机制。每一届科技创新带头人在“深蓝科技部”中选拔科技创新实践能力较强、成果丰硕的高年级创新人才担任，招入新生中对科技创新感兴趣的学生，通过实施科技创新带头人机制进行分组，每组由科技带头人负责对5～10名新进成员的培养，主要负责项目遴选、制作以及参加、组织、承办各种比赛，在部门内届届传承。在实施中，科技带头人及导师团在部门内商讨，选择创新性强、难度适宜并且可行性强的项目给予指导，解决学生在科技创新过程中遇到的难点和问题，为学生提供实验场所及工具设备，在项目制作、申报大学生创新项目、申请专利和撰写论文中也给予面对面指导。同时在组内开展年度考核评优制度。“深蓝科技部”的良好运行机制也取得了众多突出成绩，荣获2018年全国“小平科技创新团队五十强”，受到团中央的表彰。

2. 以参观实习为实践渠道，扩展大学生科技创新视野和眼界

为开阔学生视野，拓展学生创新思维，我院每年组织热爱科技创新的学生参观先进科技型企业和科技博览会。比如科斗公司机器人、新开普智能设备科技公司、中国中部国际装备制造业博览会、农业机械装备展等高新企业和展览会等等。让学生更多地了解现代自动化生产设备和机器人工作原理，开阔眼界，增长见识，使学生对科技发展走向以及物联网、云计算、大数据、机器人、自动化生产线等技术有更加清晰的理解，帮助同学们在科技创新道路上发现创新点子。

3. 以“由易到难、分类指导”为培养原则，以赛代练增强学生的创新能力

在拔尖创新人才培养中，杜绝拔苗助长，对不同水平的学生分类指导，在比赛设置上由易到难循序渐进，针对低年级学生开展校级兴趣类设计大赛，比如鼓励低年级学生参加我院每年举办的深蓝创新设计大赛，校社联举办的水火箭设计大赛，物理学院举办的航模设计大赛等低难度比赛，针对创新能力较强的高年级学生，组织参加全国性大赛，比如“挑战杯”“创青春”、全国机械创新设计大赛、iCAN国际创新创业大赛、全国机器人大赛等等。通

过一系列“由易到难”的比赛,学生建立自信,创新水平逐渐提高。

4. 以建立“导师库”为重要措施,帮助同学们解决创新疑难问题

为了让同学们在创新过程中少走弯路,防止同学们在出现疑难问题时不知所措,我院建立了科技创新“导师库”,包括了学院教授、副教授、新进博士以及辅导员等。同学们在做科技创新项目时,能够根据项目的内容、方向很方便地找到“导师库”中的相关专业老师给予指导。

5. 以普通创新人才为基础,进行针对性拔尖创新人才培养

通过对热爱创新的同学进行 1 ~ 2 年培养后,学院各年级培养了大批的具有一定科技创新能力的普通科技创新人才,学院对这类学生再次拔尖选拔,选拔出政治素养高、品行特优、成绩优异、科创突出的 3 ~ 5 名科创人才,进行重点针对性培养和推荐评优。包括推荐校园之星、十佳大学生标兵、最美大学生、宝钢奖学金等各类荣誉的评选,同时对这类特优学生的科技创新项目继续进行全方位指导,激发学生最大的科创潜能,使拔尖创新人才优者更优。拔尖创新人才的成功如同“蝴蝶效应”一样,以点带线,由线及面,影响更多的优秀学生参与到科技创新之中,形成一届更比一届强的良好局面。

参考文献

[1]赵东亚. 高等学校培养拔尖创新人才的途径研究[J]. 成才之路,2018(35):1-2.

[2]李蔚然,别雪君,沈田. 高校拔尖创新人才信息素养培养现状调研与分析[J]. 当代教育论坛,2019(1):73-82.

[3]张永雷. 研究型大学拔尖创新人才培养模式研究[D]. 兰州:兰州大学,2011.

高校文化育人路径研究

文学院　苏　雨　高　远

【摘　要】 文化是人们在社会环境和生产实践中不断总结出来的认知和实践,是人类社会聪明智慧的成果。借助文化育人,是文化发展和建设事业的基本目标。我们要把握文化育人的基本方法,深刻认识现存问题,实施有效措施,不断增强文化育人的针对性和实效性。

【关键词】 文化育人;内涵与建设;改善策略

文化是整个民族的血液,是人民和民族的精神乐园,更是一个民族乃至一个国家的标志。加强文化建设,充分发挥文化育人的重要作用,对于培养更多社会主义现代化建设的可靠接班人和合格建设者具有重要意义,这也对高校思想政治教育工作提出了更高要求。

一、文化育人的基本方法途径

文化育人核心在于模式和方法,通过创新文化育人的方式,使文化介质的作用得到充分发挥,从而实现文化育人的终极目标。

(一)文化育人充分展现潜在的教育功效

通过对思想政治教育工作实施的具体过程分析,思想政治的理论知识往往比较空洞、笼统。学生在思想政治教育的学习中缺乏兴趣,学习的态度不够积极,主要原因是思想政治教育的潜在教育功效未能被及时发掘,不能很好地引领学生认知和感悟思想政治理论知识的深刻内涵。文化育人中的潜在教育,不但是一种教育方法,更是一种有效的教育途径。可以通过教师潜移默化地感染学生,使学生从潜在教育活动中得到更好的体验和感悟。同时也要对教育活动进行更好的安排,尤其将文化内容合理有效地融入教育活动,充分利用纯熟的文化现象和形式循序渐进地发挥教化作用,在学生自我认知的不断深化中达到文化育人的教育目标。

(二)道德教育在文化育人中的地位

文化育人的道德教育,主要功能是对教育氛围的营造,使学生能够通过良好的氛围充分体会具有特殊性的道德情感，主动关注教育的内容，从而使学生的情感与道德教育目标达成共识。在2019年全国教育工作会议上，教育部党组书记、部长陈宝生指出：“要从薄弱处着手落实立德树人根本任务，德育要朝着体系化努力。”德育的核心是使人感动，而文化育人通过不同文化形式的选择，从而打造道德教育工作特定的环境氛围。文化自身可以刺激被教育者的感情，在情感深化中进行教育内容的传播。与此同时，来源于生活、具有多样性特征的文化，可以将被教育者和道德教育紧密结合在一起，从而激发学生主动地去对文化进行认知和实践。所以，文化的传递与育人，要充分建立在文化本身的感情枢纽上，利用道德教育工作的力量提高文化的号召力。

（三）文化育人与思想政治教育紧密结合

增强思想政治教育，核心是人文关怀，要采用合理精确的方式来培养和教育学生。文化育人是思想政治工作开展中一种合理有效的方法，它可以在纷繁杂乱的人文环境中找到问题的缺口；在人们的思想问题方面，它不仅与文化环境相关，还受到文化环境的影响。所以，从人文关怀方面入手，来处理学生的思想难题，就必须从物质文化环境以及精神文化环境的建设中发掘出被教育者更深层面的疑虑，通过对文化的纯熟运用来熏染学生，提升学生对文化的掌握和认知程度，做好思想政治教育工作。

二、文化育人工作存在问题

近些年以来，伴随我国“文化强国”战略的全面展开和实施，文化热潮再一次激烈涌起，高校思想政治教育工作也随之加强，表现出了更好的发展形势，但现实中依然存在着很多亟待解决的难题，需要高度重视。

（一）认知程度浅

对文化育人建设认知程度浅，重点都放在了硬件设施的更新和学科发展上，这固然很好，但文化育人和高校思想政治教育工作却没有得到应有的重视，文化育人的作用也因此没有得到很好的发挥，高校思想政治教育工作也没有突破现有水平。

（二）缺乏精准指导

因为在认知上的差异，很多高校对文化建设并没有制定出明确完善的、可操作性强的规章制度，这也导致文化建设依然处在自然发展、毫无秩序的形态中。

（三）团队力量的薄弱

就一些高校来说，即使校内已经建设了综合性的广播站、电视台，但是专业的在岗人员并不充裕，文化工作团队力量不足，这种现实状况不能满足新形势下文化建设和思想政治教育工作的基本需求，阻碍了文化工作的更好展开。

（四）资金投入较少

部分高校缺乏对文化建设的投资，导致文化建设、思想政治教育工作财政预算较少，文化活动开展得不到保证，文化育人的功用自然得不到更大范围的发挥。

（五）文化建设基础设施落后

受到多种因素的影响，较多文化设施的建设没有得到足够的重视，不能进行统筹性的规划，资金方面投入较少，项目建设的进行具有一定困难。除此之外，文化设施简单陈旧，没有固定的文化场所，多采取临时教室审批，也一定程度上影响了学生文化活动的顺利进行。

上述反映出的所有问题都具有一定的广泛性，高校文化活动的开展在很大程度上受到了上述问题的限制和制约，从而也直接影响到高校文化建设的效果，不能达到思想政治教育工作和文化育人的有机结合。所以要特别关注以上问题，采用贴合实际的、具有可行性的方法策略来解决问题，从而使高校文化建设井然有序，快速发展，让文化育人的功用得到更好的发挥。

三、加强文化育人的对策建议

（一）明确文化育人主体、客体的有机统一

落实好文化育人要从辩证的视角来深入了解文化育人的科学内涵，文化本身既是育人的内容与结构，又是育人的方法和途径。文化育人的整体性构建，要在文化的挖掘与渗透中，运用整体性方法来促进。在文化的发生、传播和广泛应用中，文化是通过人类所创造的物质以及交往的内容进行扩散的，然而文化育人又充当了文化教育现实中人的角色，利用人的生存发展来教育人的本身，从而使教育的主体和客体得到完全的统一。文化育人的过程需要将主体和客体整合起来，选择合适的育人介质、育人方式，开展针对的育人活动从而达成文化育人的目的。文化育人需要从文化的视线和角度上来充分掌握被教育者真正的需求，并且掌握潜在的和深入的文化育人本质及介质逻辑关系，把文化当成文化育人的基本内容，采用文化育人的方式方法使被教育者提高涵养，受到教化和洗礼，从而突显出文化在构建育人过程中的基本意义。在高校思想政治教育工作中，老师要充分了解学生在生活和学习中的心理需求，在工作中积极回应和满足学生的文化诉求、精

神诉求,将文化育人的目的以思想政治教育的途径和润物细无声的方式实现。

（二）统筹多方资源提高高校文化育人能力水平

党的十九大明确指出,深入落实基础文化建设的目标,就是坚持中国特色社会主义文化发展道路,激发全民族文化创新创造活力,建设社会主义文化强国。这充分体现出国家对基础文化的关注和重视,也表明文化建设和发展是民族大业,需要聚全社会之力做出努力和改变。进行文化育人,也要利用多方资源,提高高校主体进行文化活动的水平。首先要与政府加强联系,争取更多文化资源的倾斜,承办高级别文化活动和赛事,使校内同学有机会接触更多元、更高质量的文化,在大型文化活动和赛事中促进能力的提升。其次要积极与其他高校进行经验交流。“独木不成林”,文化育人的运用和发展绝不是一所高校的任务和目的,各大高校都要将其定为思想政治教育工作的手段和发展目标。举办思想政治教育工作交流会,进行文化育人优秀成果展示都是共同致力文化育人的有效手段,文化育人不能在高校间被横向截断。最后,高校内部也要进行资源整合。我校多年来一直坚持举办“求是杯”基础知识竞赛,整合了校内文学院、数学与统计学院和物理工程学院的知识文化资源,是校内资源整合的优秀范例。文化走出学院、走进校园,使全校同学都能接触到从前陌生的文化资源,突破专业间的局限,全方位地发挥文化的教化作用。文化育人功用的发挥,绝不是单打独斗就能做好的,要统筹规划,多方共同努力才能达成文化育人的目标。

（三）将文化育人渗入高校思想政治教育工作

在我国实行的文化强国战略方针的指引下,文化育人顺理成章地背负了时代赋予的使命和历史责任。2019 年 3 月 18 日,中共中央总书记、国家主席、中央军委主席习近平在北京主持召开了学校思想政治理论课教师座谈会并发表重要讲话。会上,习近平同志提到:“中华民族几千年来形成了博大精深的优秀传统文化,我们党带领人民在革命、建设、改革过程中锻造出革命文化和社会主义先进文化。”高等院校既然是教书育人的摇篮,就更要坚持以文育人为核心,进行好思想政治教育工作。在全民学习和践行社会主义核心价值观的背景下,持续增强文化制度建设,加强精神文化建设,严格规范制度管理,打造和谐的氛围和环境,从而保障实施文化育人的途径。先进的社会价值观都具有属于自己的根和本,中华民族的传统美德也是文化的一种,面对如今纷繁复杂的文化现实状况,大家应该时刻保持警惕,将继承和发扬中华民族传统美德作为高校文化育人的重要环节。新时代飞速发展,某些新生的文化元素和题材开始对传统的文化产生冲击,面对越来越复杂繁琐的文化,基础文化建设就要得到高度重视。文化发展的道路上少不了人们对知识的渴求，因此要将文化育人的重要意义渗入高校思想政治教育建设，与高校思想政治教育相结合，让同学们充分感受、认识到文化的重要性，这样才能保证文化建设和文化育人的策略得到高效的实施。

四、结语

综上所述，根据我国现在的基本国情，文化育人的发展将始终贯穿于中国特色社会主义发展道路之中，因此充分施展文化强国战略显得至关重要。同时，文化育人还是我国小康社会全面发展的核心因素，具有重要的作用和价值。因此，国家各级政府的领导者要对基础文化建设和文化育人的实施措施进行高度重视，保证我国精神文明建设得到更好的发展，各大高校也要将文化育人和思想政治教育工作有机结合，使我国珍贵的文化资源在高校中发挥良好的教化作用。

参考文献

[1]成立，成良臣. 试论基层文化建设及文化育人策略的实施[J]. 丝绸之路，2015(20):49-51.

[2]吴翼泽. 高校人才培养中文化育人的路径探析[J]. 思想教育研究，2015(3):102-104.

教育现代化是我国教育改革和发展的核心
——学习全国教育大会精神的体会

护理与健康学院　蒋桂莲

【摘　要】 国家治理体系和治理能力现代化蕴含教育现代化。认为教育现代化是教育改革和发展的核心;解放教育生产力是教育现代化的目标,教育现代化的实质是解放教育生产力;教育现代化是我国高等教育发展的动力。对教育现代化、教育生产力两个概念的内涵进行了简单阐述,分析了教育现代化的目标与解放教育生产力具有的内在一致性,讨论了教育落后地区率先实现高等教育现代化的路径。

【关键词】 教育现代化;教育生产力;高等教育

2018年9月10日,习近平出席全国教育大会并发表重要讲话,强调加快推进教育现代化、建设教育强国。党的十九届四中全会后,推进国家治理体系和治理能力现代化若干重大问题,成为当前和今后一段时期内我国哲学社会研究的焦点。坚持和完善中国特色社会主义制度,必然包括我国教育制度的完善;国家治理体系和治理能力现代化,自然蕴含我国教育治理体系和治理能力现代化。我国教育治理体系和治理能力的现代化是教育现代化的根本任务,也是我国建成教育强国的重要标志。我国的教育现代化正逐步由讨论、局部推进转向全面实践阶段。具体到高等教育,教育现代化是我国高等教育发展的动力、路径和基本目标。

一、教育现代化是教育改革和发展的核心

教育是国之大计、党之大计。教育对促进人的全面发展、增强中华民族创新创造活力、实现中华民族伟大复兴具有决定性意义。习近平在全国教育大会的讲话中指出,党的十九大做出了优先发展教育事业、加快教育现代化、建设教育强国的重大部署。优先发展教育事业、加快教育现代化、建设教育强国是一个统一体。优先发展教育是重大安排,建设教育强国是总目标,教育现代化则是居于三大战略部署的核心环节,是承接优先发展教育的

重大举措,是实现建设教育强国总目标的主要抓手。

习近平在全国教育大会上强调,不断使教育同党和国家事业发展要求相适应、同人民群众期待相契合、同我国综合国力和国际地位相匹配。这是教育现代化首先要解决的问题。这说明,我国的教育发展已经难以满足我国经济和社会发展的需要,已经不能匹配我国的综合国力与国际地位。这是我国加快教育现代化进程的重要原因。

习近平在全国教育大会上提出,坚持把立德树人作为根本任务,坚持扎根中国大地办教育,坚持把服务中华民族伟大复兴作为教育的重要使命等。所以,教育现代化必须坚持党的领导,必须把立德树人作为根本任务,必须坚持培养社会主义建设者和接班人。

二、解放教育生产力是教育现代化的目标

(一)教育现代化的实质是解放教育生产力

顾明远认为,教育的现代化就是指传统教育向现代教育转化的过程。他强调,教育思想现代化是关键,是灵魂。缺乏现代化的教育理念,其他方面的现代化都对教育失去了效力。在谈到教育现代化的基本特征时,顾明远强调教育的科学性、生产性、社会性、个性性、全面性、全时空性等。整体看,从教学视角讨论教育现代化,顾明远先生的研究是透彻的、科学的和富有远见的,对指导我们的教育教学工作具有重要的价值。教育现代化应该包括教育者、受教育者、教育思想和文化、教育手段和教育媒介的现代化,是教育各要素综合推进的现代化过程。

教育现代化的目的和教育现代化的实质紧密相关。有学者指出,教育现代化的本质特性是以推进现代经济增长这个工业化的核心目标为使命的,任何离开这个使命的教育现代化,必然导致灾难性后果。潘懋元、张应强认为,现代化的终极目标是实现“人”的价值。不难看出,两种观点大异其趣。顾明远则认为,社会现代化需要现代化了的人,而人的现代化需要现代化的教育。顾明远把教育现代化视为连接社会现代化和人的现代化的纽带,而且把三者从内在实质上统一了起来。从这些争论可以看出,教育现代化的目标应是多维共存的,并不唯一。从教育功能实现角度讲,我们能够推论出教育现代化的实质就是解放教育生产力这样的论断。解放教育生产力就是通过教育各要素的现代化,充分释放教育各要素的发展动力、能力和潜力,表现为充分实现教育功能。解放教育生产力的结果是推动人的现代化,促进社会现代化。不难看出,教育现代化的目的与教育现代化的实质——解放教育生产力是内在统一的。

(二)教育生产力

从社会大系统看,教育功能的实现还要与社会发展和生产劳动相结合。顾明远多次强调,教育与社会和生产劳动相结合是教育发展的基本规律。教育始终是与社会生产劳动紧密相关的,也与社会生产力紧密相关。生产力是人类改造自然的能力。但是,对教育有没有生产力,不少人可能持否定态度。笔者认为,教育改造自然的能力是显然存在的,原因在于:①教育可以改造教育对象,促进教育对象身心得到发展;②高等教育还承担着服务社会、生产知识、创新社会文化等社会功能,这些功能的实现过程也是教育改造自然的过程。例如,高等教育服务社会,为社会提供知识内容服务,提高服务对象的生产效率和生产能力,就是教育和劳动资料结合改造自然的过程。再如,高等教育机构的科研成果,不但丰富了人类的精神产品,而且它不断创新人类的劳动手段和生产资料,发挥生产第一生产力的作用。我们常说,思想也是生产力。那么,生产知识和思想的教育机构更具有生产力属性了。

教育生产力是教育实现社会功能和实现自身发展的能力,是社会再生产的重要一环。教育生产力包括教师和教育管理者层面的能动力、发展力、职业成长力、科研和教学力;学生层面的发展力和成长空间;教育管理对教育生产力的激发和诱导力,教育文化对教育生产主体的涵养和激励作用等。解放教育生产力是教育现代化的实质要求和重要目标。

三、教育现代化是我国高等教育发展的动力

教育现代化是目标和过程的统一体。教育现代化是教育改革的手段、动力、目标、结果,也是我国教育改革成功的主要标志。教育现代化是教育与现代社会的契合,是教育的综合变革的过程和结果,既是教学现代化,也是教师思想和学生成长的现代化,更是高校管理的现代化。可以看出,教育现代化是个极其复杂的过程,其实质就是解放教育生产力,释放教育发展活力。

强调教育现代化是释放教育生产力,主要是针对目前教育过程中束缚教育活力的因素而言。有学者认为,工业化时代高等教育盛行工具主义和功利主义,教育成为生产标准化产品的车间,形成了所谓的“复制范式”。赵国栋认为,这种“复制范式”在信息化时代里已成为阻碍大学前进的关键性因素。目前大学提高教学内容传递效率的方式,实际上与社会对人才的需要背道而驰。只有从根本上改变大学教学思想和教学组织管理策略,才能最终为整个高等教育的现代化奠定坚实基础。

教育手段的现代化确实是教育现代化的一个重要内容,但是赵国栋提

出的“现代教学技术可以在高等教育的重建过程中起到关键性的作用”这样的说法还是值得商榷的。当然，赵国栋在谈到目前高等教育忽视的几个问题时，还是认识到了教育现代化的核心目标。笔者认为，教育现代化作为释放教育生产力的过程和手段，就是要通过尊重教育主体的主体地位和参与教育管理的民主权利，赋予教育主体多元发展的空间和权利，诱导教育主体发展的内在驱动力，建构新型的教育生产力结构。这种新型的教育生产力结构应具有科学性、生产性和社会性。所以，教育现代化的基础是教育的科学化，体现为对教育规律的尊重和对教育生产力的释放。

四、教育落后地区率先实现高等教育现代化的路径

（一）以教育现代化实现教育快速发展

经过多年的发展实践的检验，我国越来越多的专家学者和政府部门对跨越式发展持更加稳重的态度。甚至认为，过度强调跨越式发展，超越必要的发展阶段是一种发展误区。有学者认为，跨越式发展模式是以牺牲历史承继性和自洽性为代价的。这种看法是有道理的，一般来说，发展既是外部引导的结果，更是内部激励的结果，只有尊重事物内在的发展规律才可能推动事物发展。但是，高等教育发展从来就不是齐头并进的，美国的高等教育发展较晚，但是目前美国高等教育的整体水平最高。就是最近几十年来新建的高校，也有成功顺利跻身于世界高水平大学行列的例证。这就说明，教育的跨越式发展未必不能实现。实现跨越式发展的具体形式可以是多样的，但实质条件只可能是更加符合教育发展规律，更加契合教育现代化的内在要求，也可以说大学治理体系更好地释放了教育生产力。

（二）教育落后地区率先实现高等教育现代化的路径

建构教育生产力的概念的重要目的之一，在于我们可以从社会再生产角度重新审视教育的社会功能，彻底改变忽视教育和教育花钱又不产生效益的社会氛围，真正建立起优先发展教育的社会共识。

1. 坚持优先发展教育事业

习近平强调，我们要以更高远的历史站位、更宽广的国际视野、更深邃的战略眼光超前布局，坚持把优先发展教育事业作为推动党和国家各项事业发展的重要先手棋。这就为教育相对落后地区指出了发展路径，经济和社会发展落后地区（以下简称落后地区）实现发展速度超越的关键在于优先发展教育。人力资源是第一资源，只有教育发展了，当地劳动力科学文化素养和创新能力才能提升，地方发展才有最坚实的基础和最大的底气。能否真正重视教育，是检验地方政府执政智慧和地方政府历史站位、国际视野、战略眼光的试金石。笔者主张，经济社会相对落后地区应该优先发展高等

教育。

2. 坚持教育现代化

教育相对落后地区(以下简称教育落后地区)优先发展教育,首先是扩大教育规模,增加教育投入,实现教育公平和教育的均衡发展。更重要的则是坚持教育现代化。只有坚持正确方向,我们才能到达目的地。教育现代化的关键是:从根本上解决教育评价指挥棒问题;尊重教育发展规律,充分发挥学校办学主体作用,充分释放教育事业发展的生机活力;深化教育领域“放管服”改革,为学校潜心治校办学创造良好环境。说到底,教育现代化就是解放和释放教育生产力。只有解放教育生产力,推进教育现代化,才能充分释放教育事业发展生机活力,建设一流教育和人民满意的教育。

3. 扩大教育开放,同世界一流资源开展高水平合作办学

教育总要尊重当地的文化传统和当地的社情国情,这就是教育的本地化问题,决定了教育发展模式的多样化和个性化。但是,教育规律是客观的,是全球普遍适用的,这是教育发展的通识性问题,决定了教育发展的基本模式和路径。国外高水平大学多数经过上百年的发展历史,对教育规律的把握更加深刻和准确,我们应该学习成功的教育经验,以促进我国教育的发展。教育落后地区更应集多方努力,主动与国外高水平大学合作,在我国办理高质量的合作办学机构,既可以促进当地教育提质升级,又可以更好更快地推动本土教育现代化的进程,尽早实现办人民满意的教育的目标。

(三)以教育优先发展推动经济社会发展

教育现代化的关键是教育思想和教育文化的现代化,因此可以说,教育现代化是没有技术门槛的。经济社会相对落后地区应该率先实现教育现代化,以促进地区思想、文化和科技、经济、社会的发展。我们可以把这个发展顺序叫作逆序发展。通常认为,一个国家或者地区的发展顺序应该是科技、经济、社会得到一定发展后,才有条件发展教育事业,才有条件实现教育现代化,我们把这样的发展称为顺序发展。但是,日本明治维新时期大力发展教育,大大加快促进国内工业化进程的历史证明,逆序发展也可以成功。甚至可以说,逆序发展才应该成为经济落后国家、地区发展的重要样板。反过来,在经济新常态下,我们讲的经济社会发展新动能就是科技创新,而推动科技创新的基础和关键则是搞好教育现代化。教育现代化是推动经济社会发展更深刻的内在的动力源泉,教育事业发展好的地区的经济社会发展也好,经济社会落后地区的教育事业的发展一般也滞后。

受发展的过程性因素限制,经济和教育落后地区,按照顺序发展方式追赶和超越经济教育相对发达地区十分困难。在目前经济得到相当发展的条件下,经济相对落后地区要解放思想,大胆改造先发展经济后发展教育的路

径,通过建立教育发展特区等方式,真正把优先发展教育做到实处,开拓内在驱动发展路子,以充分发展教育生产力为重要内在发展动力,带动地区科技发展,进而推地区动经济社会发展。

参考文献

[1]习近平出席全国教育大会并发表重要讲话[EB/OL].中华人民共和国中央人民政府网.(2019-09-10)[2019-11-30].http://www.gov.cn/xinwen/2018-09/10/content_5320835.htm.

[2]顾明远.关于教育现代化的几个问题[J].中国教育学刊,1997(3):11-15.

[3]顾明远.教育现代化的基本特征及实施策略[J].人民教育,2007(Z2):8-11.

[4]顾明远.教育现代化和素质教育[J].中国教育学刊,1998(3):3-5.

[5]潘懋元,张应强.传统文化与中国高等教育现代化[J].清华大学教育研究,1997(1):15-21.

[6]赵国栋.论现代教学技术的应用与高等教育现代化[J].电化教育研究,2000(8):3-7.

[7]阎凤桥.高等教育"双一流"建设的制度逻辑分析[J].中国高教研究,2016(11):46-50.

高校大学生国际化人才培养的实证研究
——以郑州大学为例

商学院 李振山 张 锟

【摘 要】 要想更好地做好新时期教育对外开放工作,助力“双一流”大学建设,就必须要求高校工作者去了解实际工作的着力点,发现工作落实的抓手。因此,研究高校大学生国际化程度的实际状况对高校国际化人才培养、推进高校参与共建“一带一路”工程具有较为重要的理论意义。本文通过发放问卷的形式,随机获取和整理了郑州大学 2019 年本科学生的样本统计信息,利用 Stata 软件估计了构建的 Probit 模型,结果表明:双语教学、出国交流访学对高校国际化人才培养作用很大;费用还是制约国际化人才培养的一个重要因素;其他因素比如个人能力因素、家庭文化背景、周边亲友影响对人才培养都有显著的促进作用。

【关键词】 高校;国际化人才;双语教学;Probit 模型

一、引言

随着我国进入新时代,教育现代化、建设教育强国、办好人民满意的教育的要求也渐渐被提上了议程,而这里也就需要我们做好新时期教育对外开放工作,不断加快高校大学生国际化人才培养。早在 2010 年 7 月,教育部就发布了《国家中长期教育改革和发展规划纲要(2010-2020 年)》,里面就明确提出“适应国家经济社会对外开放的要求,培养大批具有国际视野、通晓国际规则、能够参与国际事务和国际竞争的国际化人才。”到 2016 年 4 月,中共中央办公厅、国务院办公厅印发《关于做好新时期教育对外开放工作的若干意见》(以下简称《意见》),《意见》中提到“加快留学事业发展,提高留学教育质量。通过完善‘选、派、管、回、用’工作机制,规范留学服务市场,完善全链条留学人员管理服务体系,优化出国留学服务。”2016 年 7 月,教育部发布了《推进共建“一带一路”教育行动计划》,要求“各级各类学校秉承‘己欲立而立人’的中国传统,有序与沿线各国学校扩大合作交流,整合优质资源走出去,选择优质资源引进来,兼容并包、互学互鉴,共同提升教育国际化水平和服务共建"一带一路"能力。"在 2018 年 2 月,河南省教育厅依据教育部的要求,也同样制定了相应的行动计划。2019 年 1 月,教育部部长陈宝生在 2019 年全国教育大会上发表讲话《落实,落实,再落实》,其提到"要对接国家科技创新亟需,进一步做好出国留学服务工作,鼓励留学生学有所成、报效祖国。"以上现实背景都表明,加快高校国际化人才培养的步伐和推进教育对外开放这一工作的急迫性和重要性。

到目前为止,对高校国际化人才培养的影响因素和各因素的效应程度的研究还很少,尤其在使用定量的方法去精确地分析国际化人才该加大哪方面培养、如何去最大效率地调配利用资源助力高校教育"走出去"和参与到共建"一带一路"的教育行动中去的研究几乎还没有。本文将针对这两个问题进行分析探讨,在郑州大学全体在校本科生中随机发放问卷并获取了样本,通过建立和分析了我校国际化人才培养的概率选择 Probit 模型,最终得出了结论,并给出了相应的政策建议。

文章创新之处在于:一是运用定量的分析方法和建立 Probit 模型,更精准地研究了高校国际化人才培养的影响因素及其作用效应;二是引入了样本的家庭特征变量、个人特征变量、地区特征变量和双语教学变量来分析,将国际化人才培养的研究向前推进一步;三是在国际化人才培养方面就如何更有效率地调配高校资源给出了可行性建议。

这里需要指出的是本文的问题主要表现在两个方面:一是研究对象只选取了本科生,未考虑研究生;二是默认各样本个体间在其他因素上是同质的,比如价值观选择上。

本文结构如下:第二部分为文献综述;第三部分是阐述研究方法和模型构建;第四部分给出估计结构和分析;第五部分归纳结论和给出政策建议。

二、文献综述

现在国内对国际化人才的概念还有争论,其中庄少绒认为国际化人才应该具备国际化视野、知识和市场观念,同时也要具有跨文化交流能力、创新意识和创新能力、信息能力、良好心理和与人合作沟通的能力。李成明等提出国际化人才应当是具有国际视野,熟悉国际规则,能够参与国际事务与国际竞争,具备专业知识和交流能力的人才。结合以上所述基本可以认为国际化人才要具备这些特点:具有国际视野、熟悉国际规则、具备创新意识和创新能力、具备专业知识和交流能力、能够参与到国际事务和竞争中的人才,同时也要求有社会责任感。

很多研究已经表明:必须要重视高校的国际化人才培养,做好整个培养

工作的统一规范设计的理论要求也越来越迫切。阿特巴赫论述了教育的“中心–外围”理论,发达国家通过先进生产技术传播和知识溢出向不发达国家灌输外语、文化以及价值观等。卢江滨、李晓述认为我国高校在国际交流中受益面太小,学生出国出境交换项目较难以持续。郝钦海指出如何去培养适应国家未来发展需要的国际化人才,是现在高校必须解决的重点问题。文君、蒋先玲提出“一带一路”建设急需具有创造性的新型国际贸易人才和急需新型复合型、文化素质高的外向型人才。以上研究都表明了国际化人才培养的重要性和急迫性,但对具体工作的实施也没给出比较好的方案。此外,在近几年研究中,还有辛越优、倪好阐述了国际化人才是保障“一带一路”战略实施的主要角色。洪大用提出在“双一流”建设中,要注重本科学生价值观的塑造,以创新思维推动大学生国际化人才培养。陈海燕发现在一流大学和一流学科建设中,大学生国际化人才培养已成为高校进一步优化人才结构的主要目标之一,但在实际调查中,发现还与“一带一路”建设需要的国际化人才标准存在较大差距。

一些研究也提到了通过开设双语教学课程,以此推动高校国际化人才培养工作加快发展。庄少绒建议要改革外语教学模式,要开设双语教学课程,提高大学生国际交流能力和处理国际事务能力。曲波指出双语教学模式通过双语互动性促进了高素质的国际化人才的培养。裴文英提出应开设专门的国际教育课程,增设双语教学推进学科建设的国际化。同样,李庆领、吕耀中认为要加强大学生外语口语学习,在教学计划中增设双语课程教学,提高学生的跨文化交往能力。本文在后面的实证分析中也增添了相应的描述双语课程特征变量,以此来分析双语课程开设对国际化人才培养的作用效应。

以上研究基本都是根据实际经验对国际化人才培养的定性研究,但运用规范的计量分析方法来精确研究各因素的差异和作用效应还未出现。鉴于此,本文收集整理了郑州大学在校本科生样本信息,构建和分析了 Probit 模型,将在以上学者的基础上继续推进该研究。

三、模型构建和变量设定

(一)模型构建

由于本文研究的是国际化人才培养,问题主要聚焦于高校学生是否具有国际化人才的特征,因此我们选择了二值选择 Probit 模型进行估计。该模型形式如下:

$$Y=1(\alpha\times bilingual\_education+\beta\times exchangs\_abroad+\gamma\times abroad\_cost+X\beta+\mu>0) \quad (1)$$

其中,μ 为随机误差项服从 $N(0,\sigma^2)$;$Y=1$ 表示具有学生具有国际化人才素养；bilingual_education 为虚拟变量，等于 1 时表示经历过双语教学的课程；exchangs_abroad 为虚拟变量，等于 1 时表示为出国或出境交流过；abroad_cost 为虚拟变量，当该个体认为出国花费是影响其出国交流的因素时为 1；*X* 为控制变量矩阵，包括个体性别、入党情况、院系、国际化方向、家庭经济和文化特征等。

在估计模型(1)时，回归结果报告出的变量参数值并无意义，但参数的符号却具有现实意义。我们通过对模型(1)求解其各变量的边际效应，可以了解出各解释变量对被解释变量发生概率的影响程度。同时，最终报告的参数标准误为异方差稳健标准误处理的。

（二）样本获取和变量设定

本文通过发放问卷的形式，收集了郑州大学 2019 年本科学生的国际化程度、学生个人能力特征和家庭特征的信息，经过筛选整理共获得问卷 1034 份。文章目的在于讨论国际化人才培养，因此构建衡量学生国际化特征的指标是整个变量选取的关键。在引言中已经提到了国际化人才的基本概念，因此这里我们选取原样本数据中英语能力良好及以上、接触过管理学课程、基本了解外国的人文风俗和参加过有关于创新创业、数学建模等一系列竞赛的指标来衡量大学生国际化特征，设定变量为 internationalization talent。接下来将对模型中用到的关键解释变量和控制变量进行一一说明。

在关键变量处理中，我们选取了是否接受过双语教学（bilingual education）、是否有过出国或出境交流的经历（exchangs abroad）、是否认为出国花费是影响出国留学决策的因素（abroad cost）这三个变量为关键变量。

在控制变量选取中，进行了以下处理，性别（male）变量，当为男性时为 1。能力（party member）变量，这里用是否入党来衡量个体的能力，如果入党设定变量为 1，认为该学生学习工作能力较强。这里还加入了院系因素，将全校院系分为四类，分别为理工科类、文科类（不包括经管类）、医科类、经济管理类。由于经管类的学科独特性，我们将经管类从文科类单独提取出来；这样将理工科类作为基准组，共设定三个虚拟变量，分别为 faculty literature、faculty medicine、faculty economics management。同时考虑到某些学生的专业为国际化方向时，设定虚拟变量 international direction 为 1。分析学生找工作的心理，选取学生倾向留学的原因是为获得工作机会时，变量 abroad job opportunity 等于 1。

除此之外，还加入了家庭经济因素，当月生活费在 1 000 ~ 2 000 元时认定为经济较好，生活费在 2 000 元以上的家庭认定为经济条件优越，其他为一般；这里设定家庭经济条件一般的为基准组，设定两个虚拟变量：family finance middle 和 family finance superior。加入家庭文化背景因素，用父母的

最高学历来衡量,设定为 parents degree,本科及本科以上学历的为 1。最后考虑到周围亲友的影响,选取周围亲友的出国或出境留学交流的人数来测度,亲友无出国出境留学人数时,影响度较低,当人数在 1 ~ 3 人时认为影响度为一般,人数在 4 人及 4 人以上时影响度较高;以影响度较低为基准组可以设定两个虚拟变量,分别为 abroad people ordinary、abroad people many。

根据模型中需要的变量,列出样本各变量的统计特征,如表 3-1 所示。国际化人才占比为 11.7%,这个比重偏低;认为出国交流留学的制约因素是费用支出的占 25.4%,这个比例不算低,有待后续继续分析;父母的文化程度在本科及本科以上的占 18.2%;同时,我们也发现双语教学占 59.7%,说明整体来说,我校开设的双语教学课程比重不算低,但也不算高。

表 3-1　变量统计特征

Variables	Obs	Mean	Std. Dev	Min
Internationalization talent	1034	0.117	0.322	0
Bilingual education	1034	0.597	0.491	0
Exchangs abroad	1034	0.049	0.217	0
Abroad cost	1034	0.254	0.436	0
Male	1034	0.398	0.490	0
Party member	1034	0.084	0.278	0
Faculty literature	1034	0.104	0.306	0
Faculty medicine	1034	0.454	0.498	0
Faculty_economics_management	1034	0.162	0.369	0
International direction	1034	0.180	0.384	0
Abroad job opportunity	1034	0.551	0.498	0
Family finance middle	1034	0.660	0.474	0
Family finance superior	1034	0.094	0.292	0
Parents degree	1034	0.182	0.386	0
Abroad people ordinary	1034	0.451	0.498	0
Abroad people many	1034	0.227	0.419	0

注:Obs 为样本数;Mean 为平均值;Std. Dev 为标准差;Min、Max 分别为最小值和最大值。

四、估计结果和分析

对模型(1)进行估计分析,并报告出了模型中各解释变量的平均边际效应,同时对各变量的标准差进行了异方差稳健标准误处理,最终得到了表 4-1。

在对模型整体显著性水平进行 wald 检验时,P 值小于 0.01,模型的显著性程度较高。同时,模型也报告了伪 $R^2=0.4084$,这个指标相比于 OLS 估计下的 R^2 并没有太大的具体意义,0.4084 的拟合程度也足够解释国际化人才培养程度了。

表 4-1 国际化人才 Probit 模型估计和变量的平均边际效益

模型(1)		Probit	Average marginal effects
关键解释变量	Bilingual education	0.942*** (0.143)	0.111*** (0.018)
	Exchangs abroad	0.576** (0.236)	0.068** (0.028)
	Abroad cost	-0.515*** (0.180)	-0.061*** (0.021)
控制变量	male	0.217 (0.143)	0.026 (0.017)
	Party member	0.901*** (0.183)	0.106*** (0.021)
	Faculty literature	0.701*** (0.210)	0.082*** (0.025)
	Faculty medicine	-0.583*** (0.222)	-0.068*** (0.026)
	Faculty_economics_management	1.456*** (0.174)	0.171*** (0.019)
	International direction	0.039 (0.168)	0.005 (0.020)
	Abroad job opportunity	0.121 (0.139)	0.014 (0.016)
	Family finance middle	-0.151 (0.170)	-0.018 (0.020)
	Family finance superior	-0.086 (0.258)	-0.010 (0.030)
	Parents degree	0.769*** (0.155)	0.090*** (0.018)
	Abroad people ordinary	0.065 (0.178)	0.008 (0.021)
	Abroad people many	0.363** (0.183)	0.043** (0.021)
	截距项	-2.700*** (0.264)	
	Wald 检验 Pseudo R2	208.24*** 0.4084	

注：*、**、***分别表示在1%、5%、10%的水平上显著；Average marginal effects 为平均边际效应；括号内报告的是异方差稳健标准误；wald 检验的原假设为模型所有估计参数都为0。

首先，关注关键解释变量的影响程度，双语教学变量（bilingual education）参数 t 检验的 P 值小于1%，影响很显著；双语教学的平均边际效应为0.111，即认为开设双语教学课程下高校学生具有国际化人才特征的概率较不开设该类课程的平均增加11.1%，这种程度已经认为其影响效应非

常大了。对于出国交流访学变量(exchang)t 检验的 P 值小于 5%,影响较为显著,其边际效应为 6.8%,出国交流、访学过的学生具有国际化特征的概率较未出国交流访学的学生平均高出 6.8%。而在分析费用因素变量(abroad cost)时发现其系数为负值,显著性水平在 1% 上,平均边际效应为-6.1%,因此,可以认为费用制约国际化人才培养的影响程度平均在 6.1% 左右。因此从出国交流访学状况和费用因素来看,学校组织出国交流项目和对费用进行补贴就显得尤为必要。

其次,在表 4-1 中控制变量中,能力因素变量(party member)中根据实际的团员推优情况,用是否入党状况来衡量学生在学习和工作中的能力,其 t 检验中 P 值小于 1%,认为其影响很显著,边际效应约为 10.6%,基本可以认为能力较强的学生比能力一般的学生可以培养为国际化人才的概率要平均高出 10.6%。院系类别的三个变量 t 检验中 P 值都小于 1%,认为拒绝变量系数为 0 的原假设,认为这院系学科设置因素也会影响高校学生的国际化人才的培养。从平均边际效应反应的影响来看,经管类要比理工类的国际化人才培养概率平均高出 17.1%,文科类比理工类国际化人才培养概率平均高出 8.2%,医学类要比理工类国际化人才培养概率平均低 6.8 个百分点。

在研究学生周围亲友对他的影响程度时,选取了两个虚拟变量 abroad people ordinary 和 abroad people many。经过 t 检验后,abroad people ordinary 系数的 P 值大于 10%;影响不太显著,而 abroad people many 系数的 P 值小于 5%,其平均边际效应为 4.3%。那么可以认为当周边亲友出国交流留学的人数在 4 人及 4 人以上时,会对学生个体的国际化培养产生影响,4 人及 4 人以上的国际化人才培养较 4 人以下的概率平均高出 4.3%;不仅如此,4 人以下时,基本对国际化人才的培养没有太大影响。这里就反映了一种门槛效应和累积效应,当学校培养的国际化人才平均在每人周边分布最少要超过 4 人时,那么这些具有国际化素质的学生就会影响周边学生,推动整个学校的国际化程度不断提高、国际化人才培养不断累积及提速。而当学校国际化人才的分布少于 4 人时,那么这种相互影响的累积效应就不会出现。假设一名学生比较亲近的同学为 10 人,这其中必须有 4 个人是能够出国留学的人(这是一个最高上限,认为亲戚无出国留学的人),大概最高门槛为 40%。

再次,我们需要讨论一下家庭经济条件与家庭文化背景的影响,一般思维中认为家庭经济条件好,那么将这个学生培养为国际化人才的可能性越大。事实上并非如此,在家庭经济条件衡量的两个变量 family finance middle 和 family finance superior 分析中,系数并不显著。而再观察家庭文化背景变

量 parents degree 时发现，变量系数很显著，P 值小于 1%，其平均边际效应为 9%。因此，基本认为学生国际化人才素质的培养很大程度取决于他的家庭文化背景，他的家庭经济背景对其影响较小。

最后，对国际化方向变量 international direction 进行分析，发现结果并不是想象中那样，其 t 检验下的 P 值都大于 10%，影响不显著。可能的解释是，在国际化方向专业的学生并没有计划按照国际化人才标准发展自己，甚至一部分学生在选取专业时还不了解国际化专业的具体培养计划。还有一种解释是我们学校国际化专业刚刚设置，很多培养计划和课程选取还不够成熟，一些措施还未落实完成，有待进一步改善。其他的如 abroad job opportunity 和 male 也表现不太显著，这里不再过多讨论。

五、结论归纳

通过建立二元概率选择 Probit 模型，估计后并作异方差稳健标准误处理后，根据估计分析的结果，我们可以得到以下的结论：

首先，双语教学、出国交流访学、费用因素对国际化人才培养的影响较为显著，其中前两个因素的影响为正效应，后一个变量表现为负效应。双语教学和出国交流访学使学生不断开拓国际视野，对标国际的教学，以此推动自己的国际化水平不断提升。而高额的出国交流留学费用又会抑制高校学生的国际化培养水平。

其次，大学生的能力、所属院系类别以及周围亲友出国交流访学的人数对其国际化素质培养都有影响。学生们的能力越强，那么他的国际化素质程度就越高；同时周围有更多的国际化人才，也会间接影响学生，使学生不断提高和加快自身国际化水平。

再次，在探究家庭文化背景因素和家庭经济条件对人才培养的影响时，发现家庭经济条件的影响较小；而家庭文化背景因素对学生的国际化素质培养表现了较高的正效应。

最后，学生国际化人才培养中国际化方向专业的设置并未表现出太显著的特征；给出的解释一是该方向学生并没有向国际化人才培养的打算；二是国际化方向建立时间不久，很多政策措施还未实施，方案和课程安排还不太成熟。

六、对策与建议

（一）开阔学生国际化视野，深度、广度双向培养

建立国际化的用人机制和学生国际流动管理机制，增加国际交流活动的活跃性。通过扩大合作办学或高端合作的教学范围，强化学生的国际思

维，提高学生跨文化的交往能力。另外，为实现高等教育国际化，完成开阔学生国际化视野的发展目标，不能使学生仅仅停留在学习外语的层面上，还应使其对当下经济全球化的发展趋势与前景有充分的认识和了解。最后，应致力于营造有利于国际化的学术氛围。为全面提升学生的国际意识，应确定“搭建多层次教学”的模式，服务学生多路径发展；也应尽力打造精致多元的具有前瞻性的校园学术氛围，培养学生的国际化文化素养，坚持外向办学和教学的道路。创造条件使学术范围国际化，通过国际组织与院校机构建立国际高校交流合作的关系，由校内组织或教师个人开展基于主题或基于学科的合作研究的方式，从而达到高等教育的国际化。

(二)优化国际化师资队伍，发挥核心竞争力

学校要培养具有国际学术视野的学术领头人，积极引进高端国际化人才和学术资源，逐步增强国际化师资力量。加大培养国际化师资队伍的资金投入，应积极拓宽资金的来源渠道，发挥高校校友会和基金会等组织的积极作用，加大培养国际化师资队伍的投入力度，促进学科领域的壮大，在保证质量和数量的基础上，巩固学科和研究国际化的发展。

(三)打造双语课程体系，创建未来人才储备

改进课程体系，以打造双语国际教育课程为发展目标，通过合理的教学资源配置和国际化教育课程的引进，形成精致的双语课程体系，让学生在理解教学内容的基础上，结合外语教育以激发学生的语言能力、交流能力等自身潜力，更具备国际化文化素养。在融入追踪本学科国际前沿研究动态、国际最新研究成果国际化内容和元素的现有课程中，打造和完善双语教学模式。双语教学的模式让学生能够灵活流畅地应对各种学术研究、专业学科问题，扩大学生的学术研究和学科学习的范围，使学生不再局限于国内相关领域的专业知识，还能够充分研究和探索外国相关领域的学习资源。全面顺应“互联网+”的时代发展趋势，开设国际交换双语网络课程。高校在学科设置、内容体系上要紧跟国际潮流，在课程建设国际化方面不断发力，以达到拓展学生国际视野，提高国际科研竞争力，为未来科研国际化发展做好人才储备的目标。

(四)加大学校资金扶持力度，完善奖励制度

学校要扩大融资渠道，加大国际化的资金投入力度，以大力支持高质量的国际交流项目开展。另一方面，将科研经费投入学科建设，提高资金使用效益，也能增强学科自我建设能力，促进学科发展，对外形成一定拉力。完善国际化人才培养的奖助体系，一是鼓励广大教师进行改革教学内容，转变教学方式方法，提升理论教学能力，同时，对能促进学生实践能力和国际化视野培养的教师进行奖励;二是在继续实行"双千计划"的同时,扩大支持力度,继续鼓励学生参加语言学习、国际比赛、学术论坛、带薪海外实习等项目,培养学生实习实训能力。

(五)校企联合,落实联动培养

一是要加强与高水平大学合作,包括国内高水平大学和国外高水平大学、科研机构的学术交流和科研合作,也包括一些知名教育机构,给教师和学生创造更多更大的平台,促进国际化进程,努力形成全方位、多层次、宽领域的对外开放新格局。二是要强化产学实质深度合作,与企业尤其是海外企业签订协议,让学生走出去,拓宽学生校外实习实训基地,尤其是海外实习实训基地,根据不同专业的需要,结合所学专业知识,第一时间创造学以致用的机会。同时,让专家走进来,提升校外导师的数量和规模,定期让优秀国际化社会人才进入学校,以讲座、指导、模拟拓展训练等形式,参与学生的培养过程。

(六)构建国际学生交流平台,畅通国际交流途径

高校与高校之间的交流归根结底是人才与人才之间的交流。因此,要努力创造机会与国际留学生交流,不断与国际接轨,营造留学生交流的氛围。继续完善校内软硬件配套设施,为留学生创造良好的学习生活环境,提高自身学科科研水平与竞争力,吸引更多发达国家学生到我校留学。另外,在心理教育、国际礼仪教育及国际交流国家的文化和历史等方面的交流沟通,普及交流国年轻人所向往的人生和价值观等方面的教育。

参考文献

[1]庄少绒. 论高等教育的国际化人才培养问题[J]. 南方经济,2004(2):37-39.

[2]李成明,张磊,王晓阳. 对国际化人才培养过程中若干问题的思考[J]. 中国高等教育,2013(6):20-22,38.

[3]卢江滨,李晓述. 中国高校国际化人才培养的践行与展望:以武汉大学为例[J]. 武汉大学学报(哲学社会科学版),2009(6):877-881.

[4]郝钦海. 国际化人才跨文化交际能力的培养目标[J]. 首都经济贸易大学学报,2010(5):119-123.

[5]文君,蒋先玲. 用系统思维创新高校"一带一路"国际化人才培养路径[J]. 国际商务(对外经济贸易大学学报),2015(5):153-160.

[6]辛越优,倪好. 国际化人才联通"一带一路":角色、需求与策略[J]. 高校教育管理,2016(4):79-84.

[7]洪大用. 在“双一流”建设中大力加强本科人才培养[J]. 中国大学教学,2016(4):9-16.

[8]陈海燕. “一带一路”战略实施与新型国际化人才培养[J]. 中国高教研究,2017(6):52-58.

[9]曲波. 校酒店管理专业“沉浸式”双语教学模式与国际化人才培养探讨[J]. 北京大学学报(哲学社会科学版),2007(5):256-258.

[10]裴文英. 高校发展视野中国际化人才培养研究[J]. 江苏高教,2007(6):79-80.

[11]李庆领,吕耀中. 高等教育国际化背景下的人才培养策略[J]. 中国高等教育,2010(3):64-65.

[12]李晓凡. 河南省高校应用型国际化人才培养体系的构建[J]. 宿州教育学院学报,2019(4):51-53.

把“戒尺”还给教师——浅谈教育惩戒

哲学学院　范昊阳

【摘　要】 教育惩戒权作为立法赋予学校或教师的权力，是国家教育权的具体化，具有典型的公法特征。但在赏识教育兴起之后，教育惩戒一度被认为是非人道、反教育、落后教育方式的代名词。在高校的学生管理过程中，教育惩戒可以通过多种途径发挥重要作用。

【关键词】 教育惩戒权；学生管理；“戒尺”

一、教育惩戒的背景

（一）教育的重要性

2014 年 9 月，习近平总书记在谈到教育工作时说：“教师重要，就在于教师的工作是塑造灵魂、塑造生命、塑造人的工作。一个人遇到好老师是人生的幸运，一个学校拥有好老师是学校的光荣，一个民族源源不断涌现出一批又一批好老师则是民族的希望。”回顾历史，中华文化之所以能历经五千年岁月的洗礼而生生不息，教育在其中发挥着至关重要的作用。展望未来，好的教育是人才培养的基础，对于一个国家和民族的发展具有重要意义。作为教师，我们肩负着传道授业解惑、教书育人，以及为国家富强和民族振兴培养建设者和接班人的重任，使命光荣而伟大，因此我们要不懈奋斗，努力办好人民满意的教育。

（二）教育惩戒问题

“惩戒”一词在《新华字典》里的基本解释是“通过惩罚进行警戒”。教育惩戒是指教师在教育学生过程中，对学生实施的惩罚及惩戒。“惩”是形式，“戒”是目的。教育惩戒作为大学教育批评和管教学生的一种方式，在维护校纪校规、促进大学生发展等方面发挥着重要的作用，其正当性和合理性毋庸置疑。但在高校教育实践中，却凸显出许多问题，如教育者对惩戒行为适用的范围和边界缺乏明确认识，不敢惩戒或惩戒过度等。在高校学生教育工作中，能否使用惩戒方式来提升教育成效，是摆在我们面前的新课题。

二、教育惩戒的意义

有这样两句话被教育界奉为经典:好的教育,必然是宽严并济、奖惩分明的;好的老师,必然是管教同步、严慈同体的。在人成长成才的关键阶段,优良品德的形成和学习习惯的培养离不开教师的管理和引导。然而,纵观中国教育的现状,由于独生子女增多、家庭教育焦虑、社会期待过高,教育界往往采用赏识教育、快乐教育、成功教育等模式,但教育有其自身的规律,如果教师在教育的过程中一味追求赏识、快乐、成功,学生犯了错误,不但不批评,还想方设法表扬,长此以往,可能对学生的成长成才十分不利,致使学生的抗挫能力减弱,经不起任何风雨。因此,教育惩戒有其合理性和必要性,我们应该把惩戒的权力还给教师,让教育拥有适度惩戒。

适度惩戒可以培养学生的责任意识,让其有担当,敢于承担错误的后果,有利于培养学生受挫心理、健全人格、意志品质,有利于树立老师的威信,体现师道尊严。对考试作弊等犯了严重错误的学生,可以遵照校规校纪的规定和要求,对其施以留级、严重警告、记过、开除学籍以及撤回学位等教育惩戒行为,让学生为自己的错误“买单”。

三、教育惩戒的途径

教育惩戒,作为一种正面教育,主要是指通过实施批评、处罚等强制手段使受罚者感到痛苦,但又不损害其身心健康,使其认识并改正自身过失的一种教育方式。《教师法》第二章第七条规定,教师享有的基本权利包括:指导学生的学习和发展,评定学生的品行和学业成绩。简称管理学生权。这是与教师在教育教学过程中的主导地位相适应的一项基本权利。作为教师,有权根据教育规律和学生的身心发展特点,因材施教,有针对性地指导学生的学习,并在学生升学、就业等方面给予指导;有权对学生的思想品德、学习能力、文体活动等方面给予客观公正的评价;有权运用正确的指导思想和科学的方式方法,使学生的个性和能力得到充分发展。

教师在行使学生管理权时,要注意加强对学生的全方位管理,在充分尊重学生的前提下,将关心爱护学生与严格要求相结合,促进学生德、智、体、美、劳全面发展。《中华人民共和国教育法》《中华人民共和国高等教育法》规定高校有管理和惩戒学生的权力,但是对于高校惩戒的性质、程序以及救济方式等都没有明确规定。那么,怎样在日常的教育教学过程中,对犯错误的学生进行适度惩戒呢?作为一名高校辅导员,笔者认为可以尝试以下几种做法。

（一）建立和谐的师生关系

众所周知，教师严格管教学生才是对他们最大的负责。作为高校教师，尤其是辅导员，首先应该通过多种形式的沟通，与学生建立和谐、友善、理解、尊重的师生关系。

俗话说：一日为师，终身为父。教师应该用满腹经纶的学识、如沐春风的笑容、温暖善良的心田，让学生由衷地佩服自己的老师，敬畏自己的老师，心悦诚服地感恩老师，才能达到亲其师、信其道的效果。只有学生充分信任老师，能与教师进行推心置腹的交流，他们遇到烦恼和困惑时，才会首先想到老师并向其敞开心扉，这样老师才能真正走进学生的内心世界。教师还要主动、积极地与学生交朋友，站在学生的立场思考问题，点燃学生向美、向善、向上的热情。

基于此，教师平时要加强学习，掌握学生的心理特征和相应的新教育理念，从爱的角度出发，让学生时时体会到教师的良苦用心。在这样和谐的师生关系基础上的惩戒，学生会在教师人格魅力的感召下发奋努力，感恩严师，理解教师。

（二）集体共同协商，制定详细的班规班纪

俗话说："国有国法，家有家规。"班级也应该建立一套属于自己的、全体学生认可的规章制度，约束学生的行为，帮助学生改掉缺点、避免错误。集体制定班规时，应该讲究民主，尽可能涵盖学生今后可能发生的任何违纪现象。比如，大到"打架、违反校纪"，小到"迟到早退、旷课缺勤"等都要做出限制和规定，让学生提前知道要为自己的过错承担相应的责任，做到"依法治班"。集体共同制定的班规班纪要符合实际，有利于实施约束，有利于促进学生更好的自我管理。

（三）慎重使用批评武器，要语重心长进行教育

"金无足赤，人无完人。"学生是成长中的人，犯错是他们的权利。学生经历了高考的历练，步入大学的校门，突然之间没有了师长的提醒和约束，难免会出现因自由散漫造成的问题。因此，教师在教育教学过程中遇到学生犯错误是很正常的。对犯了错误的学生进行批评教育是每一位教师义不容辞的责任和义务，教师批评学生时应该和颜悦色、严肃认真，避免声色俱厉、声嘶力竭，可以礼貌地请学生坐下来，再对他们进行语重心长、聊天式的批评，注意对事不对人，更不能语言攻击，冷嘲热讽。

（四）教师要把握好教育惩戒的"度"

惩戒与表扬是硬币的两个面，惩戒的目的是教育而不是出气，不能等同于惩罚或体罚，因此教师要把握好"度"，不能滥用惩戒，随意损害学生的合

法权益。高校惩戒学生时,应使用得当的方式和措施,力求合理合法。例如,在学生普遍缺乏劳动岗位的今天,我们不妨使用让学生做值日、承包一项公益岗位的方式对他们进行惩戒,一方面强健其体魄,另一方面通过劳动,让其体会到打扫卫生者的不易,更加珍惜集体荣誉。此外,还可以让犯错的学生为集体或同学们做一件好事,将功补过。

(五)撰写心理说明书

为保障正常的教育教学秩序,教师该管必须管,而且要旗帜鲜明地严管。学生犯错撰写心理说明书是当代教育家魏书生老师发明的,与让学生写检讨书是截然不同的做法。检讨书可以帮助学生纠正错误,但往往是千篇一律,如出一辙。例如,某学生写道:"我犯了一个大错误,给别人、给集体造成了不好的影响,我大错特错,请老师原谅,今后一定下决心改正。"这样写不能触及心灵深处。而撰写心理说明书则是让学生在反思的基础上,分析事情的来龙去脉、自己犯错的原因及今后的努力方向,要使用心理描写的表达方法,描绘出心理活动的全过程以及两种思想的交锋,从内心深处观察自我、分析自我,发现两个不同的自我。这样做更侧重于学生的心灵认知层面,效果较好。总之,写说明书是引导学生剖析自己、找到纠正错误的有效方法,在客观上还可以锻炼学生的写作能力,照亮学生的精神世界。

(六)上好诚信评价课,树立正确舆论导向

"诚信评价课"是一种德育手段,包括"评价某一时期集体(或个人)承诺、制定下个时期集体(或个人)承诺、真实行动落实承诺"三个阶段。让学生通过反思自己的言行,实事求是地填写自评,交换评价手册,小组互评,在榜样身上汲取力量,进而在班集体内形成良好的学习和互助氛围,促进学生们的共同进步和提高。

四、依法把"戒尺"还给教师

《教师法》禁止教师体罚或变相体罚学生,部分教师担心教育惩戒会侵害学生权利,在学生犯错时"不敢管",放弃了教育的"戒尺"。但教师惩戒权的流失会带来很多不良影响。许多学生作为一个家庭乃至一个中学的"天之骄子"进入高校,却没有养成良好的自主学习和独立生活习惯,辅导员的提醒也没有起到作用,最终导致学生学业成绩不佳甚至退学的严重后果。因此,教师应当重新拿起"戒尺",该惩戒的时候务必要惩戒,促进学生的全面发展。但需要注意的是,不管是哪种惩戒方式,我们进行教育惩戒都要出于爱,做到宽严相济。据悉,国家将要修订《教师法》,制定《惩戒教育实施细则》,保障教师"敢管""善管",为每一位教师实施教育惩戒提供法律的庇护。

习近平总书记在 2018 年这样说:"教育是民族振兴、社会进步的重要基

石，是功在当代、利在千秋的德政工程，对提高人民综合素质、促进人的全面发展、增强中华民族创新创造活力、实现中华民族伟大复兴具有决定性意义。教育是国之大计、党之大计。”习近平总书记把教育的地位提升到了党和国家大计层面，似一束光，照亮了我们前行的路；像一盏灯，点燃了我们心头的火，令人振奋。三寸粉笔，三尺讲台系国运；一颗丹心，一生秉烛铸师魂。希望所有教师在以德立学、以德施教的基础上，都能用好教育惩戒这把“戒尺”，为国家和民族培养出更多的栋梁之材。

参考文献

[1]郑可春. 大学教育惩戒的人文关怀[J]. 现代教育管理，2012(4)：108-111.

[2]桂琴. 大学生教育惩戒初探[J]. 青海社会科学，2009(6)：211-213.

[3]耿宗程. 高校教育惩戒概念界定及规范路径[J]. 高教探索，2020(4)：17-21.

[4]陈宝生. 深入学习贯彻习近平总书记关于教育的重要论述[J]. 旗帜，2020(2)：19-21.

高校辅导员参与精准资助的行为模式研究

物理学院　王千茹　秦二强

【摘　要】“教育决定着人类的今天,也决定着人类的未来”。“推进教育公平”是党的十九大提出的基本教育政策。对家庭经济困难学生进行资助,帮助他们顺利完成学业,是推进教育公平的重要举措。“精准资助”是新时代高校学生资助工作的新理念和新要求。本文从研究“精准资助”的缘起、内涵和要求着手,探讨辅导员参与精准资助的行为模式,以期对辅导员开展精准资助和资助育人提供参照。

【关键词】高校辅导员;精准资助;行为模式

一、精准资助的缘起

2007 年 5 月,国务院印发《关于建立健全普通本科高校、高等职业学校和中等职业学校家庭经济困难学生资助政策体系的意见》(国发〔2007〕13 号)。自此,我国开始着力构建高等教育阶段的国家资助政策体系。经过十余年的发展,我国已经建立了国家奖助学金、国家助学贷款、学费补偿贷款代偿、新生入学资助、校内奖助学金、困难补助、勤工助学、绿色通道等多元混合的资助政策体系,基本做到了“应助尽助”,实现了“不让一个学生因为家庭经济困难而失学”的工作目标。

十八大以来,资助工作的内涵不断丰富发展,资助育人的理念在资助工作中更加凸显,资助工作开始从经济型资助向发展型资助转变。2013 年,习近平总书记提出“精准扶贫”的理念,对我国扶贫工作提出要求。2015 年,中共中央、国务院印发《关于打赢脱贫攻坚战的决定》,进一步对“精准扶贫”进行阐释和部署。高校学生资助工作作为教育扶贫的重要内容,理所应当以“精准扶贫”为基本原则。自此,“精准资助”思想开始启动并推进。2016 年,教育部印发《关于进一步加强和规范高校家庭经济困难学生认定工作的通知》,指导对家庭经济困难学生的精准认定工作。2017 年 3 月,财政部、教育部等多部门联合发布《关于进一步落实高等教育学生资助政策的通知》，强调“进一步提高资助精准度”，明确提出对象精准、力度精准、分配精准和发放精准“四个精准”的工作要求。

二、精准资助的内涵及其具体要求

根据对相关文件内容和精神的解读，本文将精准资助的内涵界定为，精准资助是指通过一定方式找准资助对象、实现差异化的资助内容和资助方式，确保资助目标与资助对象需求之间的高度契合，最大限度地发挥资助育人的效能。精准资助是对以往资助工作的开展和提升。与以往资助工作相比，具有更加严格的要求：

（一）对象精准

对象精准，是指精准识别家庭经济困难学生，做到困难学生“一个都不能少”，非困难学生“一个都不能助”。对象精准是精准资助区别于以往资助工作的显著特征，是开展精准资助工作的前提条件，也是精准资助的核心。

当前，学生资助工作的对象主要有两类：一类是农村建档立卡的贫困家庭学生，这部分学生家庭人均纯收入低于国家现行的脱贫标准，这是家庭经济特别困难的学生。这类学生相对比较容易识别，因为有国家建档立卡的相关材料；第二类是家庭人均纯收入虽然高于国家现行的脱贫标准，但是收入水平在全社会中相对较低，家庭收入难以满足学习和生活需要的学生。这部分是一般家庭经济困难学生，是精准识别的难点和重点。因为识别标准相对模糊，需要我们在精准认定上下功夫。

（二）力度精准

《关于进一步落实高等教育学生资助政策的通知》明确指出，加大对建档立卡等家庭经济特别困难学生的资助力度。把建档立卡家庭经济困难学生、农村低保家庭学生、农村特困救助供养学生、孤残学生、烈士子女以及家庭遭遇自然灾害或突发事件等特殊情况的学生作为重点资助对象，国家助学金等相关资助政策原则上按照最高档次或者标准给予相应资助。

实现对象精准只是完成了精准资助的第一步，力度精准同样是资助工作的关键。目前，大部分高校根据学生的家庭经济困难程度，将学生分为特别贫困和一般贫困等。再根据贫困类型将资助划分为二到三个等级。但是，由于每一位困难学生的致困原因和家庭背景不同，就读不同的专业产生的学习和生活成本也不同，使得同一困难等级的学生资助需求不尽相同。同时，经济资助已经不能满足学生成长的需求，精神资助、技能资助和心理资助成为新的资助需求点。

(三)分配精准

《关于进一步落实高等教育学生资助政策的通知》明确指出,要结合实际、因地制宜,综合考虑学科专业、培养层次和学生经济困难程度等诸多因素,优化资助名额和资金分配机制,科学合理地分配资助名额和资助资金。

当前,高校一般将资助资源按照学生数量,或者家庭经济困难学生的数量进行简单的按比例分解。这样简单的分配方式很容易造成分配的不均衡,容易出现"助而不困"或者"困而不助"的现象,降低资助资源配置的效益性。虽然我国学生资助的金额和规模连年不断扩大,资助主体也由政府主导向政府、高校和企业"三位一体"转变,但是,相较广大经济困难学生及不断增长的资助需求,资助资源总是表现出一定程度的匮乏。

为了解决资助资源配置的效益性问题,有高校尝试构建资助需求测评模型,形成多重资助等级;同时,实施项目整合机制,实现常规项目和临时项目相衔接、大额项目和小额项目相匹配、无偿和有偿项目相结合等。也有学者主张利用大数据量化积分的模式优化资源分配方式,利用信息化手段对家庭经济困难程度进行量化,然后按照积分进行资助排序,以此提高资助效能。

(四)发放精准

《关于进一步落实高等教育学生资助政策的通知》明确指出,严格遵守规定程序和时间节点要求开展工作,确保及时足额发放各类资助资金。近年来,随着监督力度的加大,高校不按时、不足额发放资助资金的现象已经鲜有发生。

各地高校为了充分尊重受助学生的隐私,普遍寻求合适的方式发现"隐困"学生,并进行"隐形资助"。有高校通过对在校学生就餐、日常消费等数据的实施监测,利用大数据对学生短期内的消费情况变化进行分析,及时对学生发放隐形餐卡补助,对学生进行短期小额资助。此项资助不仅丰富了资助形式,也辅助并评价了贫困生认定;在保护学生隐私的情况下,提升了资助工作的时效性。同时,还针对突发家庭变故或遭受自然灾害的同学,给予及时有效的临时困难补助。

三、高校辅导员参与精准资助的行为模式

精准资助的内涵和要求,给未来资助工作指明了方向。落实好"四个精准",是所有资助工作者未来的工作准则。高校辅导员作为接触和了解学生最多的资助工作者,需要通过细致规范的工作,落实"四个精准"的要求,进一步提高资助精准度,强化资助育人的功能,促进受助学生成长成才。

（一）加强宣传，引导学生树立正确的受助观

加强对资助政策的宣传，引导学生树立正确的受助观是辅导员开展精准资助工作的基础。新生入学伊始，是宣传资助政策的关键时期，对学生形成正确的受助观至关重要。学生们通过录取通知书里寄送的宣传材料已经对资助政策有了初步了解。学生此时一般抱着两种想法：一种是高中时已经接受过资助，到了大学依然希望得到资助。这些学生一般会准备详细的证明材料。一种是希望通过打工挣取学费和生活费。辅导员可以通过召开“资助政策宣讲会”和“受助学长学姐交流会”等形式，向学生讲解各类奖助学金的资助目的、资助对象和资助形式等，宣传朋辈同学通过资助成长成才的典型事迹，引导学生树立正确的受助观，改变“受助光荣”或者“受助可耻”的看法。

大二学年开始，一些成绩优秀的学生可能因为直观的金额差距，看重励志奖学金，希望认定家庭经济困难学生。这时，辅导员需要再次强调认定工作的要求和意义，宣传国家资助政策体系，引导学生形成“各得其所”的受助观，培养学生的诚信品质和怜悯之心。

宣传工作需要贯穿资助工作的始终，不同阶段突出不同的重点。宣传内容除资助政策外，还要包括申请材料的规范、评审机制、发放程序等。根据需要确定宣传范围，通过宣讲会、展板和新媒体平台等形式予以呈现。

（二）拓宽渠道，全面掌握学生家庭基本信息

学生家庭基本信息是精准识别家庭经济困难学生的重要依据，是落实“四个精准”的重要指标。辅导员要不断拓宽渠道，全面掌握学生家庭基本信息。

大一学年是搜集学生家庭基本信息的重要时期。辅导员要充分把握时间节点，细化工作，对学生建立精准的认识。入学时，建立学生信息卡，通过合理设置内容，初步了解学生信息和家庭成员的基本信息等。开学初，通过查看新生档案，进一步充实学生家庭基本信息。首次认定家庭经济困难学生时，认真查看家庭经济情况调查表、各级民政部门的证明材料以及国家建档立卡，深入了解学生家庭经济状况，作为精准资助的重要依据。在各项奖助学金评审中，辅导员要亲自查看学生的申请材料，对学生信息进行查漏补缺和纠正。同时，重视学生和班主任的意见和反馈，全面真实地建立起对学生的认识。辅导员还应时时留心、事事用心，把信息搜集融入学生工作中。走访宿舍、谈心谈话、班级活动等都是采集学生信息的有效渠道。

做好精准资助，还要求辅导员建立学生信息档案，对学生在校的受助情况、学习成绩、成长过程和资助需求等进行全面的记录，并根据记录进行动态管理，确保家庭经济困难学生有进有出、各项资助协调有序、公正合理。

(三)因需施助,培养学生成长成才

从本质上分析,精准资助包括两个维度的要求:一是实践的精准性,即“四个精准”;二是资助的全面性,即资助内容应当满足青年学生全面发展的需求。作为辅导员,落实“四个精准”要与“资助育人”相结合,满足学生经济需求要与关注学生发展需求相统一,将人文关怀和全面发展的育人理念贯穿资助全过程。这不仅是精准资助的本质要求,也是辅导员的工作职责。

在首次家庭经济困难学生认定后,辅导员要争取与每位学生进行一次谈话,了解他们大学的规划和受助需求。结合需求,对学生进行差异化的教育和帮扶。大一学年,要求学生继续以学业为重,以优异成绩争取更多更好的教育资源,为今后成长成才打好基础。大二学年,可以重点利用学校的育人平台,组织学生进行素质拓展、心理辅导、公益服务和社会实践等,丰富学生的视野,提升学生的综合素质。同时,要特别关注学业困难的学生,帮助查找原因、切实解决实际困难,避免学生辍学休学。大三学年,根据学生的职业理想和发展方向,培养学生的创新精神和实践能力。大四学年,引导学生策划并参加离校活动,培养学生感恩的品格。从应助尽助到精准资助,再到资助育人,高校辅导员在精准资助中的作用越来越重要。辅导员必须树立发展性资助的理念,坚持立德树人,充分尊重学生主体性,激发学生内生动力,构建“精神追求、人格养成、素质培育”三位一体的育人体系。

(四)深化学习,形成科学长效的工作模式

科学的理论是行动的指南。辅导员除了加强对资助政策、文件和操作规程的学习外,还要深入研究精准资助的理论体系。学生资助工作线长面多,既要识别学生差异化的需求,又要探索形式多样的资助方式,同时又要涵盖职业规划、心理辅导和成长教育等育人内容。传统以经验为主的工作方式难以确保资助成效,也无法满足新要求。辅导员需要进行全面深入的理论学习,在深入把握精准资助的原则和规律的基础上指导实践,力求识别精准、措施到位、成效明显。

同时,辅导员还要注重实践总结,以问题为导向,化问题为课题,把学生资助作为思想政治教育的重点开展理论研究。持续对家庭经济困难学生进行系统跟踪和记录,掌握区分学生困难类型、思想特点与资助需求的方式方法,实现精准资助的方法论创新;重视多方反馈和评价,探索构建学生资助工作机制和资助育人工作机制等,建构科学长效的学生资助工作模式;关注和学习国内外高校精准资助的方法和创新,为理论和实践创新提供参考。

四、结语

《让奖助学金“财尽其用”还需“人尽其责”》,这是《人民日报》2015 年发

表的一篇评论文章。这一题目依然适用于当前的精准资助工作。在国家不断完善资助政策、各省和各高校不断规范工作机制、建设信息平台之余，精准资助工作仍然需要“人”的因素弥补工具理性的不足，让资助工作更有人情味、更有感染力。高校辅导员应该多接触学生，多跟学生交流，增加对学生的了解，用“勤政”关爱真正的家庭经济困难学生，以达到真正帮扶家庭经济困难学生的效果；用“尽责”感染教育家庭经济困难学生，以达到“立德树人”的资助目标。

参考文献

[1]胡邦宁，等.高校精准资助的现状及对策研究：基于对22所高校的调查分析[J].经济研究参考，2017(34)：118-128.

[2]张永.脱贫攻坚中高校学生精准资助的育人体系建构[J].思想教育研究，2017(11)：107-110.

[3]王娜.实现高校精准资助面临的问题及其解决路径[J].思想理论研究，2018(7)：102-105.

[4]杨晓慧.关于新时期高校学生精准资助工作的思考[J].中国高等教育，2016(9)：22-25.

[5]罗丽琳.大数据视域下高校精准资助模式构建研究[J].重庆大学学报(社会科学版)，2018，24(2)：197-204.

[6]邹松涛等.基于大数据的学校精准资助工作研究[J].中国教育学刊，2018(S1)：25-27.

[7]展伟.高校贫困生精准资助中的精准育人转向[J].江苏高教，2018(6)：80-82.

基于需求理论的资助育人实践研究

化工学院　王　瑞

【摘　要】 家庭经济困难的大学生是我国高校一个特殊的群体,国家、社会和学校一直给予极大关注。基于马斯洛需求层次理论,现有资助形式基本可以满足学生生理、安全等低层次的需求。但由于家庭经济环境的影响,贫困生往往会出现自卑心理,导致在日常学习生活中产生自我封闭、压抑、抗压能力弱等负面情绪,对于学校和国家的经济资助易产生依赖感。要进一步帮助学生满足尊重和自我实现的高层次需求,就需要不断探索,将资助形式与育人手段有效结合,用扶贫、扶智和扶志编织成一张能够助力学生成长、托起学生梦想的大网。

【关键词】 经济困难;大学生;资助育人

一、资助育人的必要性

家庭经济困难的大学生是我国高校一个特殊的群体,国家、社会和学校一直给予极大关注。党的十九大报告指出要坚持将"立德树人"作为教育的根本任务,强调大力促进教育公平,健全学生资助制度,提高家庭经济困难学生资助水平,重点强调了精准扶贫要"注重扶贫同扶志、扶智相结合"。我国高校资助工作正面临着从以资助规模扩张、加大经费投入为主要手段的外延式发展向以资助质量提升、强调资助育人效果为核心的内涵式发展的转变。

二、资助育人的可行性

目前我校正处于高水平一流大学的建设过程中,一流的大学要培养一流的人才,资助的最终目的就是促进家庭经济困难学生成长成才。针对在校家庭经济困难学生的资助形式主要包括国家励志奖学金、国家助学金、国家助学贷款、校内勤工助学岗、地方政府及社会各界资助等。基于马斯洛需求层次理论,以上资助形式基本可以满足学生生理、安全等低层次的需求。

但由于家庭经济环境的影响，贫困生往往会出现自卑心理，导致在日常学习生活中产生自我封闭、压抑、抗压能力弱等负面情绪，对于学校和国家的经济资助易产生依赖感。如何帮助贫困学生走出自卑阴影，积极面对生活，在实践中学会感恩、合作、奉献和成就自我，即如何进一步帮助学生满足尊重和自我实现的高层次需求，就需要不断探索，将资助形式与育人手段有效结合，用扶贫、扶智和扶志编织成一张能够助力学生成长、托起学生梦想的大网。

以化工学院为例，每年家庭经济困难学生人数达700人左右，通过在不同时间节点开展各种主题活动，对学生进行感恩、诚信教育，帮助学生树立自信心、培养自制力和准确的自我定位，促进学生德智体全面发展，助力培养一流人才。

三、家庭经济困难学生问卷调查

本次调查向化工学院各年级发放调查问卷，共收回有效问卷1 032份。该问卷分别调查了家庭经济困难学生基本状况、心理问题、学习问题、发展需求和普通学生对于家庭经济困难学生的看法和态度，并向同学们征集更好地帮扶贫困生的办法。

本次问卷共收回1 032份，有效问卷为1 032份。其中大一占30.33%，大二占40.61%，大三占17.34%，大四占11.72%。男生占61.14%，女生占38.86%，基本符合我院男女比例。贫困生与非贫困生人数基本各占50%。

在对非贫困生同学的调查中，58.86%的学生认为经济条件低于一般水平才算贫困生，且认为贫困生这一身份只是说明了一个人的实际家庭状况，超过半数的同学表示不太了解学校认定贫困生的程序，65.91%的同学认为关于贫困生的资助需要在经济方面之外提供更多的帮助。

在对于贫困生的调查中，近半数的贫困生家庭月收入为600～1000元，超过半数的贫困生生活费为500～800元。72.07%的贫困生表示生活费除日常饮食外最主要用于学习相关物品与资料。61.27%的贫困生的家庭经济状况偶尔会令他们感到自卑。产生自卑心理后，97.67%的同学会自己调整，而不是向父母抱怨或做专业的心理咨询。在与同学相处方面，96.09%的同学表示不会因为经济状况而影响与周围同学相处。几乎所有贫困生认为家庭不会限制一个人的发展，贫困只是暂时的，通过自己的努力可以改变。在“除经济资助外，您最希望获得的帮助是?”这个问题下，29.1%的同学希望在专业技能方面，30.08%的同学希望在实践锻炼方面。

这表明仅仅对家庭经济困难学生提供经济帮助是远远不够的，他们需要更多的关怀和鼓励以及一些对于未来发展上的建议。“扶贫同扶志、扶智相结合。”在帮扶生活的同时,应让他们对于未来有更好的规划,并在当下努力,能够成为一个对社会有帮助的人。

四、资助育人实践活动

(一)团队合作类——“阳光冬至”游戏沙龙

许多家庭经济困难的学生因经济问题会产生自卑等心理,因而会不愿走出寝室参与活动,从而导致与同学相处不融洽。开展游戏沙龙活动的初衷就是鼓励家庭经济困难的大学生走出寝室,与同学合作完成游戏,培养与同学之间的感情,增进与同学之间的友谊,让他们感受到集体的温暖和关怀。

2018 年 12 月,为增强学生的团队意识、合作意识和抗打击能力,帮助家庭经济困难的学生融入集体,学院组织 2018 级学生在南操场进行“阳光冬至”户外游戏沙龙活动。

每个班由 6 名学生组成一队,3 男 3 女,共 16 队。每队分别参加跳大绳、夹气球接力、定点投篮、筷子夹乒乓球、网球进筐、转圈走直线+三人四足、踢毽子+搭桥过河、跳绳+原地起身等 8 个游戏项目,并对每个游戏项目计时,总时间最短者夺冠。

通过这些有趣的游戏活动,更多的同学们走出了寝室,积极参加体育锻炼,增强了与本班同学的感情。

(二)感恩教育类

国家资助政策让家庭经济困难的学生获得了帮助与支持,因此懂得感恩就显得尤为重要。家庭经济困难学生不仅能接受帮助,还要能将这份帮助与关爱传递下去。

1.“心连心”志愿服务活动

2018 年 12 月,在举办“阳关冬至”趣味游戏沙龙活动的同时,组织家庭经济困难的学生参加“心连心”志愿服务活动。志愿服务活动能在实践中培养学生的责任感和自立自强意识,学会感恩学校与社会,并能够为社会和他人贡献自己的力量。

在活动中,志愿者协助布置场地、统计时间、发放奖品,为活动的顺利进行付出了许多。这次志愿活动增强了学生的责任意识,让他们在帮助他人、服务他人的同时学会感恩。

2.“感恩母校,飞鸿归巢”五一返校宣讲活动

2019 年 5 月,开展贫困生返校宣讲活动,让贫困生优秀学生代表返回高中母校宣讲郑大及郑大的帮扶政策,鼓励高三学生积极备考。

本次活动共有两队,两队队员分别在五一期间返回自己的母校高中,向

广大高三学生讲述了郑州大学的资助政策和自己进入大学半年来的感触。这次宣讲活动增强了家庭经济困难学生的自信心,也让学生更加懂得感恩。

3.“一封家书”感恩父母主题活动

“感恩”这个词在我国具有很重要的意义,包括感恩我们的亲人、感恩老师、感恩同学等,懂得感恩是中华民族的传统美德。俗话说:百善孝为先。说到感恩,我们首先要感恩的就是生我们养我们的父母了。通过活动希望能唤起大家的感恩之心,提起笔为家里写一封家书向父母诉说一下自己在学校的情况以及一些感恩父母的话,给父母一份感动,并希望大家能把这些当成一种习惯,经常与亲人做亲情沟通。

2019 年 6 月,举办了“一封家书”感恩父母主题活动。同学们参与热情高涨,最终选出了十篇最佳信件,通过学院媒体平台进行展览宣传。

(三)综合能力提升类——“大学生活初体验”主题演讲比赛

为了帮助家庭经济困难学生更好更快地适应大学校园生活,熟悉大学校园环境,融入大学生活,感受大学生活的多姿多彩,同时,也为了锻炼同学们的口才。2019 年 1 月,举办了化工学院“大学生活初体验”演讲比赛,2018 级共有十名同学参加,选出一等奖一名,二等奖两名,三等奖三名。

五、总结

通过各类项目的实施,在一定程度上激发了我院家庭经济困难的学生自觉提高自身综合能力的意识。通过经济和精神双重帮助,帮助学生树立“自助”意识,使学生在大学四年不断朝着一流人才的方向发展。除此之外,今后我们会进一步挖掘活动素材、丰富活动形式,继续开展资助育人工作,并争取更大的实效。

参考文献

[1]马斯洛. 马斯洛人本哲学[M]. 唐译,编译. 长春:吉林出版集团有限责任公司,2013.

[2]张超,黄飞剑. 经济困难大学生精神资助探析:基于马斯洛需求层次理论[J]. 机械职业教育,2019(12):25-28.

[3]李月琴. 高职院校实施精准扶贫的路径思考:基于学生需求视角的质性研究[J]. 职业技术教育,2019(30):57-61.

[4]金蓓蓓. 高校资助工作中大学生感恩教育[J]. 智库时代,2019(45):91-92.

[5]赵贵臣. 我国大学生资助体系的德育功能研究[D]. 长春:东北师范大学,2011:6-11.

心理健康

朋辈支持理论下青少年互助成长研究

音乐学院　焦芳明　李　乐

【摘　要】 朋辈互助以朋辈心理学为基础，是一种新型的学习互助方式，借此能够舒缓青少年在成长过程中产生的紧张情绪和心理压力，通过创造充满关爱、朋辈支持的外部环境，让其在轻松的氛围中健康成长。文章首先对朋辈支持理论及其在青少年成长中应用的合理性进行解读，然后从多个视角阐述青少年成长中朋辈支持的必要性，最后从青少年全面发展的视角，给出了实现互助成长的策略。

【关键词】 朋辈支持理论；互助成长；青少年

一直以来，青少年的健康成长备受关注。“朋辈互助”理念虽然早已有之，但对处在经济社会转型期的青少年来说，充分发挥“朋辈”的力量，不但可以使之获得心理支持、安慰和慰藉，还有利于他们更好地成长成才。作为在人际关系交往中的一种类似于“心理咨询”的帮助活动，在青少年当中推广“朋辈互助”具有十分广泛而深远的现实意义。这是因为，“朋辈互助”能够促进青少年之间的沟通与协助，通过主客体间有意识的帮扶和互助，让参与者的合作能力与学习能力得到稳步提升，并向着积极、健康的方向发展。因此，在青少年思想政治教育的问题上，无论在中学校园还是大学校园，无论在社会生活还是在生产领域，都可以引导和促使具有相同、相似背景，或者具有共同语言的人通过分享信息、观念与行为技能，达到教育和帮助的目的。而为了实现这一点，除了要激励、培养更多具有丰富经验、潜在辅导能力的“同伴导师”，使之担当教育和辅助教育的角色外，还应充分考虑当代青少年的心智特点和差异化诉求，以便有针对性地开展朋辈互助。鉴于此，本文从朋辈支持理论的视角，对青少年的互助成长问题进行研究，以期得到可以借鉴的信息。

一、朋辈支持理论及其在青少年成长中应用的合理性

按照积极心理学的观点，在青少年成长的关键阶段开展朋辈互助活动，

能够帮助其改善认知、调节情绪和斧正行为,使其能够以积极的态度面对和正确解决生活、学习、工作中遭遇的各类问题,以更好的精神状态和心理素养实现人格的逐步完善。为了让朋辈模式增强青少年思想政治工作的实效性,提升该群体的整体素质,就需要了解和掌握朋辈支持理论及其在青少年成长中应用的合理性,让他们在互帮互助中真正实现双赢。

(一)朋辈支持理论及其内涵解析

"朋辈"指"朋友"或者"同辈",一般指代同龄者或者年龄相当者,以及生活境遇相似的人,这些人大多处在同一社会场景中,具有相同或者相似的价值观、经验和生活方式。对青少年而言,该群体成员的年龄相仿,具有相同或者相似的学习、生活环境,在价值观、心理属性、行为偏好方面有着较强的相似性,彼此之间容易理解与沟通。以"朋辈"为基础,针对青少年的"朋辈支持理论"源自班杜拉的"社会学习理论",指的是青少年之间以行为互动和心理影响的方式,让参与者在心理素质、团队合作等方面产生积极反应,帮助"朋辈中人"认识自我、接纳自我、发展自我、实现自我,实现自我成长与共同成长。

(二)朋辈支持理论在青少年成长中应用的现实意义

通过朋辈支持理论在青少年成长中的应用,不但能够让优秀者获得能力上的锻炼和提升,还能让"后进青少年"实现进步,这对回应"培养什么人、怎样培养人"的人才培养根本问题具有重要的现实意义:

(1)促进青少年人格的自我完善

按照班杜拉的"社会学习理论",青少年最重要的模仿对象和学习对象当属与之共同生活、学习的群体或者个体。所以,通过兼具互助和自助功能的朋辈互助,让青少年身处有影响力的典范影响之下,不但能够起到良好的示范与榜样效果,还能在其模仿和借鉴过程中,逐渐累积经验、增长见识、提高学识,亦能够通过"朋辈"的引导形成和塑造良好品质,这对优化其自身不足,培养自主、独立的人格是大有裨益的。

(2)实现青少年的全方位成长

在"朋辈支持理论"下,青少年能够通过平等、友好的双向沟通,积极、高效地探讨和协商彼此的现在和未来,这对实现资源优势的有效利用是十分有利的。其间,作为榜样的青少年能够借助自己现有知识与技巧学以致用、帮助他人,在无形中完善自己。而对受助者来说,也能够因此而解决遇到的难题,在学习和模仿中不断提高自身的综合素质。由此可知,将"朋辈支持理论"应用到青少年教育实践,既可以有效利用各类优秀资源,帮助他们自我成长,也可以让助人者和受助者的角色动态转换,达到"助人自助"的目的。

二、青少年成长中朋辈支持的必要性

“爱国、励志、求真、励行”是习近平总书记对当代青少年提出的殷切希望。为了实现这一点，除了要对青少年施加积极的心理影响，不断强化其心理素质、提升其团队合作能力外，还要发展青少年的适应能力与解决一般心理问题的能力，以实现“助人自助”的双重价值，满足对该群体进行心理援助的需求。尤其在新时代中，越来越多的青少年渴望获得同辈经验的帮助，希望思想政治教育工作能够符合他们的心理发展诉求，更希望借鉴朋辈的行为范式和行动方向，实现个人的全面发展。因此，有必要针对该群体开展朋辈互助，将朋辈支持理论应用到思想政治教育的实践之中。

（一）渴望获得同辈经验的帮助

青少年的心智正在走向成熟，人生观和世界观也越来越趋于理性和独立，无论是分析问题还是解决问题的能力都在显著增强。但是，对该群体而言，由于家庭背景、经济基础、文化习俗等诸多方面存在差异，他们要想在多元化的社会环境中实现自我，还需要进行充分的自我心理调节和行为斧正。在此过程中，如果能够得到同辈经验的帮助，就可以让他们形成对各类现象新的、正确的看法，并通过主动与他人的交往突破自我封闭状态。这样一来，不但能够消除青少年的心理障碍与行为压力，还能通过朋辈互助打开思想政治教育的新思路，让青少年尽快、更好地适应社会，为深入学习、积极实践奠定良好基础。

（二）符合青少年心理发展诉求

青少年在遇到困难或者困扰时，通常会表现出敏感、紧张甚至不知所措的情绪，这不但会导致其学习方式、生活环境和人际交往等诸多方面的不适，还会引发不同程度的心理问题，比如自卑、厌世、抑郁等。为了改变青少年群体的这一状况，“稀释”其心理压力，最大限度地满足其心理诉求，有必要通过发挥“朋辈的力量”，让他们在遭遇困难或者困扰时主动寻求“朋辈”的帮助。这是因为，在朋辈中间，青少年能够感受到熟悉、轻松、友好和平等的氛围，能够在此环境中向他人倾诉内心，并在彼此交流和倾听的过程中，用实际行动感染周围的同龄人，实现思想进步者对思想落后者的带动。

（三）借鉴行为范式和行动方向

在青少年解决问题的过程中，容易产生抵触情绪。此时，他们更倾向于求助高年级的学生或者其他同龄人，以此形成的“一体感”有助于快速化解其内心矛盾和消除冲突。而之所以如此，是因为青少年“习惯于”参照朋辈的行为范式和行动方向，渴望通过心理互助和心理辅导，实现对自身潜能的

开发,并在良好的人际关系中提高自身的心理健康水平,达到理想的心理健康教育效果。更为重要的是,如果助人者经过适当的培训和学习,具有较之于同龄人更多的心理健康教育知识和行为技巧,就能够为受助者提供更加有效的心理健康教育和技术支持,这对缓解青少年的内心压力和人际交往障碍,提升其心理健康效果是大有帮助的。

三、朋辈支持理论下青少年互助成长的策略选择

对处在成长期的青少年来说,他们对人生价值的选择与判断较易受到外部环境、文化氛围、价值观念的影响,如果不对其施以正确的思想引导和行为修正,就容易让他们进入价值观念的误区。所以,对新时代的青少年来说,为了解决其思想、心理上产生的问题,促进其健康成长成才,并进一步维护社会稳定与和谐发展,就应该对该群体的行为偏好、价值观念、文化诉求进行“精准分析”,通过经验帮扶、心理帮扶、行动帮扶,让青少年彼此之间互帮互助,共同面对可能遭遇的新情况、新问题、新挑战,提高思想政治教育的实效性。

(一)经验帮扶

在“朋辈支持理论下”,青少年的成长离不开同龄人的帮助和支持。为了让青少年“少走弯路”,将更多精力和时间用在努力学习和用心生活上,就需要充分发挥朋辈中助理辅导员、高年级同学、有经验的同龄朋友的力量,借助朋辈间信任和便于沟通交流的特点,对其进行经验帮扶,以解决其学习障碍、生活困难、交往和感情受阻等问题。其间,可以对青少年遇到的各种实际问题进行集中研判,通过朋辈的现身说法积极寻找解决方法,正面引导他们面对问题、寻求正确的努力方向。同时,要在分享朋辈经验的过程中,梳理出正确的“人生参照系”,以便在“行为对照”中实现健康成长。

(二)心理帮扶

朋辈间的心理支持是积极的人际交往过程,十分适合青少年群体特殊的心理健康需要。在对该群体实施心理帮扶时,一方面要让助人者给受助者提供高效的心理辅导,充分发挥朋辈在心理疏导和心理扶持方面的重要作用;另一方面,要充分借助朋辈的优势,帮助青少年解决各类心理问题。在此期间,需要高度重视助理辅导员、心理委员对青少年心理问题的长期跟踪随访,了解和及时疏导他们可能遇到的各类问题,对于那些存在严重心理问题的青少年,要加大心理帮扶力度,通过构建科学而有效的心理培训维护体系,帮助他们在朋辈互助中健康成长。

(三)行动帮扶

通过已有经验可以看出,在“朋辈支持理论”下实现青少年的互助成长,

其中的关键问题在于得到互助双方的认可与接受。为了有计划、有效果地开展朋辈互助,就需要在行动上对青少年进行帮扶。首先,需要选择经过专业训练、具有典型示范作用的高年级同学作为受助者成长阶段的陪伴者,以他们良好的思想素质与沟通能力斧正青少年的行为;其次,要通过加强同龄人之间的人际交往,让同伴间产生积极的"双重效应",为青少年的成长提供助力;最后,要以各类活动为载体,比如通过事迹报告会、学生交流会和展板宣传以及支部学习的形式,让青少年在感知朋辈先进事迹的过程中,将由此产生的影响力和感染力外化为自身的行动,让行为引导工作更加有效。

四、结束语

随着新时代的来临,当代青少年获取信息与接受知识的渠道越来越多元化,针对该群体进行的思想政治教育正在遭受前所未有的严峻挑战。其间,不但教师的教育主导地位受到了冲击,思想政治教育工作的难度也在不断增大。因此,需要以现实性、前瞻性的眼光审时度势,充分发挥朋辈的力量,让更多优秀青少年参与其中,通过朋辈互助的形式,引导其他青少年进行成长互助。当然,在此过程中,还应积极引导青少年进行自我发现、自我教育和自我管理,让他们在获得帮助的同时,与朋辈共同进步。

参考文献

[1]刘凯,王倩倩. 班级朋辈互助模式下大学生自我教育与管理[J]. 学理论,2013(27):326-327.

[2]刘畅."朋辈互助"方法在高职生思想引导工作中的运用[J]. 职业技术教育,2018(26):72-75.

[3]张紫汉,等. 基于朋辈互助的大学生思想政治教育模式探究[J]. 智库时代,2019(2):20-21.

[4]吴瑶. 朋辈心理互助对高职院校大学生心理健康教育的意义[J]. 读与写杂志,2019(4):38-39.

高校辅导员职业压力与倦怠感分析

国际学院　陈怡霖

【摘　要】 高校辅导员由于工作繁杂、事务过多,工作负荷大、时间长,工作见效慢,导致辅导员工作晋升、发展空间小。从社会、高校和个人三个层面分析高校辅导员的职业压力。职业压力是导致高校辅导员产生职业倦怠的直接原因。职业压力越大,职业倦怠程度越深。高校辅导员职业倦怠对大学生成长成才极为不利,直接影响到大学生思想政治教育工作的顺利开展,影响高校人才的培养质量。

【关键词】 高校辅导员;职业压力;倦怠感

辅导员是开展大学生思想政治教育的骨干力量,是高等学校学生日常思想政治教育和管理工作的组织者、实施者、指导者,是开展大学生思想政治教育的骨干力量。高校辅导员的心理素质与思想政治素质相互联系,职业压力与倦怠感相互影响,直接关系着大学生思想政治教育的效果。受身份地位特殊、工作内容复杂、社会环境等因素的影响,高校辅导员面临着巨大的职业压力,出现职业倦怠感等一系列问题,在一定程度上影响了大学生思想政治教育工作的有效性。因此,分析影响高校辅导员职业压力与倦怠感的因素,并探讨高校辅导员应对压力的策略,对高等教育及高校思想政治教育有重要的现实意义。

一、高校辅导员职业压力分析

在诸多高校辅导员的工作中,辅导员工作工资、福利待遇不高,收入和付出不成正比。经调查了解,辅导员岗与行政岗、教师岗的福利待遇相比略低。另外,辅导员工作繁杂、事务过多,工作负荷大、时间长,工作见效慢,导致辅导员工作晋升、发展空间小,大多数辅导员没有明确的职业方向。这些职业压力在高校辅导员群体中普遍存在,并影响到了辅导员的生活质量和工作状态。

调查显示,高校辅导员平均任职周期不到五年,普遍的职业压力影响辅

导员的身心健康。辅导员的日常工作状态通常是“两眼一睁，忙到熄灯；两眼一闭，提高警惕”。互联网技术的广泛应用带来了社会传播环境的深刻变化，在新媒体环境下，手机的更新换代，甚至QQ、微信等交流APP的广泛使用，使得人与人之间的沟通联系变得更加快捷、互动性更高。但是，从另一个层面来看，这些新技术的应用，使得辅导员的工作呈现出不同于以往的工作方式，需要将线上和线下结合起来，掌握多元化的思想政治教育方法与途径，改变传统的思维模式及视角，适应利用新媒体开展工作的新形势，但这无形中增加了辅导员的工作频次、工作强度与工作难度，使辅导员工作时长无限制地延伸，经常在休息时间收到学生、家长以及领导的信息，压缩了辅导员的休息时间。

2017年教育部第43号令《普通高等学校辅导员队伍建设规定》明确了高校辅导员的工作职责涵盖了思想理论教育和价值引领、党团和班级建设、学风建设、学生日常事务管理、理论和实践研究9个方面。因此，辅导员不只要承担思想政治方面的工作，还要承担大量的事务性工作，在实际工作中，辅导员被称为“消防员”“保姆”“保安”等，只要是和学生相关的工作，事无巨细，都离不开辅导员。随着时代的发展，大学生思想政治工作的内容不断增加，大学生教育管理工作需要适应时代的要求，这无疑对辅导员的工作能力提出了新的要求，辅导员也将会面临新的挑战。

2018年第一批“00后”开始进入大学校园，与“90后”相比，他们的价值取向更加多元化，自我为中心的个人主义盛行，但是普遍抗压能力、抗挫折能力的逆商不高，极易造成心理问题。并且“00后”家长的参与意识也在加强，辅导员同样需要掌握与家长沟通的艺术，这就要求辅导员具备更高的工作水平。

新形势、新任务、新要求使辅导员工作随时面临变革，高强度、高负荷、高责任的工作使辅导员职业压力巨大，身心俱疲。与高负荷的工作相对的是低收入和晋升困难。辅导员个人发展受到限制，职务晋升普遍较难，学校大多没有有效的激励机制，同时缺少对辅导员整体队伍和辅导员个体的发展规划，难以促进辅导员队伍的可持续发展。

二、高校辅导员产生职业压力的原因

高校辅导员产生职业压力的原因有以下几个方面：

从社会层面来说，社会对辅导员的期望过高，但是又对辅导员的职业认同度普遍偏低，使其工作积极性受到影响。同时，教育政策的转变，给辅导员们的职业素质带来了新的挑战和压力。自从2018年以来，“00后”开始进入大学校园，学生的整体规模、思想观念以及利益诉求产生了巨大的变化，

给辅导员的职业素质提出了新的要求,旧有的吃苦耐劳、艰苦奋斗、成功教育等教育理念已经不足以适应“00 后”的思想观念,这就要求辅导员转变教育观念,使用灵活的教育手法引导学生树立正确的三观。同时,高等教育规模的扩张,导致高等教育质量下降和贬值,使辅导员们的职业认同感和归属感降低,严重降低了辅导员的工作积极性。社会认可度的降低导致社会普遍认为辅导员工作是一种琐碎的、机械性的事务,是学生们的“廉价保姆”,影响辅导员职业的发展和积淀。社会对辅导员的育人作用有着殷切的期待,严要求、高标准使辅导员承担了巨大的压力。与高要求、高强度的工作匹配的却是低收入、低声望、低地位,使辅导员产生了巨大的心理落差。

从高校层面来说,高校对辅导员的职责定位不明确,管理机制不完善,选聘机制不规范,考评机制不科学,激励机制不完善,工作负荷过重等加重了辅导员的职业压力感。在《普通高等学校辅导员队伍建设规定》中,高校辅导员的职责包括了思想政治教务和学生事务管理。但是在大多数高校中,辅导员没有明确的职责划分,只要是和学生有关的事情,都是辅导员的工作。职责范围过于广泛、职责区分不明确,导致辅导员大多被事务性工作占据,偏离了做思想教育工作的范围。辅导员还是高校各部门工作的具体落实者,只要与学生相关,都是由辅导员进行对接,导致辅导员常常四处奔波,要随时保持联系、随时准备处理突发事件,心理长期处于紧张状态,上下班时间模糊,工作没有规律。“天不怕,地不怕,就怕半夜接电话”,这句话深刻反映出辅导员平时所面临的压力。各高校对辅导员的管理模式相对单一,缺乏精细化管理和完善的管理制度保障,导致辅导员队伍不够稳定,离职率高。同时,考评机制和激励机制不够完善,职称晋升困难,收入和付出不成正比,导致辅导员处于一个尴尬的地位。

从个人层面来说,辅导员在工作中投入的时间和精力较多,对家庭的投入和付出相对较少,工作和家庭之间的冲突使辅导员压力倍增。同时,辅导员本身个人综合素质和抗压能力的欠缺,人际关系协调能力不强,都会产生一定程度的职业压力。辅导员在工作上投入过多精力,被要求随时待命,一旦遇到突发情况,辅导员就必须立刻到岗,容易造成工作和家庭之间的矛盾。而且,辅导员的月工资比较低,在如今物价飞涨的时代,也会给辅导员带来经济上的压力。大多数辅导员所带的学生并不是本专业的,在处理学生间的专业问题时表现得力不从心。辅导员在面对职业压力时,因为不同的人格特质,会产生不同的工作动机、工作态度、工作行为,直接影响其抗压能力。缺乏成熟的自我意识、价值观不够坚定、创新精神不足等因素的辅导员容易产生强烈的职业压力。这部分辅导员的自我肯定、自我批评、自我调节能力相对其他辅导员较弱,缺乏足够的心理防卫机制,不能有效地排解个人压力,久而久之,将产生严重后果。

三、高校辅导员职业倦怠感与职业压力的关系

1974 年,美国心理学家弗鲁顿伯格首次提出职业倦怠,主要指“从事助人行业的人因工作时间过长、工作量过大、工作强度过高所经历的一种疲惫不堪的状态”,职业倦怠是一种职业压力过大导致人过度疲劳的状态,包括情绪衰竭、低成就感等反应。职业压力和职业倦怠之间存在着一定的关系,即职业压力是职业倦怠的原因,职业倦怠是职业压力的表现形式。由于辅导员长期压力过大,导致心理、生理等一系列综合应激反应。

职业压力大的辅导员大部分都感觉到工作没有乐趣,自身价值难以实现,产生低成就感。辅导员的职业倦怠作为一种职业压力表现的负面形式,直接影响高校辅导员的整体队伍,并有向纵深发展的趋势。长时间、高强度的工作容易使辅导员产生职业倦怠,造成脑力疲劳,如果不及时调整,会造成精神疲劳和体力疲劳。大量的数据研究表明:职业压力是导致高校辅导员产生职业倦怠的直接原因。职业压力越大,职业倦怠程度越深。

职业倦怠会造成情绪失常和情感的疲倦,核心是情感衰竭。当个人由于工作压力较大,又缺乏发泄和分享的渠道,会使自身对工作的热情度下降和成就感降低,导致情绪极度低落。职业压力本身并不一定会导致职业倦怠,但是对于以学生为主要服务对象的高校辅导员来说,如果个体长期处于过度的职业压力之下,没有得到有效的调适,缺乏必要的社会支持系统,会导致辅导员对工作热情下降,对学生容忍度下降,处理问题缺乏耐心,情绪暴躁易怒,易生抱怨,最终会发展成为职业倦怠。

四、总结

社会期望值过高与社会普遍职业认同度低,高强度、高负荷、高责任与低收入、低声望、低地位,多数高校对辅导员的职责定位不明确,管理机制不完善,选聘机制不规范,考评机制不科学,激励机制不完善,在工作中投入的时间和精力较多、对家庭的投入和付出相对较少,以及辅导员本身个人综合素质和抗压能力的欠缺,都会导致辅导员职业压力过大。这些职业压力会使辅导员产生职业倦怠感,导致辅导员产生工作情绪衰竭、低成就感等心理应激反应,这些对大学生成长成才极为不利,直接影响到大学生思想政治教育工作的开展,影响到高校人才的培养质量。因此,要通过社会、高校、个人三个层面来缓解。

从社会层面上来说,要营造良好的舆论氛围,引导舆论,充分给予辅导员工作上的信任和支持,提高其职业认同度。大力提倡辅导员专业化,走辅

导员职业化发展道路,增强辅导员岗位的职业吸引力,培养辅导员职业归属感、成就感。辅导员的工作得到认同,一方面会缓解其职业压力、减轻职业倦怠感,另一方面会维持辅导员队伍的稳定。加大辅导员在高校育人方面重要性的宣传力度,结合相关政策的投入,改变社会各界对辅导员认识上的不足和偏见,理解并认同辅导员工作,增强辅导员的职业自豪感。

从高校层面上来说,要完善辅导员职业标准,进行科学化的职责分工,使辅导员工作更加精准、专业化,减少重复性的工作。要给予辅导员更多的人文关怀,使其感受到组织的支持和温暖。要重视和关心辅导员的工作,选择资深辅导员引导、鼓励和帮助年轻辅导员,稳定辅导员队伍。完善管理机制,规范选聘机制,健全考评激励机制,构建辅导员职业发展道路,提高辅导员职业能力和业务水平,增强辅导员的职业自豪感和成就感,切实减轻职业压力,减少职业倦怠感。

从个人层面上来说,“家和万事兴”,家庭是辅导员的有力后盾,而家庭和谐是辅导员缓解职业压力、减少职业倦怠感的有效的调适手段。首先,辅导员一方面要提高自身的心理承受能力和抗压能力,另一方面要平衡好工作和家庭之间的关系,以此缓解辅导员的职业压力和倦怠感。其次,辅导员要提高自身理论素养和理论水平,提高办事效率。最后,要树立创新意识,不断提高管理水平。

总之,高校辅导员正在向职业化、专业化和专家化发展,辅导员不只是一种谋生手段,更是学生走向社会前正确三观的塑造者和引导者。因此,高校辅导员所面临的职业压力和职业倦怠应引起国家和社会的重视,坚持以人为本,采取相应的手段和调适方式,切实减轻高校辅导员的职业压力,减少职业倦怠,促进我国高等教育的和谐发展。

参考文献

[1]彭时敏.高校高学历辅导员职业压力与职业倦怠研究[J].教育探索,2015(2):123-126.

[2]董淑花,黄依林.我国中小学教师职业倦怠研究综述[J].太原城市职业技术学院学报,2005(1):77-79.

[3]袁晓林.高校教师职业压力的应对方式现状调查[J].教育观察(上半月),2017,6(13):55-56,72.

新时期大学生心理健康问题的产生原因及应对策略

水利科学与工程学院　郭　廷

【摘　要】进入21世纪以来,科技水平飞速发展,现代大学生的成长和生活环境发生了巨大变化,心理问题也日益增多,其产生原因多样且带有新时期的特征。目前,受新时期社会环境、个体心理因素等多方面的影响,高校心理健康教育工作中存在着诸多问题。为此,本文将全面深入地分析新时期大学生心理问题产生的原因,探讨并提出有效的解决措施,提升心理健康教育工作的实效性,增强大学生心理素质和人格水平。

【关键词】大学生;心理健康;原因分析;对策探讨

一、研究背景和意义

近年来,大学生心理问题越发明显,甚至发生一些恶性伤害事件和自杀事件,造成这一现状的原因是多方面的。随着我国经济的高速发展,大学生的生活条件越来越好的同时,竞争压力也越来越大,他们的情感和想法复杂多变。有研究显示,大学生群体的心理健康水平远远低于同年龄阶段的其他人,至少有20%的大学生存在轻重程度不一的心理健康问题。而且,大学生因心理健康问题而导致退学、休学的数量占一半以上。因此,开展高校心理健康教育具有重要的意义。高校要想培养出高素质人才,需要立足当下,通过一系列措施,不断完善新时期心理健康教育工作。

作为一个社会群体,大学生存在许多比较特殊的问题,如对大学自主学习生活的适应问题、对专业的选择问题、理想与现实的冲突问题、人际关系的处理问题、学习与恋爱的矛盾问题、对未来职业的选择问题等等。健康的心理素质是一个人发展的必备基础,大学生作为我国社会的未来支柱,注重提高其人才质量的重要性不言而喻,高校急需解决如何加强对大学生的心理健康教育这个关键性问题。然而,目前高校未能立足当下,所采取的心理健康教育方式不能满足新时代的实际需要。所以,我们需要了解新时代大

学生心理问题产生的原因,并探索新的有效措施,提高大学生心理健康教育的成效。

二、大学生心理健康问题产生的原因

(一)自身原因

不适应大学的生活,是导致大学生心理健康问题的重要原因。大学的学习环境和高中时的不同,高中紧张规律,一切都被老师和家长安排好,个人只需要安心学习;而大学是以自主学习为主,课余时间自主支配。在这样的情况下,很多学生自制力差,不能合理安排学习和课余生活时间,成绩出现滑铁卢,在学业和就业等多重的压力下,很容易出现心理问题。

大学的生活方式也会对学生心理健康产生显著影响,与其他环境相比,宿舍作为大学生学习和生活的重要场所,室友关系对大学生心理健康有显著影响。然而,30% ~60% 的大学生对宿舍人际关系不满意,因宿舍人际关系而出现心理问题的大学生不在少数。研究表明,在良好宿舍气氛与较差宿舍气氛中的大学生心理健康状况差异显著,而不良的宿舍人际关系还可能导致人身伤害等恶性事件的发生。因此,作为心理问题产生的重要原因之一,大学生的宿舍人际关系需要引起我们足够重视。

(二)家庭原因

父母是孩子的第一任老师,不同的家庭教育环境对大学生的影响远远高于校园教育,在和谐的家庭氛围中成长起来的孩子一定是心理健康、积极向上的。在应试教育的背景下,部分家长唯分数论,采用强迫式的教育方式,督促孩子们考高分,却忽略了他们综合素质的提高。存在较严重自卑心理的学生多数是因为长期强迫式家庭教育,对学习产生厌烦与恐惧,甚至会出现较为严重的心理和精神疾病。这种强迫性的家庭教育方式确实能在一定程度上达到提高学生学习成绩的目的,却没有尊重学生的身心发展规律。在这种环境下成长起来的学生,自我调节能力较差,进入大学校园后难以适应新的环境,若遇到困难,有很大的可能性会出现心理问题。

此外,在单亲、留守等特殊家庭环境下成长起来的学生,都有不同程度的心理问题,这需要我们重点关注。健全的家庭环境对孩子的成长至关重要,从小缺少陪伴的孩子容易自卑、孤独,甚至抑郁,严重的可能会失去社交能力,孤立于人群,对其今后的发展极为不利。

(三)学校原因

传统主流心理学把重点放在了“心理问题”的解决上,致使传统主流心理学被误认为是“病理心理学”“消极心理学”。当前大学生心理健康教育工作在认识上也陷入这种心理疾病预防和治疗的消极治疗取向中，工作重点放在学生心理问题的解决上，使得高校心理健康教育呈现形式化、课程化和医学化倾向。这样也使得大学生自身对心理问题不敢正视，不愿意去自我检测和自我调整。

高校学生社团等组织逐渐成为举办活动的机器，为了办活动而办活动。有意义的活动很少，难以调动学生的积极性，参与度较低，对于加深学生的交流不能起到真正作用。

（四）社会原因

近年来，随着高校的不断扩招，大学生在校人数持续增长。《中国高等教育质量报告》显示，2018 年中国大学生在校人数达到 3 700 万。随着大学生群体数量的增加，人才基数庞大，很多单位甚至明确只招收“双一流”院校的学生，就业压力越来越大，这就很容易使学生产生心理问题。当前社会正处于转型期，对大学生的需求也有很大的限制，在客观上给当代大学生带来了更大压力。

三、解决当代大学生心理问题的对策与建议

（一）上好大学的第一堂课

习近平总书记强调“系好人生第一粒扣子”。而对于大学生来说，需要给他们上好人生的第一堂课。高中和大学的学习生活截然不同，通过专题心理讲座、主题心理报告等途径，强化学生的主动参与意识，让学生从“大学就是天堂”的错误观念中走出来，了解和认识真正的大学生活，树立正确的人生观、价值观和世界观，明确目标，注重提高个人综合素质，为社会发展培养优秀人才。

（二）构建高校与家庭联动机制

作为学生教育最直接相关的学校和家长双方，应该联合起来共同为心理健康教育工作的落实努力。首先，作为家庭教育的实施者，家长应充分认识到家庭教育的重要性，转变家庭教育观念。家庭关系较差、家境不好或家长的教育方式不对，都会对学生的心理健康产生巨大影响。要想解决这类大学生的心理健康问题，应该从家庭教育方面入手，不断改善家长的教育观念及做法，不再唯分数论，让学生养成积极乐观的生活态度；其次，学校老师需要充分发挥学生干部的作用，及时了解学生情况，对特殊家庭的学生进行重点关注。对于心理健康问题较轻，可以继续上学的学生，老师需要把问题如实反馈给学生的家长，让家长配合学校一起完成学生心理健康问题的治疗工作，改善学生的心理健康状况。如果大学生的心理健康问题较为严重，

无法继续上学,应该及时通知家长做好休学准备,把学生的健康放在第一位,并建议家长带着学生到正规医院进行治疗。

(三)建立一支与时俱进的心理辅导队伍

心理健康教育团队的自身素质直接关系到高校心理健康教育工作的落实现状,因此为了不断提升高校心理健康教育工作质量,应该创建一支综合素质较强的心理健康教育团队。首先,应该积极聘请心理治疗水平较高的工作人员加入学校的心理健康教育团队,从根本上提升大学生的心理咨询及治疗水平;其次,在各种社会思潮冲击和中西文化交融的背景下,新时代的高校必须要认真研究大学生的心理特征,与以往进行比对,加强对辅导员关于心理健康教育的实时培训,使他们与时俱进,进而提高心理健康教育的成效。

(四)加强同学之间的交流,充分发挥学生的自我教育

部分学校的学生组织是为了办活动而办,缺少对活动意义的探索,导致学生的参与度不高。学生组织需要重拾初心,开展社会实践活动,将心理素质教育与社会实践相融合,举办真正有意义的活动,提高大学生的参与度,加强学生之间的交流,充分发挥大学生的自我教育,自我服务的功能,最大程度降低大学生对心理互助的抵制情绪,使其乐于接受并积极参与。与此同时,在大学校园内为大学生提供个性化的心理减压服务,为不良的情绪提供一个出口,帮助大学生消除或者降低消极、焦虑的情绪,让大学生的心理向着积极健康的方向发展。

(五)培养合理的择业观,消除迷茫

大学是学生向社会的过渡阶段。面对未来的就业问题,很多学生开始迷茫,甚至惶恐,因此很容易出现心理问题。首先,我们可以通过举办优秀学生经验交流大会、就业指导相关的讲座、加设就业创业课程等方式,使学生根据自身情况做好就业准备,并确立明确目标;其次,要教育学生树立正确的择业观,保持自信,选择适合自己的工作。

(六)社会放宽对学历的要求

学历不代表一切,社会对人才应该重能力,轻学历,让真正有能力的大学生为社会做出更大的贡献。与此同时,学校、用人单位、教育相关机构之间应密切沟通,为大学生提供实习的机会,增加大学生对于工作的认识,以便减少心理健康问题的产生。

四、总结

如今,大学生成长和生活的环境与之前有很大的差异。要想做好大学

生心理健康问题的工作,我们的措施需要与时俱进,全方位考虑。新时代大学生心理问题的产生原因众多,包括个人、家庭、学校和社会等方面,可以采取正确引导大学生融入大学生活、构建高校与家庭联动机制、建立一支与时俱进的心理辅导队伍、加强同学之间的交流、充分发挥学生的自我教育、培养合理的择业观、社会放宽对学历的要求等措施,改善新时代的大学生心理健康问题突出的现状。

参考文献

[1]邬璐阳.大学生体育锻炼的影响因素及促进[J].山西财经大学学报,2013,35(S1):109.

[2]韩欣汝.大学生心理健康素质现状调查[J].中国集体经济,2015(13):164-165.

[3]孙盼盼.高校大学生心理健康问题诱因分析及对策研究[J].智库时代,2019(46):89-90.

[4]赫子铭.关于大学生人际关系与心理健康的研究[J].心理月刊,2019,14(20):52.

[5]赵存河.论大学生心理健康教育模式的创新[J].黑龙江高教研究,2014(5):103-105.

[6]史济纯,陈玉民.大学生心理健康教育存在的问题与对策[J].教育探索,2011(5):148-149.

[7]2018 中国高等职业教育质量年度报告[J].职业技术教育,2018,39(32):81.

[8]汤林,李勇.家校合作视域下大学生心理危机预防干预探析[J].湘南学院学报,2019,40(4):109-111,117.

[9]孙沐辉,郑艳.团体辅导在大学生心理健康教育中的应用研究[J].科技资讯,2019,17(30):236,238.

高校贫困生心理健康状况及援助对策研究

建筑学院　李敬雯

【摘　要】 贫困生是高校学生的一个特殊群体,近年来,贫困生心理问题日益突出。文章通过调查高校贫困学生最易表现出的心理问题,找出根本原因,采取正确的教育管理对策,来解决高校贫困大学生心理问题。

【关键词】 贫困生;高校;心理问题;援助对策

贫困生是高校学生中的特殊群体,近几年来,随着各大高校招生规模的扩大,高校贫困生心理问题日益凸显。党的十九大报告强调,“坚持大扶贫格局,注重扶贫同扶志、扶智相结合”。近年来,在高校扶贫工作中,物质扶贫比例逐年扩大,国家的扶贫政策与高校资助紧密结合,帮助许多贫困学生解决物质上的燃眉之急,使他们可以安心在校学习。但是,高校贫困生资助作为教育扶贫的重要一环,不仅要立足于物质扶贫,更应注重精神扶贫。与普通学生相比,高校贫困生生活压力较大,更易出现心理问题,影响其身心发展。为此,本文细致分析了他们心理问题呈现的具体现象及成因,并据此提出针对性意见,为其健康成长提供依据。

一、高校贫困生心理问题具体表现

(一)自卑心理严重、人际关系敏感

自卑心理是高校贫困生最突出的心理问题。贫困生群体大都来自农村,地处偏远,资源缺乏,生活条件较差,在衣食住行各方面都与城市学生有较大差距,久而久之易产生强烈的自卑心理。在这种心理的影响下,他们变得越来越缺乏自信,易出现自我否定的情况,只要稍有差错就认为自己一事无成,继而又加深了自卑心理。这种恶性循环将给贫困生的心理和生活带来严重的影响。同时,大多数贫困生都拥有较强的自尊心,他们不愿轻易与老师或同学谈及自己的家庭状况和心理困惑。相对于找别人倾诉和寻求帮助,他们更愿意把困难和压力埋藏在内心深处,慢慢失去与同学、老师主动

交流沟通的勇气和信心，无法很好的融于集体中，从而开始自我封闭。缺乏交流和沟通也容易让贫困学生对其他同学产生误解甚至产生“敌意”，他们无法以客观的心态去看待和处理问题，容易造成人际关系紧张的局面，从而产生更多的校园问题。

（二）焦虑、抑郁问题严重

贫困大学生大多来自经济欠发达地区，资源有限，学习基础较差，相比其他学生，他们不仅起点低，接受和学习能力也较为欠缺，这些不利因素逐渐拉大贫困生群体在学习方面与其他同学间的差距。另一方面，贫困生家庭条件较差，人际关系简单，进入高校后，他们身上往往背负着全家人的期许和众望。贫困生群体把顺利取得大学文凭作为让自身和家庭摆脱贫困的唯一有效途径，因此他们在求学过程中承载着比非贫困生更大的期望和心理压力，易产生更多焦虑情绪。由于物质条件的匮乏和家庭情况的影响，大部分贫困生会在上学期间外出兼职赚取生活费来减轻家中经济负担。面对学习和兼职的双重矛盾，他们往往力不从心，缺乏合理分配时间的能力，造成负面情绪的积累。沉重的思想包袱、强烈的经济压力、严重的焦虑感和抑郁情绪影响着他们的学习、生活和身心健康。

（三）对于未来的迷茫和恐慌

贫困生由于上大学之前教育资源和信息资源的限制，他们的能力和自身优势与同龄人相比有着较大差距，加之家庭条件的限制，他们往往对自己的前途充满迷茫，无法明确自己毕业之后的出路在哪里，形成在渴望摆脱“贫困”和不知前途在何方之间痛苦挣扎的局面。另一方面，贫困生群体在职业选择和人生规划中，由于家庭条件的制约，他们不但要考虑自身的前途发展，更要考虑如何较快地找到工作，来减轻家庭的经济压力，这也为他们带来很多现实压力。同时，现如今社会就业形势严峻，贫困生大多来自我国老、少、边、穷地区。面对激烈的就业竞争压力，他们不够开阔的视野，使他们在就业过程中会遇到更大的压力，这无形中加大了贫困生的焦虑心理，加重了他们的迷茫之感。

二、高校贫困学生出现心理问题的原因分析

（一）家庭因素

导致高校贫困生出现心理问题最主要的原因之一便是家庭因素。贫困生大多来自于低收入家庭，造成此类情况的原因多是当地属于经济不发达地区，家庭内父母或离异，或已故，或身患残疾导致劳动力不足，以及家庭属于多子女家庭或城市下岗职工家庭等。家庭经济状况的问题，致使贫困生

在完成自己课业学习的同时,需要通过做兼职、打零工来赚取在校学习以及生活费用。学习时间的被迫压缩使得贫困生缺少了提高自身能力的机会,甚至会错失较好的就业机会。家庭经济支持的缺失或不足造成他们过早地承受生存的压力,这使得贫困生与其他同学之间的生活方式存在较大的差别,容易造成贫困生的心理失衡。而且,贫困生多来自于父母受教育程度较低的家庭。父母对于子女的教育重视程度不足,致使贫困生在学业与经济的双重压力下出现心理问题时,无法做到与父母进行及时的沟通,更无法在心理上得到来自家庭的理解与帮助。

(二)校园因素

导致高校贫困学生产生心理问题的又一个重要原因便是校园因素的影响。当代大学生普遍面临着集体生活的适应、人际关系的处理、学习方式的转变、课余时间的分配等问题。然而,贫困生在面临诸多此类问题的同时,还需要面临生存问题。在经济、学业、就业等多重压力下,难免产生消极悲观的负面情绪,从而产生心理问题。另一方面,大学在强调学生学习能力的同时,注重对学生综合素质的培养。贫困生原本在基础教育阶段便缺乏综合能力的训练,在如今丰富多彩的校园文化中,更容易产生困惑与迷茫的自卑心理,从而对主流校园文化产生抵触心理。

(三)社会因素

社会因素是贫困大学生产生各种心理问题的催化剂。在经济快速发展的时代,无论是物质生活还是经济生活都发生了较大变化,当代人的世界观、价值观也随之改变。而大学生作为时代的弄潮儿,在接受大学教育的同时也难免会受到社会上各类风气的影响。大学生作为特殊的消费群体,有着独立鲜明的消费特点。但由于受到不良社会风气的影响,常常会产生不正确的消费心理,比如趋同心理、炫耀心理和攀比心理。这些心理导致冲动消费、拜金主义等问题日渐突显。这些现象冲击着贫困生的人生观、世界观、价值观,从而改变了他们的思想观念、价值取向和行为方式,导致贫困生彷徨、迷茫,从而出现各类心理问题。

(四)个人因素

根据马斯洛需求层次理论我们可以得出,社会上所有人在满足了基础的生理与安全上的需求后,便会追逐情感、归属、尊重与自我实现上的需求,渴望获得他人的认可与尊重。而大部分贫困生,由于家庭经济条件困难,难以满足基本的生理与安全需求,这使得他们会不由自主地压抑自身对于情感、归属等更高层次需求的渴望。贫困生往往对上大学寄予更高的期望,希望通过自己的努力改变自己贫困的现状,可以说现实生活的困境更能激励

其努力奋斗。但是,现实存在的巨大差距往往会使贫困生在努力过后产生较大的心理落差,若恰巧处于其挫折容忍能力较弱的时期,则极易产生失去信心、失去希望与丧失前进的动力等心理问题。

三、改善高校贫困生心理健康状况的对策及建议

(一)加强高校贫困生心理健康教育

加强贫困生心理健康教育,对贫困生进行积极的心理关怀。主要可以从以下几点展开:①定期对贫困生进行心理辅导,开展心理讲座,宣扬社会积极乐观的正能量,并通过寒门学子励志成才的真实案例增强贫困生的自信心;②每班选取心理委员关注每个同学的状态,出现问题及时谈心。并对各班心理委员进行了集中培训,形成了"院系—年级—班级"三级联动的学生心理危机应急处理机制。③辅导员老师、班主任及任课教师可定期与有心理问题的同学进行谈心谈话,通过面对面沟通、"意见信箱"、网络对话等多种途径对学生进行心理疏导。院系定期开展心理拓展活动,增加贫困生与其他学生间的交流,增强学生的交往能力。组织学生参加学校的"心理健康月"活动,传播心理健康卫生知识,不断与校心理咨询中心保持联络,对于问题严重者,寻求专业辅导医生帮助;④定期开展亲朋互动活动,让学生在自己最熟悉的人面前敞开心扉,吐露心声;⑤完善《大学生心理健康教育》课程体系,将心理健康教育规范化、体系化,使其成为大学生教育中不可或缺的关键课程。

(二)明晰职业规划,提升就业综合能力

随着高校的扩招以及社会的进步,大学生就业越来越困难,而贫困生由于多种因素影响,其就业压力更大。习近平总书记提出的"精准扶贫"战略中,高校扶贫占据十分重要的位置。因此,帮助贫困生就业就成为高校精准扶贫的重中之重。首先,应先让贫困生认清当前就业的形势,并对自身能力有一个客观正确的认识;其次,各大高校可以为贫困生搭建增强自身能力的平台,如郑州大学开展的勤工助学活动,不仅可以让贫困生赚取生活费缓解家庭压力,更重要的是帮助他们积累工作经验,树立就业信心;再者,辅导员与学生的专业老师一起帮助贫困生进行职业规划,增加就业机会。

(三)营造融洽的环境,改善贫困生的心理问题

环境对一个人的成长影响巨大,一个积极良好的校园环境对贫困生的心理健康起到重要的作用,所以应创造一个平等和谐的环境氛围。在日常学习生活中,加强老师与同学间的交流,鼓励同学互帮互助,尤其是要给予贫困生更多的关心,用爱和关怀增强贫困生的安全感与归属感。

(四)完善高校资助体系,改善贫困生的经济情况

经济压力是贫困生最直接最主要的问题,若贫困生的经济情况得到改善,将大大提高其心理健康水平。首先,完善高校已有的贫困资助体系,充分利用国家贫困生资助政策,改善贫困生的经济状况;其次,设置一定数量的勤工助学岗位,让贫困生通过自己的劳动改善经济条件,培养其自尊自强的品质;最后,完善高校奖学金与助学金政策,鼓励贫困生奋发进取,通过自己的努力来获得经济补贴。同时,也要深入贯彻落实党中央“实事求是、因地制宜、分类指导、精准扶贫”的重要指示,量化各班推选贫困生工作的成效,形成“同学—学生干部—辅导员—院系领导”的四级工作体系,切实将各项助学金发放到真正的贫困生手中。

综上所述,高校贫困生心理健康问题依然严重,如何解决他们的心理健康问题不仅关系到贫困生的自身发展,亦关系到学校的建设。高校只有通过多种形式的教育方式,承担起心理健康教育的任务,才能有效地改善贫困大学生的心理健康状况,从而帮助高校贫困生提高思想认识、磨炼意志,树立自信心,产生自觉行为,进而影响到周围更多的人,以积极乐观的态度面对未来。

参考文献

[1]宁盛卫,杨文娴,张楠. 大学生性心理健康状况及其影响因素:以海南热带海洋学院为例[J]. 中国性科学,2017,26(2):137-140.

[2]张万里. 浅析农村贫困大学生心理健康问题及帮扶探析[J]. 人才资源开发,2017,(2):193.

[3]童伟. 论高校心理健康教育工作队伍的健全及优化[J]. 江苏高教,2017,(9):85-88.

[4]习近平. 决胜全面建成小康社会,夺取新时代中国特色社会主义伟大胜利:在中国共产党第十九次全国代表大会上的报告[N]. 人民日报,2017-10-28(1).

[5]韩力争,贺张真. 积极心理学视角下团体辅导对贫困大学生心理成长的促进作用:以南京财经大学为例[J]. 南京财经大学学报,2016,(6):102-107.

基于系统动力学理论的高校重点学生多层次关爱服务体系研究

水利科学与工程学院　曹欠欠

【摘　要】 基于高校重点学生概念的梳理，运用系统动力学理论对高校重点学生的影响因素、形成原因及维度类型进行了变量类型划分及特点分析，分析发现在重点学生的形成过程中各变量之间具有逻辑关系、非线性关系和多重反馈等系统动力学特点。在此基础上，提出了“精准施策—聚焦重点—动态关注—立体服务”四个层次的全方位立体化的重点学生关爱服务体系，从而为推进我校重点学生关爱工程水平的提升提供理论支撑。

【关键词】 重点学生；系统动力学；非线性；反馈；关爱；服务

近年来，高校学生受到多元化价值观念的影响和冲击，重点关注学生数量逐年上升，学生突发事件层出不穷，给学校的安全稳定工作带来了很大的挑战。习近平总书记在全国高校思想政治工作会议上指出，思想政治工作从根本上说是做人的工作，必须围绕学生、关照学生、服务学生。重点学生关注工作是学校安全稳定工作的重要组成部分，对营造学生健康的成长环境具有重要的意义。为此，本文基于系统动力学思想，通过对重点学生多维度、多层次关爱服务体系的研究，推进重点学生关爱服务水平不断提升，效果不断增强，为我校一流学科和一流大学建设提供有力支撑。

一、高校重点学生的概念

建立行之有效的重点学生关爱服务体系的根本问题在于弄清什么是重点学生，为什么是重点学生，即重点学生的概念和内涵是什么。贾魁认为高校重点学生群体一般是心理问题的高发人群；王峰等认为重点学生是指存在学业、生理、心理等困难而需要高度关注的学生群体；高杰认为重点学生是指那些在生理、心理、思想或行为等方面表现出异常，导致其不能较好进行学习和生活，需要家庭、学校甚至社会提供更多帮扶的一类学生群体。研究者从不同的视角对重点学生进行了定义，本文认为，高校重点学生是指在当前思想文化激荡、价值观念多元、新闻舆论冲击、社会瞬息万变的时代，因学业、疾病、家庭、情感、人际关系等原因，其适应性、承受力、调控力、意志力、思维力、创造力以及自信心等维度受到一定程度的影响而必须加强教育与引导的一类高校学生群体。

二、基于系统动力学理论的高校重点学生形成过程特点分析

(一)系统动力学理论

系统动力学由美国麻省理工学院福瑞斯特教授于 1956 年正式提出，模型主要考虑系统因果机制，强调系统行为主要由系统内部的运行机制决定，其本质上是带时滞微分方程组，善于处理非线性、高阶次、多变量、多重反馈和复杂时变等现象，分析系统内部的结构、功能与行为之间的动态的辩证对立统一关系。基于系统动力学模型系统的、动态的特点，在研究复杂系统演变规律时具有独特的优势，通过系统动力学理论来明确系统内部的反馈回路，体现各影响因素间的错综复杂的相关关系。

(二)高校重点学生系统动力学变量类型分析

高校学生从一般学生过渡到重点学生的影响因素包括生理因素、个体因素、家庭因素、学校因素和社会因素五个方面，各影响因素包含的内容如表 2-1 所示。

表 2-1　高校重点学生影响因素分类表

名称	类别	内容
影响因素	生理因素	遗传、疾病
	个体因素	外貌、能力
	家庭因素	教养方式、家庭环境
	学校因素	教育体制、教学环境、教师素质
	社会因素	风俗习惯、宗教信仰

根据前文高校重点学生概念分析可知，重点学生的出现是学生生理因素、个体因素、家庭因素、学校因素和社会因素相互影响、相互耦合、共同作用的结果，符合系统动力学的特点。

根据系统动力学三大变量类型，即状态变量、速率变量、辅助变量，对高校重点学生所涉及的重点学生的影响因素、形成原因及维度类型进行变量类型分析。状态变量是系统中起到累积作用的量，适应性、承受力、调控力、意志力、思维力、创造力以及自信心等重点学生的维度类型即重点学生系统

动力学模型中的状态变量；速率变量是作用于状态变量的微分性质的量，而影响因素的微量变化会导致状态变量的变化，因此影响因素即其速率变量；辅助变量是系统中的信息量；重点学生影响因素的变化将会以重点学生形成原因的方式表现出来，即以学业、疾病、家庭、情感、人际关系等方式表现出来，因此重点学生的形成原因即其辅助变量。

（三）高校重点学生形成过程的系统动力学特点分析

运用 Vensim 软件绘制高校重点学生系统动力学因果关系图，如图 2-1 所示。

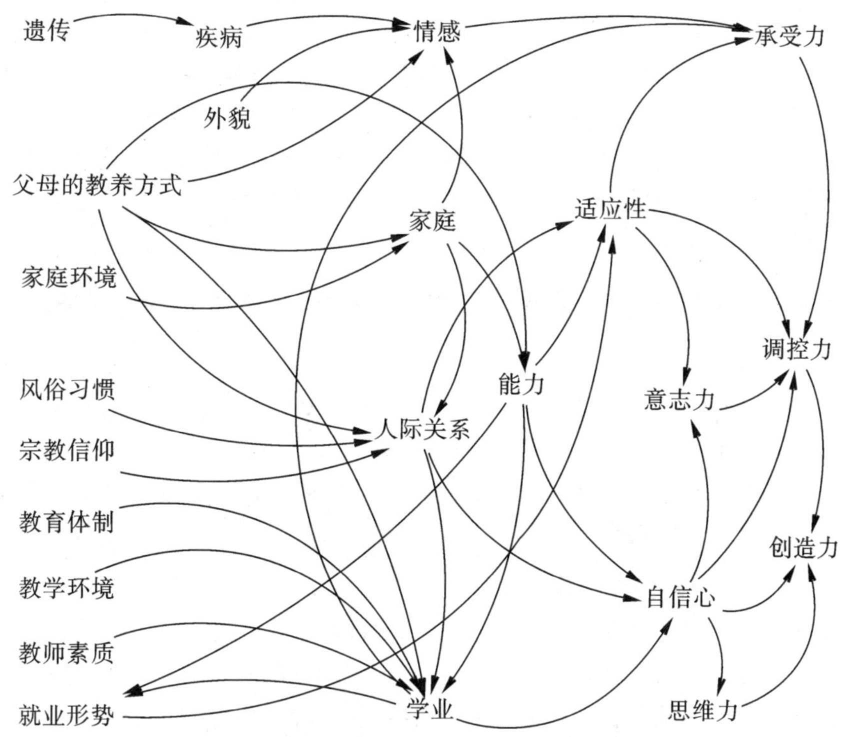

图 2-1 高校重点学生系统动力学因果关系图

由图 2-1 可知，高校重点学生的形成过程具有以下特点：

1. 重点学生系统动力学各变量之间存在逻辑关系

某类影响因素发生变化，将以学生学业、疾病、家庭、情感、人际关系等某些方面出现问题的形式表现出来。当这类问题累积到一定程度，将会对学生的适应性、承受力、调控力、意志力、思维力、创造力以及自信心产生一定影响，一环扣一环，相互作用、循环演化，最终导致重点学生的出现，辅助变量、速率变量和状态变量三者之间呈现严格的逻辑关系。

2. 重点学生系统动力学各变量之间存在复杂的非线性关系

重点学生群体与各影响因素之间并不是简单的线性相关关系，即重点学生的形成不是由某个单一因素导致的单一结果，而是因某几类影响因素之间相关耦合、综合作用，从而引起学生的情感、家庭、学业、人际关系等方面出现一定程度的困难，进而对学生的适应性、承受力、调控力、意志力、思维力、创造力以及自信心等某个维度造成一定程度的影响，辅助变量、速率变量和状态变量三者之间呈现千丝万缕的复杂关系。

3. 重点学生系统动力学各变量之间存在多重反馈关系

当某类影响因素发生变化时，最终导致学生的适应性、承受力、调控力、意志力、思维力、创造力以及自信心等某个维度产生影响。如在当今就业形势严峻的情形下，对学生的适应能力维度产生一定影响，进而影响学生的自信心、创造力，久而久之会造成学生学业困难，学生出现学业困难的情况后，又反过来加剧了自身的就业难度，重点学生的各维度之间、维度类型与形成原因及影响因素之间相互关联、相互反馈，即各类变量内部、各类变量之间出现了多重反馈关系。

三、基于系统动力学理论的高校重点学生多层次关爱服务体系

基于前文的高校重点学生形成过程的系统动力学特点分析，本文以重点学生概念中涉及的学业、疾病、家庭、情感、人际关系等问题的实际需求为问题导向，构建“精准施策—聚焦重点—动态关注—立体服务”四个层次的全方位、立体化的重点学生关爱服务体系，以建立重点学生关爱工程长效机制。

(一)追根溯源，精准施策

重点学生的出现不是一蹴而就的，也不是一朝一夕的，某件事情的发生导致学生情绪失控，甚至出现突发状况，但这类事情的出现只是重点学生形成的导火索。基于重点学生系统动力学各变量之间存在逻辑关系的特点分析可知，帮助重点学生解决困难的根本在于追根溯源，深层次挖掘重点学生形成的根本原因，然后才能“对症下药”。基于“一生一策略”的原则，针对每一位学生的具体问题，精准施策，帮助学生尽可能走出困境。

(二)拨冗去繁，聚焦重点

基于重点学生系统动力学各变量之间存在复杂的非线性关系特点分析可知，重点学生系统动力学各类变量之间存在着错综复杂的关联关系，重点学生的出现可能不仅仅是某个因素的变化导致的，而是某几类影响因素的动态变化，引起重点学生系统动力学各类变量综合演化的结果。因此，解决重点学生问题的关键在于拨冗去繁，梳理各变量之间的非线性关系，聚焦影

响学生状态的主要因素,提高解决问题的效率。

(三)整体划一,动态关注

基于重点学生系统动力学各变量之间存在多重反馈关系的特点分析可知,重点学生形成的本质是系统动力学多个反馈回路耦合而成的,因此解决重点学生问题的实质在于整体化一,从整体出发,纵观重点学生形成的全过程,厘清各变量之间的多阶互重反馈回路。在聚焦影响学生状态的主要因素的前提下,跟踪重点学生系统动力学各变量之间的多阶互重反馈回路,关注其动态演变过程,分析其演变规律,总结重点学生形成回路的关键节点,提升解决问题的水平。

(四)全方整合,立体服务

基于“以防为主,防治结合”的原则,在针对重点学生展开“精准施策—聚焦重点—动态关注”的“一对一”诊治措施基础上,整合多方资源,开展“线下心理辅导-线上网络服务-户外实践活动”系列活动,引领学生思想,拓宽学生认知和交流渠道,防患于未然,最大程度降低重点学生比例。

1. 线下心理辅导

首先深入学生,排查异常情况,初步划分重点学生类型;然后发挥学生干部和党员干部的主观能动性,进行朋辈帮扶(“一帮一”),对于心理异常的学生,通过心理学专业学生志愿者进行心理辅导;对朋辈帮扶效果不显著的学生建立重点学生档案,辅导员和班主任进行重点关注,并在必要时寻求心理学专家的个体及团体辅导;在此基础上将学生心理健康教育、校友励志演讲、专家讲座等系列活动作为第二课堂,重塑重点学生的自信心,使他们明确人生规划,树立正确的人生目标。

2. 线上网络服务

首先通过“心理健康测试软件”初步排查问题学生,为重点学生建档提供基础数据;然后根据重点学生建档情况,建立重点学生家长信息反馈群,保障与学生家长及时高效的沟通,学校和家庭双管齐下,避免意外事件发生;最后利用网络新媒体,开设“双微平台”,进行先进事迹宣传和热点话题讨论,营造交流氛围,对学生进行思想引领。

3. 户外实践活动

以院系为单位,打破专业界限、年级界限、辅导员界限,通过素质拓展、趣味运动会等户外活动,引导学生走出教室,走出网络,亲近自然,激发学生的自觉性、主动性和积极性,增强活动的科学性和实效性,提升活动的吸引力和感染力。

参考文献

[1]贾魁.浅析重点关注学生群体的教育与管理[J].甘肃政法成人教育学院学报,2007(4):74-75.

[2]王峰,陈颖芳.高校重点关注学生群体的教育管理探究[J].科技经济导刊,2018,26(13):126.

[3]高杰.高校重点关注学生工作策略研究[J].武汉职业技术学院学报,2019,18(4):50-52.

[4]王其藩.系统动力学[M].北京:清华大学出版社,1993.

[5]张国静.大学生心理健康状况及有关因素研究探述[J].才智,2019(24):181.

高校心理困难学生“一人一策”案例分析研究

数学与统计学院　钮兰芬　王昱泽

【摘　要】 愈发激烈的社会竞争环境对当代大学生提出了更高的心理素质要求。种种压力之下,大学生各种人际、学习、情感等相关心理问题凸显,进而演变成心理困难。近年来,高校心理困难学生数量急剧增加,帮扶心理困难学生迫在眉睫,其重要性也日益凸显。本文通过分析两位心理困难学生的成功帮扶案例,希冀对于开展帮扶心理困难学生工作有一定的指导意义。

【关键词】 高校;心理困难;帮扶

当代大学生因心理问题休学、退学、延长学制、自杀、谋杀他人的频率逐年攀升,严重影响了自己及他人的正常生活,心理问题已经成为制约当代大学生身心健康发展的重要原因。大学生是国家未来的栋梁,拯救心理困难学生已成为高校学生工作的重中之重。

案例一:

【概述】

小北,男,21 岁,某高校大三在校生。大一第一学期成绩优异,有的专业课成绩甚至满分,学习在班级名列前茅。大一下学期开始自学投资,后来投资方面遇到了困难,最终以投资失败告终。与此同时,异地恋的女朋友也跟他提出了分手。双重打击彻底击垮了他,导致期末考试挂科太多,教务处下达了学业预警通知,小北不得不延长学制,于是我(钮兰芬)成了他的辅导员。在与家长沟通过程中了解到,小北家庭亲子关系差,小北跟父亲关系僵硬,妈妈也因小北的学业问题而焦虑。对心理脆弱又叛逆的小北而言,父母的态度无疑是火上浇油。此时,我以辅导员的身份介入,多次与小北进行心理座谈。由于心理调整需要时间,再加上他不规律的生活作息,一学期下来有进步但效果不大。大二下学期亲子关系恶化,家长让其退学,我再次介入。一方面安抚小北情绪;另一方面安抚、开导其家长,与家长约定让家长放手两个月,老师来督促他。小北明显进步很多,亲子关系也得到了很大的改善。大二暑假期间,妈妈带他看医生调理身体,在家陪伴他复习,到大三上学期,小北已经完全步入正轨,上课积极坐前排,积欠学分逐渐减少。整个人的精神风貌焕然一新,用他自己的话说就是,感觉自己前两年过得不像个人,现在终于又找回了以前爱拼搏的自己。

【案例分析】

心理困难产生的原因:

(一)个体心理脆弱,抗挫折能力弱,自我认识不足

小北是独生子女,从小生活环境优越,没有经历过生活波折,心理脆弱,抗挫折能力不强,再加上他的价值观狭隘,恋爱观不够成熟,性格又有些孤僻,不喜欢与别人沟通交流,更不知道有问题了可以找辅导员或校心理咨询老师寻求帮助。当遭遇到投资失败和失恋的双重打击后,他一蹶不振。原本自我认同感就较低的小北更加自卑,自我怀疑与否定,认定自己一无是处,干脆自暴自弃,不再将精力放在学习上,导致了后来的被迫延长学制。

(二)家庭环境因素的影响

家庭环境对一个人的心理健康影响很大。小北性格叛逆,父母对其寄予厚望,尤其父亲对小北要求苛刻,导致小北从小就跟父亲关系僵硬;母亲为小北后期落下的学业问题发愁,也焦虑不安,与小北关系逐渐紧张。不和睦的家庭氛围、不和谐的家庭关系大大降低了小北的自信心与抗挫折能力,给他带来了一系列心理问题。

(三)学校关注度不够

学校老师、同学等相关人员在小北出现心理问题的第一时间没有及时给予关注与疏导,导致各种问题不断积累,直至形成严重的心理问题,以至于小北后来自我调节无效,从而产生心理困难。

【帮扶措施】

针对以下问题,采取如下措施:

(一)开展“一对一”心理座谈、朋辈辅导,对学生进行心理危机干预,鼓励其自我成长

心理困难学生本就存在一定的心结,有的可能是性格原因,又没有合适的人可以倾诉;有的可能是因一系列问题产生巨大压力,找不到合适的途径释放,无法发泄,或者发泄方式不对。由于大学辅导员与学生接触较多,主要职责就是管理大学生的日常学习和生活,对于心理困难学生的心理危机干预有着得天独厚的优势。如果辅导员及时发现问题,并有针对性地对心理困难个体进行心理介入,开展心理疏导,主动地、经常地找他们开展“一对一”心理座谈,多途径干预。如可以采取面谈、微信、QQ 等形式,必要时进行

心理危机干预,也可以转交给专业的心理咨询老师。

由于人在最亲近的朋友面前最容易展现最真实的自我,对于心理困难学生的心结,辅导员要始终坚持朋辈辅导,以朋友的身份去倾听、去理解、开导学生。这样,学生才会逐渐放下心理防御和戒备,敞开心扉,打开心结,更加专注于自我成长。

(二)多关心关爱学生,给予爱心、耐心、责任心

心理问题不是一朝一夕形成的,而是由各种细枝末节的小问题日积月累造成的,任何一件微不足道的小事都有可能成为压死骆驼的最后一根稻草,所以解决心理困难要从日常生活中的各个细节着手。这就要求辅导员对心理困难学生多一些爱心、耐心和责任心,平时多关心关爱他们,给予他们家庭般的温暖;密切关注其心理动态变化,日常学习、上课状况、精神状况,随时跟他们保持密切联系,一旦发现异常及时对学生进行心理危机干预和适当的心理疏导,防微杜渐,将问题扼杀在摇篮里。

(三)开展抗挫折教育

抗挫折能力就是指人们忍耐挫折、抵抗挫折、应对挫折、利用挫折的心理能力,是个体处理挫折事件的综合能力。对心理困难学生开展抗挫折教育不仅能够提高他们的心理素质,也为他们以后的成长成才奠定基础。

(四)家校结合,双面辅导

良好的家庭氛围可以大大增强孩子的自信心,家人的陪伴使学生意识到他们并不是在孤军奋战。尤其是在孩子遇到挫折的时候,家人的不离不弃,会成为孩子们的坚强后盾,帮助其克服困难。家校结合、双管齐下才能更快、更好地帮助学生解决心理困难问题。

(五)量身制定学习规划,安排同学一对一辅导

心理困难问题容易导致学生学习起来力不从心,无法顺利按规定完成学习。为了帮助其渡过难关,辅导员需要在学习方面帮助学生树立目标,做好学习规划、时间管理、精力管理,用学生喜闻乐见的方式督促提醒,并帮助其抵制手机诱惑;还可以推荐相关网课,联系任课老师课上课下多关照,叮嘱班委同学平时多关心他,并安排同学在课余时间对其进行一对一辅导等。

案例二:

【概述】

小康,男,23 岁,某高校大三在校生。简单情况如下:在他初中时期,父亲突然离世,重大打击导致他无心学习,成绩一度下滑,中考之后又不幸患上了精神衰弱。高中时期,上课时睡觉、聊天、打扑克,复读一年考上大学。其所在宿舍学风是全院最差的,在这种氛围的影响下,他开始跟舍友一起逃

课,不写作业,熬夜打游戏。大二时因挂科门次太多,积欠学分过高而收到了学校教务处下达的学业警示单,不得不延长学制,成为我(钮兰芬)所带领的年级的一员。延长学制后,大二上学期该生自卑、习得性无助感较强,找不到合适的学习方法,自律性差,上课不积极,课堂精力不集中,整个人比较颓废,上课时要么坐最后一排,要么逃课,打电话不接,发微信不回,找各种方式逃避问题,最后期末考试进步不大;大二下学期在我与其母亲的帮助下,该生进行了积极调整,学习生活步入正轨,期末考试顺利过关,积欠学分也逐渐减少。

【案例分析】

对该生心理困难产生的原因分析如下:

(一)家庭结构的改变影响性格形成

从小失去了父亲,家庭结构发生重大改变,周围人异样的眼光以及指指点点,再加上生活比较拮据,导致小康产生了对周边环境的适应性障碍,比较明显的是性格孤僻倾向、学习焦虑和自责倾向,进而发展成心理健康问题。

(二)缺乏学习兴趣,自制能力差,无法抵制诱惑

近朱者赤,近墨者黑,小康的大学室友一个比一个懒惰,没有上进心,经常集体逃课睡觉、熬夜打游戏、不听课、不写作业。在这样的氛围中,有过堕落经历的小康想独善其身是很困难的,再加上小康自身自制力差,从众心理使他随波逐流,放弃自我,学业荒废也不足为奇。

(三)个体心理脆弱,自卑、自责心理严重

由于上学比较晚,又被延长学制,他总觉得自己比同班同学年龄大、学习差,在心里把自己归类为“大龄留级生”,担心同学会因此嘲笑他。再加上性格有些孤僻,不喜欢与人交往,他总觉得跟同学之间有隔阂。母亲独自一人抚养他不容易,他是母亲唯一的希望,一塌糊涂的学业也让他觉得自己愧对母亲,自责心理严重。

(四)强烈的心理冲突与学习焦虑

学业困难的学生上进心并不一定比成绩好的学生差。延长学制以后,小康也下定决心洗心革面,认真学习,但由于基础薄弱,又找不到适合的学习方法,加之身体状况不太好,导致小康努力了进步也不大。对自我的高期望与现实情况存在较大的差距,使得他对学习产生强烈的无力感,导致强烈的心理冲突和习得性无助,产生严重的心理困难问题和过度的学习焦虑,这种状态又让他吃不好睡不好,更加学不进去,进一步加剧了学习困难和心理焦虑,进入一个恶性循环。

【帮扶措施】

针对以上问题分析，采取以下措施：

（一）开展“一对一”心理座谈，进行个体心理辅导介入

为全面、充分理解其心理活动，辅导员要时常与心理困难学生进行有针对性的一对一谈话，给他们多创造一些倾诉的机会，聆听他们的心声并进行安慰、疏导。对于自卑的学生，要重点进行鼓励开导，帮助学生看到自己的进步。

（二）关心他的身体、精神状况

小康从中学时期身体就不太好，上了大学以后更是不断请假去医院做手术，身体、心理受到了双重煎熬，小康深感疲惫不堪。此时的他迫切需要关心、关爱与温暖，我作为他的辅导员，不但在学习上关注他的进步，在生活上也尽己所能关心、照料他，同时我还联系其母亲来学校陪伴他，给他提供更多的照顾与安慰。

（三）培养他积极乐观的心态

乐观心态的培养，有利于提升大学生的心理健康水平，增加大学生的主观幸福感，使他们能够更加乐观地面对生活挫折与困难，从而更加积极地走向未来。积极的心理辅导，逐渐培养了小康对学习生活的积极乐观心态，他开始对自己有信心，也有了上进心。

（四）经济上的帮助与扶持

父亲去世后，小康家里失去了主要经济来源，生活较为拮据。这也是小康自卑的一个原因。我主动帮他申请助学金，一定程度上缓解了他的后顾之忧。

（五）组建帮学小组，帮助他找出适合的学习方法

由于小康基础较为薄弱，课堂想跟上老师的授课步伐有困难。我积极联系班委帮助他组建了帮学小组，并建议他先用一个月的时间看基础课程的视频课，从简单的抓起，打牢基础，再去探索高难度的课程。我所负责的年级有上课手机入袋的硬性规定，督促小康遵守规定，同时加强自我约束，强制自己服从集体制度，做到不逃课，不熬夜打游戏，主动远离身边堕落的人，净化学习环境。

总结语

辅导员是指从事学生的思想政治教育、学生日常管理、就业指导、心理健康，以及学生的党团建设等方面工作的教师，是大学生健康成长的指导者和引路人。每一位心理困难学生都处于人生的十字路口，都需要、也都值得我们拯救。作为心理困难学生的辅导员，有责任、有义务关心学生的身心健

康发展,帮助心理困难学生打开心结、尽快融入集体,督促他们完成学业。帮扶心理困难学生,为国家培养栋梁之材,我们永远在路上!

参考文献

[1]方鸿志,等. 大学生抗挫折能力问卷的编制与检验[J]. 中国健康心理学杂志,2015,23(7):1031-1035.

[2]方鸿志,谭启霖. 大学生乐观心态培养路径研究[J]. 辽宁医学院学报(社会科学版),2016,14(4):81-84.

[3]杨利军,等. 学业困难大学生的心理特征及援助策略[J]. 黑龙江生态工程职业学院学报,2017,30(6):98-100.